**THINK TANK
智库论策**

综合评价前沿理论与应用研究

Frontiers and Applications of
Comprehensive Evaluation

谢婼青 著

上海社会科学院出版社
SHANGHAI ACADEMY OF SOCIAL SCIENCES PRESS

前　　言

综合评价,指对某个评价的对象各方面表征的特性及其相互联系的多个指标进行全面评价所构成的有机整体,是人类科学、全面认识客观事物、评价某个对象的有效工具,广泛应用于经济学、人口学、社会学、理学、工学、医学等领域,尤其是在经济学领域的应用更是推进了综合评价方法理论的发展。从广义上看,一切基于多个指标来综合评判某个对象的水平、状态或者类型的认识过程,都被视为综合评价的问题。综合评价的实践经历历史长流而经久不衰,无论是在国内外,还是跨越各个学科领域,都生生不息。但是,综合评价的理论研究和实践应用还存在着局限。本书对综合评价的两大前沿领域——静态综合评价方面的专家咨询约束下主客观赋权模型和动态综合指数方面的重复交易模型编制动态综合指数——作探索性研究,并结合蒙特卡洛模拟和综合评价实证案例使读者对其加深理解和掌握。

在综合评价中,由于每一指标对所评价对象的重要程度不同,在运用指标体系进行综合评价时,必须对每一指标的重要程度及实现的作用加以量化。当前,中国经济正转变为以系统性、复杂性、时变性、异质性为特征的复杂系统,这使得经济数据规模更加庞大、结构更加复杂。那么,如何运用来源多样、数量庞大、类型不同的复杂数据,突破现有的理论和方法,量化综合评价各个指标的重要程度?如何编制动态综合指数用以描述评价对象水平、状态的变化?如何在复杂数据背景下将综合评价与经济变量进行关联分析?对这些问题的探索是本书的主要研究目标。

一方面,复杂数据呈现主客观信息集成的特征,需要主客观赋权的综合评价方法;另一方面,复杂数据由于产业内部与外部环境的动态变化呈现非线性、动态的特征,需要动态的综合评价方法。主观与客观相统一是辩证唯物主义的基本要求。问题是实践的起点、创新的起点,方法应当服务于实践。"专家咨询约束下主客观赋权模型"从实际主客观相融合的复杂数据出发,认为客观和主观的信息在认识事物过程中同样重要,识别主客观信息的噪声便成为核心问题。而在动态综合评价方面,常常面临"小样本、短时间"为特征的宏观经济指标,以及以复杂数据为特征的微观经济指标,一般的综合指数编制方法通常无法适用。

本书首先梳理主客观的综合评价方法,提出综合评价方法的两个前沿理论,即"专家咨询约束下主客观赋权模型"和"重复交易模型编制动态综合指数",实现综合评价从静态综合评价到动态综合评价的过渡。随后,在两个前沿理论框架下,将理论方法应用于经济学领域的实践应用,从小样本延伸到大样本,从评估到预测,包含四个方面的实际问题:第一,全国各省市科技活动产出能力的综合评价应用研究;第二,中国工业上市公司创新能力的综合评价应用研究;第三,金融科技背景下普惠金融对商业银行盈利能力的影响研究;第四,最大用电负荷综合指数的编制及其与经济变量的关联研究。由此从前沿理论与应用研究为综合评价的理论发展和广泛应用提供研究支持。

本书共分八章。第一章是作为理论准备和研究铺垫的绪论,介绍综合评价的基本概念、研究问题、研究意义、研究路径,提出综合评价研究目前存在的问题。第二章是综合评价领域的研究综述,梳理总结综合评价的技术应用和理论研究现状。综合评价理论研究方法不断改进,通过对文献的回顾和评述,进一步指出本书所采用的分析框架及研究方法的价值。第三章是对专家咨询约束下主客观赋权的综合评价方法深入研究,将专家咨询信息通过惩罚项的形式融入传统主成分分析的估计中,构建专家咨询约束下主客观赋权综合评价方法的理论模型,探讨模型的几何意义和惩罚因子的确定,在计量经济学框架下证明权重估计量的大样本性质,通过蒙特卡洛模拟讨论权重估计量的路径与性质及惩罚因子的确定及其性质,从而建立专家咨询约束下主客观赋权模型的理论框架。第四章是对运用重复交易模型编制动态综合指数方法的深入研究,当面临"小样本、短时间"的宏观经济数据时,静态综合评价方法失效,因此,从参数改进的视角出发建立一种新的估计方法,同时解决其中出现的多重共线性问题,并将其应用于全国科技活动产出的动态综合评价。第五章、第六章、第七章主要围绕第三章的专家咨询约束下主客观赋权综合评价方法的应用研究。第五章是在"科技评价"领域的小样本研究,即全国各省市科技活动产出能力的综合评价应用研究,论证专家咨询约束下主客观赋权模型在小样本情形下的适用性与有效性。第六章是在"科技评价"领域的大样本研究,即中国工业上市公司创新能力的综合评价应用研究,讨论该模型在大样本情形下的适用性。第七章是第五章和第六章的拓展，将"科技评价"拓展到其他领域，将综合评价与经济效应相结合，在用综合评价方法定量"普惠金融发展水平"的基础上，探讨金融科技背景下普惠金融对商业银行盈利能力的影响效应。第八章是第四章的应用拓展，除了"小样本、短时间"的宏观经济数据，还有复杂的微观产业数据，以复杂的用电负荷数据为例，以数据为导向，编制最大基准用电负荷指数，探索其与经济变量之间的关系，达到准确预测最大用电负荷的目标，为经济形势与转型的预判提供有效分析和数据支持。

本书的创新点主要体现在以下两个方面：

在理论层面，本书从静态综合评价和动态综合评价两方面着手，提出综合评价方法的两个前沿理论，一是专家咨询约束下主客观赋权模型，定义了"专家信息集"，在主观和客观信息之间寻找平衡，通过"惩罚因子"在两者之间找到调和的最佳状态，使得权重估计量达到最优，这种方法在日趋复杂化、数学化的综合评价模型中，不失为一种直观、有效、系统的主客观相结合的方法，该方法将姜国麟等(1996)的"专家咨询区间"拓展到"专家咨询信息集"，并且突破主成分分析法中协方差矩阵为正定矩阵的框架，在计量经济学框架下证明权重估计量的一致性和渐近正态性，拓展了主成分分析法的理论范畴；二是运用重复交易模型编制动态综合指数，以适用于"小样本、短时间"宏观经济数据，从参数改进的视角出发建立一种新的估计方法，处理常常出现的多重共线性的问题，为处理其中的多重共线性问题提供新的思路和视角。

在应用层面，本书在两个前沿理论框架下将理论方法应用于经济学领域的实践应用。专家咨询约束下主客观赋权模型可以应用在小样本和大样本的实践案例中，提供了用交叉验证的方法选择惩罚因子、估计最优权重，从而能广泛应用于中国现实社会经济生活中各个领域的定量分析。此外，以用电负荷这样的复杂微观产业数据为研究对象，编制动态综合指数，探索其与经济变量之间的关系，实现综合评价的权重估计到综合指数的预测，为监测中国经济社会的动态发展趋势提供研究支持。

目 录

第一章 绪论 …………………………………………………… 1
第一节 综合评价研究的背景与意义 ………………………… 1
一、研究背景 ………………………………………………… 1
二、研究意义 ………………………………………………… 4
第二节 综合评价研究的主要内容与基本观点 ……………… 6
第三节 综合评价研究的路径 ………………………………… 8

第二章 综合评价的研究综述 ……………………………… 10
第一节 综合评价的技术应用研究 …………………………… 10
第二节 综合评价的理论研究现状 …………………………… 13
一、线性合成法 …………………………………………… 14
二、扩展合成法 …………………………………………… 16
第三节 总结与评述 …………………………………………… 19

第三章 专家咨询约束下主客观赋权的综合评价方法 …… 20
第一节 因子模型和主成分分析法 …………………………… 20
一、因子模型 ……………………………………………… 20
二、主成分分析法 ………………………………………… 23
三、主成分分析法在综合评价的应用 …………………… 24
第二节 专家咨询约束下主客观赋权模型 …………………… 27
一、模型的基本思想 ……………………………………… 27
二、模型的构建 …………………………………………… 28
三、模型的几何意义 ……………………………………… 32
四、确定惩罚因子 ………………………………………… 34

第三节 专家咨询约束下主客观赋权模型的大样本性质 ·············· 35
  一、理论假设 ·· 36
  二、一致性 ·· 38
  三、渐近正态性 ·· 38
第四节 蒙特卡洛模拟实验 ·· 39
  一、蒙特卡洛模拟方法与算法综述 ··· 39
  二、实验设计 ··· 42
  三、权重估计量的路径与性质 ·· 43
  四、惩罚因子 Q 的确定与性质 ·· 47
第五节 本章小结 ··· 51
本章附录 ·· 52
  一、定理1的证明 ··· 52
  二、定理2的证明 ··· 55

第四章 运用重复交易模型编制动态综合指数的方法及应用 ·············· 59
第一节 动态综合指数与重复交易模型 ·· 59
第二节 运用重复交易模型编制动态综合指数的模型设定 ····················· 62
第三节 重复交易模型中处理多重共线性问题的方法 ····························· 63
  一、多重共线性问题的处理方法 ··· 64
  二、重复交易模型中处理多重共线性问题 ···································· 67
第四节 应用研究：全国科技活动产出动态综合指数 ···························· 69
  一、变量说明与数据来源 ··· 69
  二、实证结果 ··· 70
  三、重复交易模型中多重共线性处理方法比较 ····························· 72
  四、综合指数编制方法比较 ·· 73
第五节 本章小结 ··· 74
本章附录 ·· 74
  一、定理1的证明 ··· 74
  二、定理2的证明 ··· 75
  三、推论1的证明 ··· 77
  四、定理3的证明 ··· 78

第五章　全国各省份科技活动产出能力的综合评价应用研究 …… 82
第一节　相关文献综述 …… 82
第二节　模型构建与确定惩罚因子 …… 84
　　一、模型构建 …… 84
　　二、小样本情形下惩罚因子的确定 …… 86
第三节　数据处理与统计描述 …… 87
　　一、科技活动产出的客观数据指标 …… 87
　　二、科技活动产出的专家咨询信息集 …… 90
第四节　全国科技活动产出能力的综合评价结果分析 …… 92
第五节　本章小结与政策建议 …… 95
本章附录 …… 96

第六章　中国工业上市公司创新能力的综合评价应用研究 …… 98
第一节　企业创新能力的综合评价 …… 98
第二节　相关文献综述 …… 101
第三节　中国工业上市公司创新能力的综合评价指标体系 …… 102
第四节　模型构建 …… 104
第五节　中国工业上市公司创新能力的综合评价实证分析 …… 105
　　一、数据来源和描述性统计 …… 105
　　二、实证结果分析 …… 108
第六节　本章小结与政策建议 …… 111
本章附录 …… 114

第七章　金融科技背景下普惠金融对商业银行盈利能力的影响研究 …… 116
第一节　相关文献综述 …… 116
第二节　商业银行普惠金融发展综合评价指标体系 …… 120
　　一、中国商业银行普惠金融发展综合评价指标体系的提出 …… 120
　　二、中国上市商业银行普惠金融发展水平的测度 …… 123
第三节　实证分析 …… 126
　　一、指标选取与数据来源 …… 126
　　二、模型设定与实证结果 …… 128
第四节　进一步讨论 …… 129

第五节　本章小结与政策建议 ·· 132
　　一、国家层面 ·· 133
　　二、商业银行层面 ·· 134
本章附录 ·· 135
　　一、中国上市商业银行普惠金融发展综合评价客观指标数据集 ····· 135
　　二、2017—2019 年中国上市商业银行业务数据集 ············· 136

第八章　最大用电负荷综合指数的编制及其与经济变量的关联研究 ······· **138**
第一节　问题提出与文献述评 ·· 138
第二节　经济与气温因素对用电负荷影响的内在机制 ············· 140
第三节　估计模型与指数编制方法 ··· 147
　　一、最大用电负荷估计和预测模型 ··································· 147
　　二、最大基准用电负荷指数 ··· 150
第四节　实证结果分析 ··· 151
　　一、数据描述性统计 ··· 152
　　二、最大用电负荷估计和预测 ··· 154
　　三、最大基准用电负荷指数 ··· 158
第五节　本章小结与政策启示 ·· 160

参考文献 ··· **163**

附录 ··· **178**
附录 A：专家咨询约束下主客观赋权模型权重估计的部分模拟程序 ··· 178
附录 B：专家咨询约束下主客观赋权模型交叉验证的部分模拟程序 ··· 182
附录 C：国民经济行业分类(GB/T 4754—2017) ······················· 188

后记 ··· **189**

第一章 绪论

第一节 综合评价研究的背景与意义

一、研究背景

综合评价,指对某个评价的对象各方面表征的特性及其相互联系的多个指标进行全面评价所构成的有机整体。从广义上看,一切基于多个指标来综合评判某个对象的水平、状态或者类型的认识过程,都被视为综合评价指标体系的构建(苏为华,2012)。在综合评价中,每个指标对所评价对象的重要程度不同,所以,在运用指标体系进行综合评价时,必须对每个指标的重要程度及实现的作用加以量化。综合评价的实践经历历史长流而经久不衰,无论是在国内外,还是跨越各个学科领域,都生生不息。

早在中国古代,就不乏对知人用人、察事考绩、观景品物等从诸多因素出发,进行综合评判的思想和实践。春秋战国时期,孔子的《论语》阐述了评价"君子"的标准,分别是"行己也恭""事上也敬""养民也惠"和"使民也义"四大美德[①]。先秦时期的《吕氏春秋·论人》提出"八观六验"的识人法,即面对"喜、乐、怒、惧、哀、苦"的处理方式[②]。《后汉书·百官志》中记载,秦汉时期对官吏的考核从两大方面出发,即"五善"的思想品格和"上计"的政绩,其中"上计"细化到治民、劝功、诀讼、检奸、劝民农桑、振救乏绝等方面[③]。古代文人墨客对书

[①]《论语》:子谓子产:"有君子之道四焉:其行己也恭,其事上也敬,其养民也惠,其使民也义。"
[②]《吕氏春秋·论人》:"凡论人,通则观其所礼,贵则观其所进,富则观其所养,听则观其所行,止则观其所好,习则观其所言,穷则观其所不受,贱则观其所不为。喜之以验其守,乐之以验其僻,怒之以验其节,惧之以验其特,哀之以验其人,苦之以验其志。八观六验,此贤主之所以论人也。"
[③]《后汉书·百官志》:凡郡国皆掌治民,进贤劝功,决讼检奸。常以春行所主县,劝民农桑,振救乏绝。

画的鉴赏也从诸多指标出发,譬如北宋时期的苏轼在《论书》中认为评价书法有五大标准,即"神、气、骨、血、肉",还需要考虑作者的生平[①]。除此之外,古代中国在建筑选址、中医问诊等领域也都包含了综合评价的思想。

近现代,国内外对综合评价的运用和实践更是深入各个领域。最熟知的莫过于金融市场中的各大指数,如纳斯达克指数(NASDAQ)、标准普尔500指数(SP500)、波动率指数(VIX)、MSCI指数等反映各证券市场的总体行情,还有道琼斯工业指数(DJIA)、上证房地产指数等反映各行业板块的发展变化。在宏观经济领域,综合评价指标体系主要应用在经济形势的判断和预测方面。早在20世纪20年代,哈佛商学院开发了哈佛景气指数;1950年,美国国民经济研究局(NBER)由先行指标、同步指标和滞后指标构造了宏观经济景气监测体系;60年代,美国经济咨商局(Conference Board)发布月度先行经济指数(LEI),用来判断美国和世界的经济形势;同期,OECD也建立了综合先行经济指数(CLI),其中包括各国的货币供应量、股票指数、消费者信心指数、生产者信心指数、国债利率与基准利率的差值等指标。20世纪90年代,中国国家统计局发布了宏观经济景气指数,其中包括预警指数、一致指数、先行指数和滞后指数。此外,在宏观体系中,国家的综合国力、社会发展水平、城市化进程、环境质量等的评价,以及在微观体系中,企业的创新能力、金融市场的风险、政策评价,甚至还有高校教师的成果产出、医院的医疗水平、政府领导干部的政绩等的评价都有着综合评价的广泛应用。综上所述,综合评价这种定量分析的技术已经在各个领域得到广泛认同,为人们正确认识事物的各个方面、正确合理地决策提供了科学的手段。

20世纪50年代以来,综合评价不仅在实践应用方面得到了很大的推进,其理论方法研究也到了不断的改进和发展。金融市场指数的赋权方法包含市值加权、波动率加权等;OECD利用增长循环的思想,通过HP滤波构造了综合先行经济指数;Stock和Watson(1989)提出包含金融市场、劳动市场等总体经济体的景气循环是由某一共同的、不可观测的因素影响,所以采用状态空间模型(State Space Model)构造了新的景气指数。在理论方法方面,从最早的主观评分法、专家排序法等,发展到主成分分析法、聚类分析法等多元统计方法,直到模糊数学判断法、灰色系统评价法、层次分析法(AHP)、数据包络分析

[①]《论书》:古人论书者,兼论其平生,苟非其人,虽工不贵也。书必有神、气、骨、肉、血,五者阙一,不成为书也。

法(DEA)、人工神经网络法(ANN)、遗传算法等,体现了综合评价的方法日趋数学化、复杂化和交叉学科化。

但是,综合评价的理论研究和实践应用还存在着局限。早在30年前,中国的邱东(1990)教授便指出综合评价存在的三个问题:

其一,在社会经济统计方面,综合评价指标体系的构建还没得到足够的重视;

其二,在理论与实践之间存在着空白,缺少应用理论的研究;

其三,各学科间、同一学科的各方法间没有联系,缺少相应的系统研究。

目前,随着宏观经济领域对经济景气指数的发布和对经济的预判,综合评价的应用越来越得到广泛的认同,从而向各个领域扩展,成为人们对某个对象全面评价的有效工具。从而,在各学科间、同一学科的各个方法间增加了相应的联系,对综合评价的系统性研究也在近二十年得到了国内外学者的重视。由于综合评价的理论研究和实践应用日趋丰富,各种各样的方法层出不穷,从传统的统计学逐渐向数据挖掘和机器学习发展;但是,各种方法良莠不齐,尤其在经济学领域,对综合评价中模型的构建和大样本性质的理论研究还存在着空白,对相应的理论成果如何应用到实践中还缺乏应用理论经济学的研究。

此外,在综合评价指标体系的构建中存在着误区。从方法论日趋数学化、复杂化、交叉学科化可以看到,人们更为关心方法数学形式的复杂化,而忽略评价方法的科学性和简洁性。似乎指标体系构建的算法越自动化、越复杂,综合评价得到的结果更加客观。模糊数学判断法、人工神经网络法、遗传算法等越来越多地被采用。事实上,从实践中的问题本身出发,树立问题意识、坚持问题导向,能够科学合理地解决现实问题的评价方法才是最佳的途径。

"工欲善其事,必先利其器。"科学的综合评价指标体系是我们认识和分析客观事物的利器。本书将目前的综合评价指标体系构建方法分为两大类,即"线性合成法"和"扩展合成法"。线性合成法,简单地说,指"赋权法",研究的是如何给每一个指标赋权,并将所赋权数与该指标进行线性组合,最终生成综合指数。扩展合成法,可以在不估计指标权重的前提下,将各个指标进行组合,生成最终的综合指数结果。这并不意味不估计权重,扩展合成法同样可以采用加权的方法(苏为华,2000)。线性合成法还可以分为主观赋权法和客观赋权法。主观赋权法包括直接赋权法、配对比较法、德尔菲法、层次分析法等。客观赋权法包括熵权法、变异系数法、多重相关系数法、主成分分析法等。此外,还有主观和客观相结合的赋权法,包括乘法合成法、加法合成法等,即将主观信息和客观信息进行线性组合(Zardari 等,2015)。在讨论赋权方法时,存在着一种误区,即认为客观赋权法优于主观赋权法,在赋权时采用客观赋权法时认为不受主观随意性的影响。但是,苏为华(2000)认为判断权重的合理性不应该以是否采用客观赋权或主观赋权为准,而应该判断权重是否准确反映该指标的真实重要程度。如何有效地将主客观信息相结合,比较各个方法之间的优劣,以及建立方法间的相互联系,目前在理论和实践领域还存在着空白,故成为本书研究的理论前沿和创新点。

表 1.1　　　　　　　　综合评价的构建方法

线性合成法		扩展合成法
主观赋权法	客观赋权法	
直接赋权法	环比赋权法	聚类分析法
层次分析法	多重相关系数法	模糊数学判断法
特征向量法	变异系数法	人工神经网络法
德尔菲法	熵权法	遗传算法
配对比较法	主成分分析法	灰色系统评价法
……	……	……

总的来看,综合评价这种认识事物的思想在古往今来的现实生活各个领域得到了沿袭和广泛应用,但是在应用理论层面还存在着局限。虽然近三十年,综合评价指标体系的构建方法层出不穷,日趋复杂化和数学化,但是各个方法间缺乏相互联系和系统研究,理论与实践之间缺乏应用研究。当前,在各个领域从事综合评价指标体系的研究者如雨后春笋,可见人们对这种认识和分析对象的方法高度认同,为该方法奠定理论基石成为亟待解决的问题。对比主观赋权法和客观赋权法,众所周知,两者相结合的方法更加精确,也更能符合实践的要求。

二、研究意义

进入高质量发展阶段是新时代中国经济发展的基本特征,高质量发展是中国经济的发展目标和努力方向。党的十九届五中全会明确指出,"十四五"时期,中国经济社会以推动高质量发展为主题,认识新发展阶段、贯彻新发展理念、构建新发展格局,为全面建设社会主义现代化国家开好局、起好步。推动高质量发展是应对百年大变局的战略部署,是适应新发展阶段的现实选择,是解决社会主要矛盾的必然要求。实现经济高质量发展需要推动产业结构转型升级、培育新需求、壮大新动能,加快建设由创新驱动的新型产业体系。面对国内外风险挑战明显增多的复杂局面,对经济社会发展的评估与测度,判断经济发展的阶段性特征,有针对性地实施产业发展政策显得尤为重要。

当前,经济全球化、数字化发展的大背景下,面对复杂严峻的国际环境和转换增长动力的结构性改革任务,中国经济正转变为以系统性、复杂性、时变性、异质性为特征的复杂系统,这使得经济数据规模更加庞大、结构更加复杂。实际上,绝大多数经济数据是多维、非线性的复杂数据,而复杂的经济数据无法满足经典统计理论的严格假设条件。因此,运用来源多样、数量庞大、类型不同的复杂数据,突破现有的理论和方法在研究经济问题中的限制,将复杂数据应用于经济问题的综合评价成为本书研究的主要内容。

数据结构的复杂性对测度经济指标与综合评价提出新要求。综合评价被广泛应用于经济学、人口学、社会学、理学、工学、医学等,尤其是在经济领域的广泛应用又推进了综合评价方法的发展。一方面,复杂数据呈现主客观信息集成的特征,需要主客观赋权的综合评价方法;另一方面,复杂数据由于产业内部与外部环境的动态变化呈现非线性、动态的特征,需要动态的综合评价方法。本书梳理主客观的综合评价方法,提出综合评价方法的前沿理论——"专家咨询约束下主客观赋权模型",从"重复交易模型编制动态综合指数"的理论拓展研究动态综合评价的方法,同时,将理论方法应用于经济学领域的实践应用,从小样本延伸到大样本,从静态综合评价到动态综合指数,从评估到预测,为综合评价的理论发展和广泛应用提供研究支持。

主观与客观相统一是辩证唯物主义的基本要求。问题是实践的起点、创新的起点,方法应当服务于实践。"专家咨询约束下主客观赋权模型"从实际的主客观相融合的复杂数据出发,认为客观和主观的信息在认识事物过程中同样重要,识别主客观信息的噪声便成为核心问题。本书在主观和客观信息之间寻找平衡,通过"惩罚因子"在两者之间找到调和的最佳状态,使得权重估计量达到最优。从理论层面来看,在传统主成分分析法的基础上增加具有专家主观信息集的惩罚项,不仅拓展了主成分分析的方法,并且在计量经济学框架下证明了权重估计量的一致性和大样本下的渐近正态性。不同于主成分分析的特征向量法,本书是在双样本的复杂数据背景下,讨论权重估计量的渐近理论,为复杂数据下的计量经济学理论提供新的视角,不仅丰富了主观赋权法和客观赋权法,并且在主观赋权法和客观赋权法之间建立了理论联系。从应用层面来看,"专家咨询约束下主客观赋权模型"可以应用在小样本和大样本的实践案例中,适用于中国现实社会经济生活中各个领域的定量分析,如书中的科技创新能力的综合评价、普惠金融发展水平的综合评价等。

在动态综合评价方面,常常面临"小样本、短时间"为特征的宏观经济指标,以及以复杂数据为特征的微观经济指标,一般的综合指数编制方法通常无法适用。在宏观层面,本书引入重复交易模型用以编制宏观动态综合指数,以最小二乘法的一致估计量为基础,从参数改进的视角出发建立一种新的估计方法,并将其应用于全国科技活动产出的动态综合评价,进而讨论重复交易模型在编制综合指数应用中的有效性和适用性。在微观层面,本书以用电负荷这样的复杂数据为导向,在实践的角度讨论用电负荷基本上由经济因素所决定,分离经济和气温两个对电力需求影响的因素,提出一种对不可观测最大基准用电负荷的估计方法以准确预测最大用电负荷,运用特征指数方法编制最大基准用电负荷动态综合指数,探索其与经济变量之间的关系。无论是"小样本、短时间"的宏观经济数据,还是复杂的微观产业数据,动态综合指数的编制都可用于监测中国经济社会的动态发展趋势,为经济形势与转型的预判提供有效分析,为中国经济高质量发展提供数据支持。

因此,综合评价的探索不仅在计量经济学的理论层面具有重要的意义,还对其他各学科领域以及中国现实经济问题的判断和认识具有很高的应用价值。

第二节　综合评价研究的主要内容与基本观点

本书系统梳理综合评价的理论方法和技术应用研究,提出综合评价方法的两个前沿理论,即"专家咨询约束下主客观赋权模型"和"重复交易模型编制动态综合指数",实现综合评价从静态综合评价到动态综合评价的过渡。随后,在两个前沿理论框架下,将理论方法应用于经济学领域的实践应用,从小样本延伸到大样本,从评估到预测,为综合评价的理论发展和广泛应用提供研究支持。本书的主要内容与基本观点如下：

第一，在讨论赋权法时，历来的研究存在一种误区，认为客观赋权法优于主观赋权法，因为前者的权重不受主观随意性的影响。本书认为判断权重的合理性不应当以是否采用客观赋权或主观赋权为准，而应该以判断权重是否准确反映该指标的真实重要程度。为解决这种误区，提出"专家咨询约束下主客观赋权模型"。一方面，将综合指数看成线性因子模型中的共同因子；另一方面，定义专家咨询信息集的范围，包含"专家权重""专家信任度"和"专家专业度"三个维度。该模型将专家信息集以惩罚项的形式加入主成分分析法的估计，在识别两个数据集不确定性的基础上，确定最优的惩罚因子，从而将主客观信息相融合。随后，用蒙特卡洛模拟实验验证权重估计量和惩罚因子的特征与性质，得出该模型较传统主成分分析法和加权专家评价模型而言，能够平衡主客观的信息，更接近于真实权重，具有一定的优越性。

第二，由于面对"短时间"序列的综合评价问题时，静态综合评价的赋权法不适用，本书提出"运用重复交易模型编制动态综合指数"，并用参数改进的思路解决其中产生的多重共线性问题。这也是编制动态综合指数过程中非常常见的问题。通过重复交易模型的可估模型，寻找参数的可用估计，为多重共线性问题的处理提供新的思路和视角。随后，在"科技评价"领域，以全国科技活动产出综合指数为例，运用该方法编制动态综合指数，并将其与传统岭回归方法、主成分回归方法相比，讨论该方法的有效性与适用性，体现其应用于动态综合指数编制中的应用价值。

第三，"专家咨询约束下主客观赋权模型"可应用于小样本和大样本的综合评价问题中。本书首先提供了"科技评价"领域的两个案例，一是全国各省市科技活动产出能力的综合评价应用研究，二是中国工业上市公司创新能力的综合评价应用研究；其次，将"科技评价"拓展到其他领域，将综合评价与经济效应相结合，在用综合评价方法定量"普惠金融发展水平"的基础上，探讨金融科技背景下普惠金融对商业银行盈利能力的影响效应。在"科技评价"领域，一方面，得出 77.42% 省市的科技活动产出低于全国平均水平，各省市呈现出地区不平衡的特点；另一方面，得出中央国有企业的创新能力较高，民营企业创新能力次之，地方国有企业和外资企业创新能力较低等结论。

第四，在综合评价的权重估计之余，还需要对综合指数进行预测。本书最后从微观产业指标——复杂的"用电负荷"数据指标出发，提出一种对不可观测最大基准用电负荷的估计方法,并且引入特征指数方法编制最大基准用电负荷动态综合指数,从而来准确预测最大用电负荷,讨论探索其与经济变量之间的关系。本书以上海为例,构建最大基准用电负荷指数,发现其与经济发展高度拟合,反映出近年来上海在产业结构调整方面卓有成效,并说明这种方法能为经济形势与转型的预判提供有效分析和数据支持。

第三节　综合评价研究的路径

遵循提出问题、分析问题、解决问题的研究路径,本书从综合评价的理论研究和技术应用出发,探讨综合评价的理论局限性和现实的问题。理论层面上,总结出客观数据与主观信息对综合评价的重要作用;现实背景下,面临"小样本、短时间"的宏观经济数据和复杂的微观产业数据,探索更为复杂的动态综合指数编制方法。

理论层面上,以 Jolliffe(1986)主成分分析法为客观赋权法的部分,将主观的专家咨询信息集以惩罚项的形式增加到模型中,从而将特征向量法得出的解析解转换成用优化算法得出的数值解,将姜国麟等(1996)的"专家咨询约束"拓展到更为广义的专家咨询信息集。同时,在计量经济学的框架下,证明权重估计量的一致性和大样本下的渐近理论,对权重估计量的路径、惩罚因子的选择等进行蒙特卡洛仿真模拟,为模型在经济社会的实际应用中构建理论框架。

现实背景下,宏观经济指标通常以"小样本、短时间"为特征,笔者从数据出发,引入重复交易模型用以编制宏观动态综合指数,从参数改进的思路出发,解决重复交易模型中严重的多重共线性问题,将不可估计的参数进行转换,寻找重复交易模型的可估估计量,并应用于全国科技活动产出的动态综合评价。微观产业指标通常具有复杂性,笔者从复杂的用电负荷数据出发,提出一种最大基准用电负荷的估计方法,引入特征指数方法编制最大基准用电负荷动态综合指数,并应用于用电负荷与经济关联关系的预测与评估研究。

从静态综合评价到动态综合评价,从小样本到大样本,本书探讨综合评价的前沿理论与应用研究,为复杂数据背景下的综合评价问题提供解决方案。本书的研究路径如图 1.1 所示。

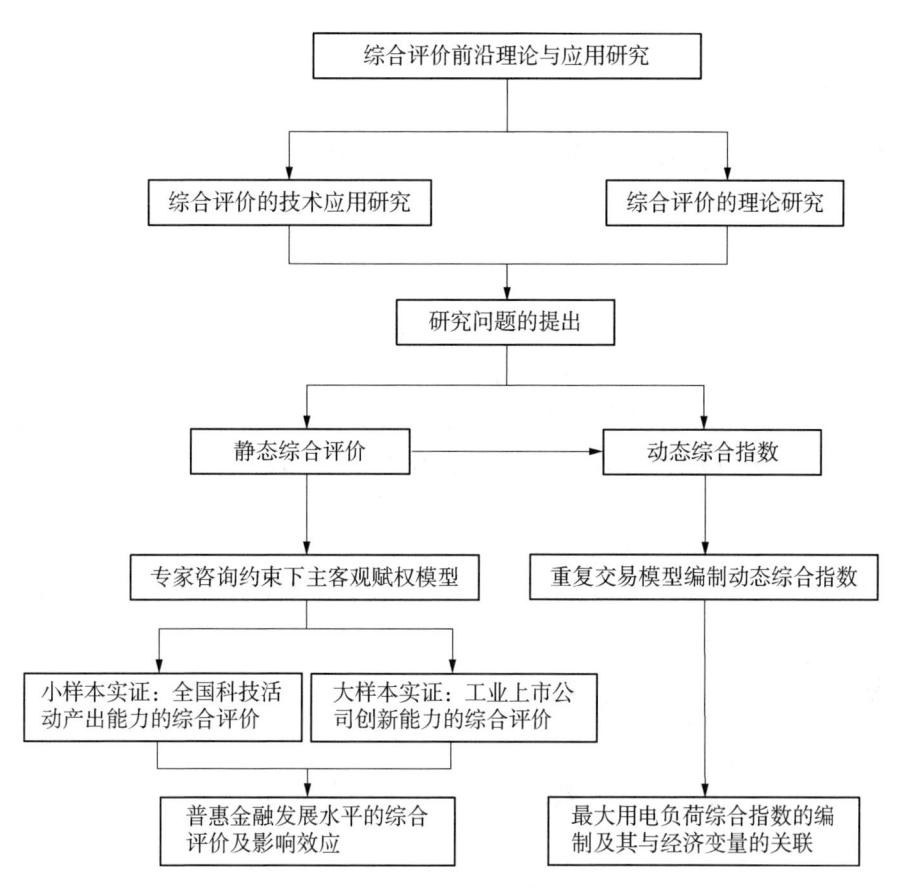

```
┌─────────────────────────┐
│  综合评价前沿理论与应用研究  │
└─────────────────────────┘
         │
   ┌─────┴─────┐
   ▼           ▼
┌──────────┐ ┌──────────┐
│综合评价的  │ │综合评价的  │
│技术应用研究│ │理论研究    │
└──────────┘ └──────────┘
         │
         ▼
   ┌───────────┐
   │研究问题的提出│
   └───────────┘
         │
   ┌─────┴─────┐
   ▼           ▼
┌────────┐ ┌────────┐
│静态综合评价│→│动态综合指数│
└────────┘ └────────┘
    │           │
    ▼           ▼
┌──────────────┐ ┌──────────────┐
│专家咨询约束下  │ │重复交易模型编制│
│主客观赋权模型  │ │动态综合指数    │
└──────────────┘ └──────────────┘
    │                   │
 ┌──┴──┐                │
 ▼     ▼                ▼
┌──────┐┌──────┐  ┌──────────────┐
│小样本 ││大样本 │  │最大用电负荷综合│
│实证：││实证：│  │指数的编制及其与│
│全国科技││工业上市│ │经济变量的关联 │
│活动产出││公司创新│  └──────────────┘
│能力的综││能力的综│
│合评价  ││合评价  │
└──────┘└──────┘
    │
    ▼
┌──────────────┐
│普惠金融发展水平│
│的综合评价及影响│
│效应            │
└──────────────┘
```

图 1.1　研究技术路径

第二章 综合评价的研究综述

综合评价是一种人们认识事物各个方面、提供科学合理决策的重要技术手段,在国内外的广泛研究和应用中也称为多指标综合评价(Multi-criteria Decision Making)、合成指标体系(Composite Indicators)等。近三十年来,国内对综合评价指标体系的研究如雨后春笋般增长,邱东(1988)就已经对多指标综合评价方法进行系统的研究,其博士论文是国内第一次针对多指标综合评价体系的系统方法论研究。张尧庭、张晓朴(1995)梳理了综合评价的历史,为在多元统计框架中确定权数提供了思路。随后苏为华(2000)再次对多指标综合评价方法进行系统方法论研究,总结了越来越数理化、复杂化的评价模型,对综合评价问题进行分类讨论。

第一节 综合评价的技术应用研究

综合评价,作为一种定量分析的社会经济统计方法进行研究是从 20 世纪开始的。其技术应用研究涉及社会生活的各个领域,包括宏观经济领域的先行指标构建、企业效益的评估、金融市场行情的检测、环境评价、科技评价、资源评价等。苏为华(2012)梳理国内涉及综合评价的研究论文,其中在社会科学领域中"经济与管理"学科占绝大多数。从研究主题来看,研究热点是绩效评价,占比 22.8%。

在宏观经济领域,综合评价主要应用在通过构建先行指数、景气指数对经济形势做出判断和预测方面。1917 年,美国哈佛大学开发了哈佛景气循环指数,以分属于股票市场的"投机指数"、金融市场的"金融指数"和商品交易市场的"商情指数"等 17 种监测指标来组成对经济周期性波动预警的综合指数。在 1929 年经济危机中哈佛指数遭遇挫折后,20 世纪 30 年代,美国国民经济研究局(NBER)将指数分为先行指标、同步指标和滞后指标,以 500 个经济指标为基础,选出21个先行指标,之后逐步完善宏观经济景气监测体系。20世纪60年代,美国经济咨商局(Conference Board)以NBER景气监测体系为基础,发布月度先行经济指数(LEI),用来判断美国和世界的经济形势。同期,OECD也建立了综合先行经济指数(CLI),经济景气监测体系由此进入国际化阶段。20世纪90年代,中国国家统计局在发达国家研究的基础上发布了宏观经济景气指数,其中包括一致指数、先行指数和滞后指数;90年代后期,中国人民银行开发了X-12-ARIMA软件,对指数进行季节性调整。

在金融市场领域,综合评价主要应用在监测各证券市场、各行业板块的行情和发展。标准普尔500指数(SP500)是对美国500家上市公司的采样股票以加权平均方式的综合指数,纳斯达克指数(NASDAQ)反映场外市场5200多家上市公司行情变化的股票价格平均指数,是目前有最广泛基础的股票市场指数;波动率指数(VIX)又被称为"恐惧指数",衡量标准普尔500指数期权的隐含波动率,在金融衍生品定价、交易策略以及风险控制中扮演重要的角色;此外还有道琼斯工业指数(DJIA)、上证房地产指数等行业板块的指数。国内外关于金融风险的评价指标研究具有较多成果。20世纪60年代末,美国商业环境风险情报研究所(BERI)提出第一个反映一国政治、经济和环境风险的综合评价指数,即国家风险预测指数,也称为"富兰德指数",包括定量评级体系、定性评级体系和环境评估体系,分别考察国家的外债偿付能力、经济管理能力和政府风险指数。此外,还有反映欧洲国家风险的"欧洲货币"(Euro-Money)等。20世纪90年代,东南亚金融危机起,中国逐渐关注金融风险的评价和度量。1995年,刘遵义教授提出10项经济和金融指标,即实际汇率、实际GDP增长率、相对通货膨胀率、国际国内利率差、实际利率、国内储蓄率、国际贸易平衡、国际经常项目平衡、外国组合投资、外商直接投资比例;王潼(1998)使用综合模糊评价模型,以墨西哥为参照国,分析东亚地区金融风险的水平,并准确预测了东南亚金融危机。国际上,《巴塞尔协议》规定了金融风险指标,分别对市场风险、信用风险、流动性风险和系统风险进行度量,成为全球范围内主要银行资本和风险监管的标准,其中三个支柱包括最低风险资本要求、资本充足率监管和内部评估过程的市场监管。

在衡量经济发展质量和环境评价方面,自科学发展观的提出和经济进入新常态以来,注重经济质量的提升和绿色发展成为重点,综合评价经济质量成为学术界研究的热点课题。目前有许多评价宏观经济发展的指标,如GDP、基尼系数、节能减排的指标等,仅能反映经济质量水平的某一方面。国际上,在绿色发展和经济质量的评价指标体系方面,典型的有联合国环境计划署(UNEP)构建的城市综合环境评估指标体系(UNEP,2011)、世界银行的世界经济发展评价指标体系(World Bank,2008)、瑞士洛桑国际惯例研究院(MD)的国际生态评估指标体系(MD,2007)和国际节能环保协会(IECEPA)构建的城市生态发展重点指标体系(IECEPA,2010)等。国内典型的有中国节能服务产业委员会(EMCA)构建的中国绿色节能服务产业指标体系(中国节能服务产业委员会,2009)、中国科学技术部的科技生态发展评价指标体系(中华人民共和国科学技术部,2007)等。在学术界,庞皓和谢胜智(1982)最早引入多目标规划思想进行经济效益综合评价,运用"功效系数法"排除价格因素的影响,由此既能体现宏观经济效果对微观经济效果,也能对不同地区、不同性质和不同条件的经济活动效果进行对比。刘卫嘉和辛清华(1993)讨论了建立社会经济发展水平的综合评价指标体系,对国家或者地区的经济发展水平进行综合的评价并进行了横向对比。冷崇总(2008)从经济发展的有效性、充分性、协调性、持续性、创新性、稳定性和分享性七个维度出发,坚持以量化为基础将定性分析和实证分析相结合,综合评价了经济发展的质量。宋明顺等(2015)从竞争质量、民生质量、生态质量三个维度中选取八个指标测量了宏观经济的质量。周颖等(2016)从绿色生产、绿色消费与绿色环境三个层面的 26 个指标出发构建了绿色产业评价指标体系。经济质量研究课题组和孙志明(2017)为比较各地区之间的经济质量,通过经济运行、经济结构、微观活力和民生福利四个维度构建了涵盖 11 个指标的评价体系。

在科技创新评价方面,国内外关于创新城市的综合能力评价、科技人才评价、科技政策评价等的研究讨论较为广泛和深入。Hall(1999)梳理了过去一百年来美国和欧洲主要城市的创新能力,指出城市的创新活动主要是在城市化过程中企业等创新主体的自发行为。Nepelski 和 Prato(2014)从创新要素的国际化、集聚化和网络化三个层面对欧洲的科技创新型城市进行了综合评价。赵中建和王志强(2010)在研究国际上的"国家创新能力指数""全球综合创新指数"和"世界知识竞争力指数"等创新评价指数的基础上分析中国在创建创新型国家过程中的有利条件和不利因素。朱平芳和李世奇(2016)通过构建中国创新型城市评价指标体系,发现长三角地区城市创新协同发展与集聚效应显著。创新驱动的实质是人才驱动,盛楠等(2016)从基本素质、创新能力和创新成果三个维度考察了科技人才的评价体系有利于科技人才的培养和成长。美国是较早开始对科技创新政策进行评价的国家,于 1982 年开展 SBIR

计划,通过竞争性创新资助支持小企业的创新活动。在20世纪90年代末,国内外对企业创新能力的评估研究活跃起来,美国在2000年对SBIR计划进行了全面评估。Ransley和Rogers(1994)从企业的目标、方法和规模考察R&D活动的最佳实践,并提出核心竞争力、成果转化等七个方面的考虑因素。

近年来,围绕"高质量发展"的研究一直是学术界的热点。高质量发展的提出符合当下中国经济发展的现实国情,具有鲜明的时代特征,是新时代中国经济发展的根本要求。在高质量发展的评估方面已形成研究的集聚。宏观层面,包含从经济高质量发展的基本特质与支撑要素出发构建的多维复合评价体系(刘志彪,2018),利用熵权TOPSIS方法构建的涵盖经济结构优化、创新驱动发展、资源配置高效等十个方面的经济高质量发展水平测度体系(魏敏和李书昊,2018),从"人民美好生活需要"和"不平衡不充分发展"的主要矛盾着手构建的由27项指标构成的高质量发展评价指标体系(李金昌、史龙梅和徐蔼婷,2019)等。微观层面,黄速建、肖红军和王欣(2018)从目标状态和发展范式识别企业高质量发展的七大核心特质,并对国有企业高质量发展的特点及发展路径进行了研究梳理。中观层面,孙早和许薛璐(2018)基于供给侧结构性改革的视角分析了产业创新促进消费结构升级、实现经济高质量发展。文献中大多数是基于宏观、中观产业、微观企业等传统低维数据与赋权方法进行研究和分析。

综合评价是经济、金融、管理领域的重要分析手段,在这些领域的应用反过来也直接推动了综合评价指标体系的发展和广泛应用。随着越来越多不同背景的学者关注并研究评价问题,评价方法的应用日益扩展,逐渐应用于矿产资源、土地资源评价和政策评价等方面,也已经涵盖到工程、农业、医学、军事等各个领域。但是,现实经济中,经济数字化转型全面推进,经济指标来源多样,经济数据呈现高频和高维特点,传统经济统计方法无法适用。因此,研究以复杂数据为背景的综合评价是必要的。

第二节 综合评价的理论研究现状

20世纪50年代以来,综合评价指标体系不仅在实践应用方面得到了很大的推进,其理论方法研究也到了不断的改进和发展。在分析技术应用的文献中,我们可以看到评价指标体系的核心是对多个指标的综合,其中包括选取评价指标来确定指标权数的有无和按一定原则确定入选指标权数的具体大小两个方面(邱东,2013)。目前,我们常常把评价指标的选取作为指标体系构建的预处理阶段,而就确定指标权数具体大小而言,本书将构建方法分为两大类,即"线性合成法"和"扩展合成法"。

一、线性合成法

线性合成法,又称作"赋权法",指在综合评价指标体系的合成过程中确定指标权数具体大小的方法,主要分为主观赋权法和客观赋权法。

(一) 主观赋权法

主观赋权法指指标的权重很大程度上由专家主观打分所决定,基于专家对该指标的专业认知程度,包括直接赋权法、德尔菲法、层次分析法等。

直接赋权法是最原始的综合评价赋权方法,是由决策专家对每项指标直接分配权重,常常由 1—5、1—7 或者 1—10 不同等级来衡量每个评价指标的重要性程度(Buckley,1988;Nijkamp 等,1990b)。直接赋权法的优点是简便和直观,但在应用过程中结果较为粗糙和主观化,难以准确反映客观实际,而且仅能适用于指标和专家个数较少的情况下。

德尔菲法(Delphi),也称专家调查法,能充分考虑专家的知识、智慧和经验,实现专家判断的集成(刘伟涛等,2011),是美国兰德公司于 1964 年发明并应用于预测分析的专家评估方法。德尔菲法的核心在于专家意见和建议的统计处理经过几轮的反馈,最终使得专家意见趋于一致,本质上是一种反馈匿名函询法。在预测过程中,专家间背靠背,彼此互不相识、互不往来,相对独立,能真正充分地发表意见,但该方法的缺点是所需周期长,不利于决策评估的进行。

在面对多目标决策问题时,需要一个系统的方法将目标分解成若干层次。在 20 世纪 70 年代初,美国运筹学家 A. L. Saaty 在研究"根据各个工业部门对国家福利的贡献大小而进行电力分配"问题时,首次提出了层次分析法(Analytic Hierarchy Process,简称 AHP)。H. Gholamnezhad 在 1982 年中美能源、资源与环境学术会议中向中国介绍了层次分析法后,该方法得到国内学者的广泛关注,并应用于各个领域。层次分析法通过构建目标层、策略层和指标层的划分,对某一决策目标进行分解,依据专家的判定形成判断矩阵计算权重,是一种将定性与定量相结合的方法,能用于处理多目标、多层次的复杂系统问题。层次分析法在中国应用非常广泛,比如构建国企绩效评价体系(申志东,2013)、内部审计外包的决策(赵保卿和李娜,2013)、管理水平综合评价(孙成勋等,2013)等。

(二) 客观赋权法

客观赋权法不同于主观赋权法对专家给予评价指标重要程度,而是依据评价指标的信息而计算出所应该赋予的权重,包括熵权法、变异系数法、多重相关系数法、主成分分析法等。

金融市场指数的市值加权、基本面价值加权、波动率加权等赋权方法是客观赋权法的一种。市值加权在有效的市场也并非绝对有效,容易对价格高估的证券赋予过高的权重,对价格低估的证券给予较低的权重(Hsu,2006; Treynor,2005),故 Arnott 等(2005)创造性提出了基本面价值加权来替代市值加权方法。波动率加权指依据证券历史波动率的大小进行调整,当历史波动率较高,则给予的权重较低,反之亦然(Hallerbach,2012,2014);Plessis 和 Hallerbach(2017)将波动率加权应用在动量策略(Momentum Strategies)中。

先行指数的合成方法包括扩散指数(Diffusion Index,DI)方法和合成指数(Composite Index)方法。扩散指数由 Moore(1950)在 Mitchell 和 Burns(1938)的基础上对生产、消费、物价、投资、金融等近千个统计指标进行筛选,选出领先、一致、滞后三类共 21 个周期指标形成综合指标,反映经济上升或下降的方向及转折位置。合成指数能更好地表示经济周期波动变化的强弱程度。Moore 和 Shiskin(1967)就编制了合成指数。1978 年,经济合作组织(OECD)利用增长循环的思想,通过 HP 滤波将不同频率成分叠加的时间序列去掉长期趋势项,从而过滤出短期随机波动项的影响,再进行等权重加总,得到综合先行经济指数(晏露蓉和吴伟,2005,2006)。Stock 和 Watson(1989)提出包含金融市场、劳动市场等总体经济体的景气循环是由某一共同的、不可观测的因素影响,所以采用状态空间模型(State Space Model)构造了新的景气指数。以上先行指数的合成方法基于客观数据集,或在处理数据时采用滤波的方式,但指标合成过程中采用赋权的方法,故也可看作为客观赋权法的一部分。

另一类客观赋权法是基于客观数据的信息。依据方差(离散)程度信息赋权的方法是主成分分析法(Principal Component Analysis),这是"专家咨询约束下主客观赋权"的重要理论基础,将在下节文献综述中详细阐述;依据相关系数信息赋权的方法是相关信息赋权法,相关系数越大,说明由客观数据处理得到的权重稳定可靠,该指标的权重更高(张峰等,2015);熵权法(Entropy Weighting Method)是依据指标的信息熵赋权,如果指标的信息熵越小,则该指标提供的信息量就越大,所赋予的权重应该越高。熵的概念最早在1948年由香农(Shannon)从物理系统引入信息论,将通信过程中信息源信号的不确定性称作信息熵,信息量越大,不确定性就越小,则熵值也越小。其基本思路是依据指标变异性的大小来确定客观权重。国内对熵权法的应用较为广泛,比如建筑质量的评价(尹鹏等,2013)、衡量企业竞争力(刘芳,2004)、上市公司透明度的评价(冯素玲和曹家和,2008)等。

(三) 主观和客观赋权法结合

虽然主观赋权法直观,客观赋权法基于数据信息,但是均存在一定的局限性。主观赋权法脱离实测数据,凭借决策者的经验和专业知识,容易造成主观偏误,以及决策者态度评价单一等问题;客观赋权法完全依赖于观测数据的信息(离散信息、相关性信息和信息熵),不考虑决策者的专业知识和经验积累,由于决策数据可能存在误差,会造成评价结果与事实不符的问题。因此,将主客观权重相结合十分必要,融合后的权重既能考虑决策者的专业知识和经验,也能有效利用实际观测的数据,避免上述不足(宋冬梅等,2015)。目前,将主观和客观信息相结合的方式有乘法合成、加法合成等,即将主观信息和客观信息进行线性组合(邱东,1990);也有基于隶属度最大化的组合赋权法(徐玲和王涛,2006)。

复杂的经济数据包含主观信息和客观信息,两者又有复杂的关联关系。如何识别客观数据与主观信息的偏差,构建适用于复杂经济数据的评估模型并将其应用于经济社会的评估问题中是本书研究的主要内容。

二、扩展合成法

随着各个领域中综合评价指标体系的广泛应用,对评价方法的研究日趋数学化、复杂化和交叉学科化。在线性合成法的基础上,逐渐出现了可以在不估计指标权重的前提下,将各个指标进行组合,生成最终综合指数的方法,即定义为"扩展合成法"。该方法并不意味着不估计权重,而是可以采用加权的方式。

扩展合成法中第一类是机器学习框架下的方法,比如人工神经网络法和属于"无监督学习"的聚类分析方法等。

人工神经网络(Artificial Neural Network,ANN)随着20世纪80年代以来人工智能领域兴起而在世界范围内复苏成为研究热点,模仿人脑结构及其功能处理信息,以有向图为拓扑结构,将输入的信息在神经元隐含层中处理后输出(焦李成等,2016)。Hopfield(1982)概括了人工神经网络的非线性结构,提出动力方程和学习方程,使人工神经网络的构造和学习有了理论指导。1989年,国内学术界召开了神经网络及其应用的研讨会,从而掀起国内研究的热潮。基于BP神经网络的多目标综合评价方法能学习多人多目标综合评价案例,较好地表达评价结论与指标体系间的关系,既能利用专家丰富的经验,也能实现自我学习(祝世京和陈珽,1994)。BP神经网络在综合评价中的应用还和其他方法相结合,比如与遗传算法结合从而建立经济预警系统(王建成等,1998),与效用函数结合评价柴油机行业的综合经济效益(戴文战,1999)等。

聚类分析(Clustering Analysis)是多元统计方法中的一种,也是综合评价指标体系构建方法中常用的一种。它依据研究对象的特征对客观数据在某种标准下的亲疏程度在没有先验的情况下进行分类,使得在同一类样本中具有高度的同质性。聚类不同于分类,对所要求划分的类别是未知的,因此多用于探索性的研究。在综合评价指标体系的构建中,可以对某一指标进行聚类分析,得到聚类的结果。中国已经将聚类分析评价研究应用到高新技术产业开发区的发展状况及趋势分析(黄宁燕和梁战平,1999)、评价某个地区综合经济实力(卢向虎和朱淑芳,2002)等方面。

另一类扩展合成法更加复杂化,偏向数学模型和数据科学领域,如模糊数学分析法、灰色系统评价法、数据包络分析法(DEA)、遗传算法等。

模糊数学分析法(Fuzzy Mathematical Analysis)是研究和处理模糊性现象的一种数学方法,其中模糊综合评判可以应用在综合评价方面。模糊综合评价应用模糊变换原理和最大隶属度原则,将定性评价转化为定量评价,即用模糊数学对受到多种因素影响的对象做出总体评价,综合考虑评价对象属性的相关性,从而进行分类。模糊集的理论是1965年由美国自动控制专家查德(L. A. Zadeh)教授首先提出,Carlsson和Fuller(1996)总结了模糊数学在综合评价中的应用。不确定因素分为两类,第一类是概率论常用的随机性概念,第二类是模糊性,指表征对象在认识中分辨界限是不确定的,与精确性相对。隶属函数是将普通集合和模糊集合加以区别,即模糊集合的特征函数。我们已经将模糊综合评价法应用到企业绩效的评价(韩利等,2004)、工业产品的质量评价(熊德国和鲜学福,2003)等方面。

灰色系统评价(Grey System)由邓聚龙(1982)提出以来,是目前人们应用较多的一种综合评价方法,将其应用在社会经济灰色系统的分析(邓聚龙,1984)、水质污染综合评价(冯玉国,1992)、高新技术产业化项目的排序分析(孙景等,1997)、大气环境质量评价(安景文等,1999)等。灰色系统以"部分信息已知,部分信息未知"的"小样本、贫信息"不确定性系统为对象,通过对已知信息的生成、开发,提取有价值的信息,实现对系统运行行为、演化规律的正确描述和有效监控。从方法上看,灰色系统评估分为灰色排序评价和灰色聚类评价,用于处理多层次的问题处理。两种综合评价有四种情况:基于白化函数的分类和排序评价问题,基于关联分析的排序问题,基于关联分析的分类问题以及基于白化函数与关联分析的排序与分类问题(苏为华,2000)。

数据包络分析法(Data Envelopment Analysis, DEA)是通过对多个投入指标与多指标产出的系统分析,比较同类型单位(企业或部门)相对效率的方法(魏权龄和卢刚,1989)。从统计学角度看,它属于非参数统计分析方法。目前已经将 DEA 用于综合评价的应用中,例如企业经济效益的评价(魏权龄等,1990)、高技术产业研发创新效率的研究(冯志军和陈伟,2014a)、战略新兴产业科技资源配置效率的评价(黄海霞和张治河,2015)等。

遗传算法(Genetic Algorithms)作为模拟生物进化过程的计算模型,在全局优化性和不依赖于目标函数梯度信息上,选择遗传算子实现定量的评价(孙瑞祥和屈梁生,2000)。它在 1975 年由美国 J. Holland 教授首次提出,直接对结构对象进行操作,不存在连续可微的限定,具有内在隐式并行性和更好的全局搜寻能力。关于公司信用评价的问题,吴德胜和梁樑(2004)利用遗传算法修正 BP 神经网络的权值和偏差,克服传统神经网络建模中的局部极小缺陷。李明和李雪铭(2007)将遗传算法改进的 BP 神经网络应用于对主要城市人居环境质量的评价问题。

从近四十年的综合评价方法来看,以聚类分析、人工神经网络到模糊数学分析法、灰色系统评价、数据包络分析、遗传算法等为代表的构建方法趋于复杂化、数学化和交叉学科化,但是并不是越复杂的方法所得到的结果越准确,好的方法是最适用于客观数据和经验事实的,因此,我们需要认识到综合评价的方法不是越黑箱化越合适。

第三节 总结与评述

本章梳理了综合评价的技术应用和理论研究现状。综合评价在国内外被广泛应用于社会生活各个领域,尤其在宏观经济、金融市场、经济效益、环境评价、科技创新上的应用已汗牛充栋,反过来也直接推动综合评价理论研究的发展。

在理论研究方面,综合评价指标体系的构建方法不断改进,本书将其归纳为"线性合成法"和"扩展合成法"两大类。线性合成法分为"主观赋权法"和"客观赋权法"以及两者相结合三类。主观赋权法的权重易受赋权专家主观意志的转移,而产生偏误或者决策者态度评价单一;客观赋权法仅基于客观数据信息,易脱离专家的经验判断而最终使得评价结果与事实不符。因此,并非说客观赋权法不受主观随意性的影响从而优于主观赋权法,判断权重合理性的标准应当以是否准确反映该指标的真实重要程度为准,而非是否采用客观赋权法还是主观赋权法。如何有效地将主客观信息相结合,比较方法间的优劣,建立方法间的相互联系,目前在理论和实践领域还存在着空白。

扩展合成法分为两类,一是机器学习框架下的人工神经网络和聚类分析,另一类是数学模型方向的模糊数学方法、灰色系统评价法和遗传算法等。扩展合成法趋于数学化、复杂化和交叉学科化,推动综合评价方法的理论研究。这类方法可以在不估计指标权重的前提下将各指标进行组合,生成最终综合指数。但是,不是越复杂的方法所得到的综合指数越趋于现实。我们需要认识到,方法不是越黑箱化越好,一种适用于客观数据和经验事实、识别信息误差的方法才是最佳的。

第三章 专家咨询约束下主客观赋权的综合评价方法

综合评价问题可以看作静态的单因子模型,共同因子是综合指数,用以表征各个指标的信息,其估计方法是主成分分析法。本章从主成分分析方法出发,将主观的专家咨询信息与之结合,提出一种新型的"专家咨询约束下主客观赋权模型",通过惩罚因子(Penalty Factor),平衡主客观信息,从而为实践领域中识别主客观信息的噪声、平衡两者的信息提供解决方案。本章在计量经济学框架下证明权重估计量的一致性和渐近正态性,丰富主成分分析方法在综合评价中的应用,为方法间的联系和综合评价的广泛应用提供理论支持。

第一节 因子模型和主成分分析法

主成分分析法是客观赋权法中的一种,本章在主成分分析法的基础上,将主观信息集作为惩罚项与主成分分析相结合,从而构建专家咨询约束下主客观赋权模型,既能有效利用实际观测的数据,又能考虑决策者的专业知识和经验积累。本章构建的模型更加简便和直观地选择权重,而不是将信息输入黑箱得到最终评价结果。我们先从因子模型和主成分分析法的理论出发,梳理因子模型和主成分分析法在综合评价中的应用。

一、因子模型

因子模型(Factor Model)于20世纪初由英国心理学家Charles E. Spearman定义和提出,最初主要针对横截面数据,其目的是用少量的、潜在的不可观测的因子来描述许多变量间的相关关系。依据是否引入时间序列,可分为静态因子模型和动态因子模型;依据是否是线性结构,可分为线性因子模型和非线性因子模型;依据因子个数的多少,可分为单因子模型和多因子模型。

马科维茨在1952年提出的均值方差组合模型(Markowitz Mean-Variance Model,Markowitz Model,简称MM)较早应用线性静态因子模型,将证券组合用收益率均值与方差来描述。此后威廉·夏普提出的资本资产定价模型(CAPM模型)、套利定价理论(APT模型)、Fama-French三因子模型等也都是因子模型在金融市场中的应用。依据共同因子的分类,可以将其分为三类:宏观经济因子模型(Macroeconomic factor models),将宏观经济变量,例如,GDP增长率、利率、通货膨胀率、失业率作为资产收益率的共同因子;基础因子模型(Fundamental factor models),将公司或证券的表征,例如公司规模、账面价值和市场价值、行业分类等作为共同因子;统计因子模型(Statistical factor models),将不可观测或者隐含的变量作为共同因子,进行估计(Tsay,2005)。线性静态因子模型最简单的形式是:

$$\boldsymbol{X}_t = \boldsymbol{\lambda} \boldsymbol{F}_t + \boldsymbol{v}_t.$$

其中,$\boldsymbol{X}_t$是$n \times 1$的向量,$\boldsymbol{\lambda}$是$n \times r$的矩阵,$\boldsymbol{F}_t$是$r \times 1$的向量,$\boldsymbol{v}_t$是$n \times 1$的向量。$\boldsymbol{F}_t$不是唯一的表示形式,可以通过任意$r \times r$的非奇异矩阵$\boldsymbol{A}$将其变换,$\widetilde{\boldsymbol{F}}_t = \boldsymbol{A}\boldsymbol{F}_t$,$\widetilde{\boldsymbol{\lambda}} = \boldsymbol{\lambda}\boldsymbol{A}^{-1}$。静态因子模型的估计方法有两种,一是极大似然估计(MLE),另一种是主成分分析法(PCA)。极大似然估计需要构造似然函数,求解似然函数的最大值解,用来估计因子和因子结构。由于所估计的参数数量较多,该方法所估计的值是数值解。主成分分析的估计方法是构造最小二乘的损失函数,对目标函数求解析解。

动态因子模型的概念由Geweke(1977)引入时间序列而首次提出。Sargent和Sims(1977)提出可以用两个动态因子解释很多重要的美国季度宏观经济变量的大部分波动后,动态因子模型被广泛应用到经济领域中。Forni等(2009)将有限维动态拓展到无限维动态,并且允许误差项之间存在相关性,进而将动态因子模型拓展到广义的DFM模型。之后,Bai和Ng(2008)、Stock和Watson(2006)、Stock和Watson(2011)又对动态因子模型进行了拓展与应用。Lam等(2011)、Lam和Yao(2012)利用自协方差矩阵的特征根分解估计因子载荷,在无限维大样本上讨论了其渐近性质。

线性动态因子的模型表达式如下:

$$\boldsymbol{X}_t = \boldsymbol{\lambda}(L)\boldsymbol{F}_t + \boldsymbol{v}_t.$$

其中，X_t 是 $n \times 1$ 的向量，$\lambda(L)$ 是由 L 阶滞后算子多项式组成的 $n \times r$ 矩阵，F_t 是 $r \times 1$ 的向量，v_t 是 $n \times 1$ 的向量。另外，假定动态因子 F_t 服从某一向量的随机过程 $VAR(p)$，即 $A(L)F_t = u_t$。关于线性动态因子模型的估计主要有以下三种方法：

一是状态空间与极大似然方法（Stock 和 Watson，1989）。该方法仅适用于当 DFM 维数较低（N 很小），且误差项服从正态分布的情形。其主要思想是应用 EM 算法和 Kalman 滤波构造极大似然函数，采用极大似然法来估计参数 $\lambda(L)$ 和 $A(L)$，并通过 Kalman 平滑来估计因子 F_t。其中，可以采用模型选择准则（如 AIC，BIC）确定因子个数 r 和滞后阶数 p。

二是主成分分析法（Bai 和 Ng，2008）。该方法实际上是一种非参数估计方法，适用于维数较高（N 很大）的情形。主成分分析法不需要对 F_t 设定随机过程 $VAR(p)$ 的结构。因子载荷估计量 $\hat{\lambda}(L)$ 为 X_t 的样本协方差矩阵 Σ_X 的前 r 个最大特征值所对应的特征向量所组成的 $N \times r$ 维矩阵，因子的主成分估计量为 $\hat{F}_t = (1/N)\hat{\lambda}(L)X_t$。

三是主成分分析与状态空间的混合估计方法（Bańbura 和 Modugno，2014）。该方法结合了第一类方法和第二类方法的优点，既具有状态空间的有效性，又具有主成分分析的一致性。假设 $\mu = (\lambda(L), \Sigma_v, A(L), \Sigma_u)$ 为模型中所有待估计的参数，其中 $\Sigma_v = E(v_t v_t')$ 和 $\Sigma_u = E(u_t u_t')$。我们用因子的主成分估计量作为迭代初值 $\hat{F}_t^{(0)}$，假定算法已经进行了 $k-1$ 次，得到因子估计量 $\hat{F}_t^{(k-1)}$，第 k 次迭代步骤如下：

第一步，用 X_t 对 $\hat{F}_t^{(k-1)}$ 进行回归，得到载荷矩阵 $\lambda(L)$ 和干扰项 v_t 协方差矩阵的估计分别是 $\hat{\lambda}(L)^k$ 和 $\hat{\Sigma}_v^k$，将 $F_t^{(k-1)}$ 对其滞后项进行回归，得到 $\hat{A}(L)^k$ 和 $\hat{\Sigma}_u^k$；

第二步，在状态空间参数为 $\hat{\mu} = (\hat{\lambda}(L)^k, \hat{\Sigma}_v^k, \hat{A}(L)^k, \hat{\Sigma}_u^k)$ 的情形下，用 Kalman 滤波平滑，得到因子的新估计量 $\hat{F}_t^{(k)}$，并返回第一步。

与简单的线性结构相比，非线性因子模型定义为可观测变量由潜在因子的非线性组合表示。非线性结构是指因子服从非线性结构，大致可以分为结构变化因子模型和区制转换因子模型两种。非线性和非参数的结构能够很大程度上避免模型识别的错误，将假设条件拓展到更一般的情况，相较于线性结构具有更好的稳健性，提高其在实际经济问题中的适用性。目前国内外学者对线性静态因子和线性动态因子模型的理论研究较为成熟，非线性因子模型是前沿的研究领域。

多因子模型有别于单因子只提取出一个最大公因子,而是提取出两个或两个以上共同因子,比单因子模型更多地反映原数据指标的信息,各个共同因子之间是正交和相互独立的关系。多因子模型是单因子的推广,更多地应用于选股和量化投资方面。

本章构建的专家咨询约束下主客观赋权的综合评价模型是基于线性静态单因子模型的框架下,用主成分分析的估计方法,将专家约束信息与客观信息相结合,把线性静态单因子模型扩展到双样本的情况,不仅拓展了因子模型的适用领域,同时发展了主成分分析方法。

二、主成分分析法

主成分分析法(Principal Component Analysis),由 Karl Pearson(1901)首次提出,后由 Hotelling(1933)进一步发展到随机变量。尤其自 20 世纪 90 年代以来,随着计算机技术的发展和数据处理能力的增强,主成分分析法的理论研究和实际应用得到了飞速的推进。Jolliffe(1986)完成现代主成分分析法的经典文章,对主成分分析法的适用范围进行讨论,并对回归模型和时间序列框架下的应用进行了探索。到 20 世纪 90 年代,主成分分析法的相关论文达164 000 篇(Reris 和 Brooks, 2015)。在讨论主成分分析法的渐近理论时,Anderson(1963)的经典文章,讨论了观测样本具有相关性情况下的特征根渐近分布。

主成分分析法和因子分析一样,将多个具有相关性的变量转化成少数几个不相关的变量,达到降维的简化作用;但是,主成分分析法筛选出的是具有最大离差的主成分,而因子分析筛选出的是不可观测的少数公共因子;因子分析的载荷矩阵可以通过主成分分析法来估计,也可通过极大似然方法估计。Beltrami(1873)和 Jordan(1874)提出的奇异值分解法(Singular Value Decomposition,SVD)可以直接用作寻找主成分。

主成分分析法的应用非常广泛。套利定价理论(Arbitrage Pricing Theory,APT)用主成分分析将观测数据的协方差矩阵分解为系统成分(Systematic Component)和异质性成分(Idiosyncratic Component),即系统性风险和非系统性风险(Ross,1976)。Connor 和 Korajczyk(1988)构建多元回归模型,用主成分分析估计因子以及检验静态套利定价理论的约束问题。20

世纪80年代以来,主成分分析法经历了更进一步的发展。Paatero 和 Tapper (1994)讨论了非负定因子模型中,载荷矩阵的最优估计可以充分利用模型的误差项信息。在主成分分析中,我们常常将主成分看成所有变量的线性组合。简单地说,因子载荷是用来作线性组合的,且非零。当因子载荷矩阵是稀疏矩阵(Sparse Matrix),即诸多因子载荷为零,d'Aspremont 等(2007)用半定规划(Semi-definite Programming)的方式解决这个问题。在高维数据情况下,采用传统主成分分析法常常不考虑噪声部分,但因子载荷矩阵与投影的线性空间相关时,传统的主成分分析法就失效了,因此 Fan 等(2016)提出一个"投影主成分分析法"(Projected-PCA)。投影主成分分析法应用于平滑的数据结构中,即使样本量有限,也能准确估计因子和载荷。

在主成分分析法处理的问题中多个变量之间存在各种复杂的相互联系。这是将多个变量综合为少数几个代表性的变量,由这些主要变量代表原始变量的绝大多数信息的一种数据降维算法。通过求出协方差矩阵或者相关系数矩阵的特征值及其对应的特征向量,得到的估计值有解析解,因此,其本质是将方差的最大方向作为主要特征,衡量在各个正交方向上数据的"离散程度"。

从本质上来讲,主成分分析法是一种空间映射的方法,将常规正交坐标系的变量通过矩阵变换映射到另一个正交坐标系上,将原随机向量的协方差矩阵变换成为对角矩阵,目的是减少变量间的线性相关性。其主要优点在于可消除多个变量之间的相关影响,原始数据变量进行变换后形成了彼此相互独立的主成分,当指标间的相关程度越高,主成分分析的效果越好;可以减少指标选择的工作量,达到降维的目的;各个主成分按照方差大小依次排列顺序,在分析问题时可舍弃排列末尾的主成分,只提取方差较大的主成分代表原始数据,从而减少计算的工作量。但是,该方法也有一定的缺陷。我们应当保证提取的前几个主成分累计贡献率达到一个较高的水平;其次,对这些被提取的主成分必须给出符合实际背景的意义,因为主成分的解释不像原始数据变量那样明确;最后,主成分分析中的系数是综合评价中的权重估计量,主成分的符号有可能有正有负,使得方向相反,出现负权的情况。这些是主成分分析法在综合评价应用中的缺陷所在。

三、主成分分析法在综合评价的应用

主成分分析法的应用非常广泛,在综合评价方面也成为一种重要而且广泛应用的经典方法。

主成分分析法是常用的降维方法,其思想主要是将原始数据通过线性变换成一组各维度线性无关的数据,提取其特征向量。由于其降维的思想与综合评价指标类似,近年来多应用于经济学、管理学等综合评价的问题中(Nardo 等,2008)。主成分分析作为综合评价的一种统计方法,通过数学变换生成信息量权重,当评价指标之间相关程度较高时,所得到的综合评价结果较为理想。前文已提到,判断权重的合理性和科学性不应以是否采用客观赋权或主观赋权为准,而应该判断权重是否准确反映该指标的真实重要程度。因此,认为主成分分析法依赖原始数据和数学变换处理,就有助于保证权重估计量的客观性和科学性的观点是错误的。

主成分分析在综合评价方面的步骤可归纳为,第一,将原始指标数据标准化;第二,确定主成分的个数;第三,解释主成分的含义;第四,用主成分和方差贡献率构造综合评价线性函数;最后,计算综合评价指数并给出排序。

近三十年,国内将主成分分析方法应用于综合评价方面的研究数量颇多、领域较广,尤其集中在经济学和管理学方面。陈述云和张崇甫(1995)讨论了主成分个数的选取问题,认为第一主成分的综合信息最强,但对样本进行综合评价是以偏概全的,并在评价农民消费结构差异和部门干部的绩效评价方面的实例中讨论主成分个数的选取。鲁明泓(1997)用主成分分析的方法筛选外国直接投资区域分布的影响因素,并对中国投资环境进行综合评价,构建各地区投资环境的综合指数,评价各地区投资环境的内部结构。吴晓伟等(2004)建立因子模型构建了竞争力综合评价指标体系,评价企业在行业中的地位和竞争力,用主成分分析的方法确定权重系数。钞小静和任保平(2011)从经济增长质量的内涵出发,筛选出28个基础指标构建测度经济增长质量的综合指数,用主成分分析的方法确定各指标的权重,对中国及各地区1978年至2007年的经济增长质量测度结果表明,改革开放三十年来,中国总体层面的经济增长质量水平有一定程度的提高,但是各地区间质量水平相差较大。迟国泰等(2012)为评价人的全面发展,从经济、社会、生活质量、人口素质等四个方面筛选评价的指标,用相关性分析删除相关系数大的指标,再用主成分分析法删除因子负载小的指标,从而构建指标体系,通过人均GDP、国民幸福指数等指标反映科学发展的内涵。林海明(2009)提出改进的因子分析模型,并选出各省市房地产市场的11个指标,构建中国房地产市场综合指数(Abeyasekera,2005),为房地产市场的平衡发展提出建议。林海明和杜子芳(2013)、林海明(2013)讨论了主成分分析在综合评价过程中应该注意的应用条件,比如当指标是正向或标准化时,主成分的载荷矩阵是简单的结构,主成分与变量之间显著相关;以及,提出一个目标函数最大化的因子模型,从而克服传统因子模型的共同因子不能降维或失去变量解释的弱点。两篇文章都应用主成分分析评价了2010年广东省各市的对外贸易国际竞争力。

国外将主成分分析法应用于综合评价方面的文献比国内更早、更丰富。Abeyasekera(2005)指出,主成分分析法是将原始客观数据集的指标变量用线性的方式合成,此线性组合的第一主成分能最大限度地表示原始数据信息,该方法能应用于测度某一客观事物的综合评价。Skinner等(1986)认为,大多数抽样调查的问题是多变量的分析,主成分分析的权重估计方法被广泛应用于抽样调查的综合评价中,但是因为调查数据本身的偏差,主成分分析的估计量应用于整个抽样调查中可能是有偏的。Pomeroy等(1997)采用主成分分析法对位于菲律宾内格罗斯岛和宿务岛的6个地区的社区沿海资源管理进行定量评估,对200个住户进行抽样调查得到客观数据集。Filmer和Pritchett(1998)关于资产的各个指标构建了线性的综合评价指数,用主成分分析的方法估计权重,用以评价家庭用户的财富,研究其与孩子教育的相关性。Moser和Felton(2009)讨论了用主成分分析方法构建资产指数的优劣势,发现当资产之间有较强相关关系时,该方法的应用性较好。从上述文献看出,国外综合评价模型多应用于微观调查领域,用主成分分析的方法估计权重。

主成分分析用于综合评价中的本质仍然是一种线性加权法,将每一主成分采用不同的加权系数,所以权系数是形成综合评价的关键(李靖华和郭耀煌,2002)。在主成分分析法中,当某一指标的方向与主要方向相反,则估计量容易出现负值,即负权的问题。李平玉(1995)提出含有非负约束的主成分分析来克服负权的情况,姜国麟等(1996)在某一专家认为的范围内对权重进行限定,这便是"专家咨询约束"的雏形。本章在姜国麟等(1996)的基础上,将专家咨询约束拓展成"三个维度"构成的专家咨询信息集(专家权重、专家信任度和专家专业度),实现主客观赋权相融合的目标,从而拓展了主成分分析法在综合评价问题中的应用。

第二节　专家咨询约束下主客观赋权模型

一、模型的基本思想

在主成分分析法的基础上增加含有专家信息的惩罚项，首先要考虑专家的信息内容。Nijkamp 等(1990a)提出直接赋权法，即专家对每个指标给予一个基于自身判断的"专家权重"(Important Score)，来表示该指标的重要程度。Dalio(2017)在《原则》一书中提到桥水基金(Bridgewater)在做决策时采用专家主观判断的方法，其中包含信任度(Believablility)。在对某一市场进行分析时，选择对该领域熟悉的专家，则更有专业度和信任度。这与本章模型的思路有异曲同工之妙，认为专家具有专业属性，即在其研究领域的专业程度高，给他人更高的信任感，在其研究领域之外的方面专业程度低，给他人较低的信任感。因此，专家会对综合评价体系中的各个指标给予一个基于自身专业程度的"信任分"(Confidence Score)。此外，引入第三个变量，即"专家专业度"(Expertise Score)，表示机构在做综合评价时，邀请专家给出专家权重和信任分，还会对专家的背景、教育程度、专业素养给予一个评判分。综上所述，以上三个变量组成主观信息集。

主成分分析是常用的降维方法，其思想主要是将原始数据通过线性变换成一组各维度线性无关的数据，提取其特征向量。主成分分析的算法是求出协方差矩阵或者相关系数矩阵的特征值及其对应的特征向量，因此，得到的估计值有解析解。其本质是将方差的最大方向作为主要特征，衡量在各个正交方向上数据的"离散程度"。

为了将主观信息集与主成分分析模型相结合，本章吸取 Tibshirani(1996)的 Lasso 思想，其中，惩罚因子影响估计量的估计结果。不同于传统主成分分析特征向量求解析解的方法，"专家咨询约束下主客观赋权模型"从主成分分析的最优过程出发进行讨论。在二次型优化的形式上加入含有主观信息集的惩罚项，再通过优化算法求数值解。因此，在证明估计量的一致性和渐近正态性时，不同于传统主成分分析含有特征向量和特征值的方法，考虑估计量的球面约束，证明其大样本性质。在主成分分析法中，当某一指标的方向与主要方向相反，则估计量容易出现负值，这与我们所赋权重在 0 和 1 之间的常识相违背。李平玉(1995)提出含有非负约束的主成分分析,姜国麟等(1996)在某一专家认为的范围内的对权重限定是"专家咨询约束"的雏形。在负权问题上,本章仅将其限定在0和1之间,并将专家咨询约束拓展到整个专家信息集。

在比较主观赋权法、客观赋权法和专家咨询约束下的主成分分析法时,采用机器学习中的损失函数(Loss Function)思想,量化模型的预测值与真实值之间的不一致程度。这里,通过平方损失(Square Loss),即均方误差(MSE)、均方根误差(RMSE)和均方误差比率(MSE Ratio)等损失函数来衡量估计权重的准确程度。本章通过蒙特卡洛模拟计算惩罚因子在平衡主观信息集和客观数据集的作用、比较三类方法(主观赋权法、客观赋权法和主客观结合赋权法)的优劣及提出选择其中某一方法的准则。

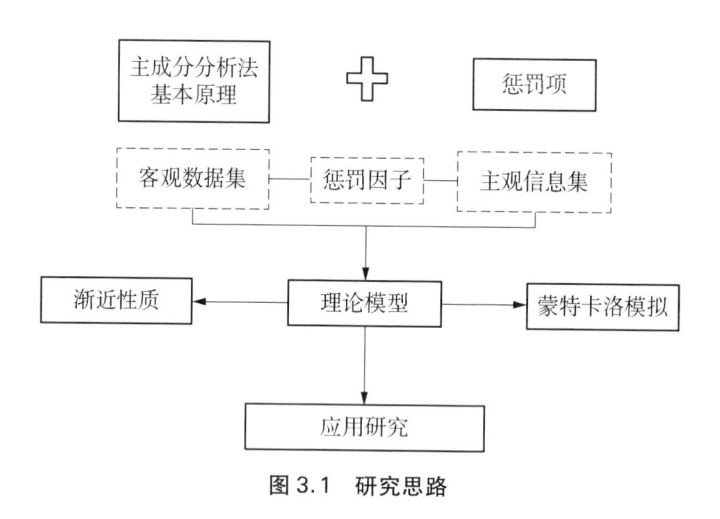

图 3.1 研究思路

二、模型的构建

综合评价的问题可以看作单因子模型,其中,共同因子是综合指数,权重是载荷因子。指标之间存在相关关系,故有一个共同因子能反映各个指标的特征。传统的线性因子模型如下所示:

$$x = \Lambda f + u. \tag{3.1}$$

其中,f 是共同因子,Λ 是载荷矩阵,u 是残差,其均值为 $\mathbf{0}$,协方差矩阵是 $\boldsymbol{\Sigma}$。在综合评价的问题下,我们将传统的因子模型如下表示:

$$x_{ki}=w_k f_i+\varepsilon_{ki};\ k=1,\cdots,K;\ i=1,\cdots,N. \tag{3.2}$$

其中,包含 K 个指标和 N 个观测数据。$(w_1,\cdots,w_K)$ 是因子载荷向量,表示第 k 个指标的权重估计量;f_i 是不可观测的共同因子,表示第 i 个观测样本将 K 个指标合成的综合指数;ε_{ki} 是残差项,独立同分布地服从均值为 $\mathbf{0}$,协方差矩阵是 $\mathbf{\Sigma}_\varepsilon$ 的分布;x_{ki} 是观测数据,表示第 i 个观测样本的第 k 个指标的观测。传统的因子模型是通过主成分分析法估计权重估计量 w,从而得到综合评价指数:

$$\hat{f}_i=\sum_{k=1}^{K}\hat{w}_k x_{ki}. \tag{3.3}$$

其中,$\hat{f}_i$ 是共同因子 f_i 的估计量。

专家咨询约束下主客观赋权模型的估计方法是基于主成分分析的,将专家咨询信息集作为惩罚项,融入主成分分析的估计。在模型的估计中包含两组数据;其一是可观测的客观信息集,或者说是观测指标的数据集;其二是专家咨询信息集,也就是专家对各个指标给予的主观信息。

首先,定义专家咨询信息集的范畴。假设共有 J 个专家,第 j 个专家基于第 k 个指标在构建综合指数的重要程度给予一个"专家权重"(Important Score),即 s_{kj}。s_{kj} 与权重估计量 w_k 是同维的,旨在表示专家认为每个指标所应有对综合指数的贡献度,专家权重的期望与客观数据所估计的权重是按比例无偏的(Proportionally Unbiased)。第 j 个专家还会基于自身专业程度给予第 k 个指标一个"专家信任度"(Confidence Score),即 γ_{kj}。γ_{kj} 表示专家具有专业属性,即在其研究领域的专业程度较高,给他人更高的信任感,而在其研究领域之外的方面专业程度较低,给他人更低的信任感,因此,专家信任度是基于自身经验和专业素养在给出专家权重 s_{kj} 时会有 γ_{kj} 的把握。如果专家对 k 个指标很熟悉,那么会给出一个更高的 γ_{kj},反之则反。此外,综合评价指数的构建者有权对第 j 个专家给予一个"专家专业度"(Expertise Score)的评价,即 c_j。c_j 表示第三方机构对邀请专家的教育程度、研究领域、专业素养给予一个评判分,也可以在每次综合评价指标体系构建后对专家的评分与真实评分的偏差做评估,反过来对专家专业度评价 c_j 进行更新和优化。综上所述,以上三个变量构成了完整的专家咨询信息集。

在我们的设定中存在两种类型的不确定性。其一是客观数据集所产生的噪声($\mathbf{V}_c$),其二是专家咨询信息集产生的噪声($\mathbf{V}_s$)。我们对专家信息集的三个变量有一定的约束控制如下：

(1) $\sum_{k=1}^{K} s_{kj}^2 = 1$，$\mathbb{E}[s_{kj}] = \delta w_k$，$\delta$ 是大于 0 的标量；

(2) $0 \leqslant \gamma_{kj} \leqslant 1$；

(3) $0 < c_j \leqslant 1$.

此外，我们假设所有专家提供的专家权重是无偏于真实权重 w_0 的，当存在一个完美的专家 j，即 $c_j = 1$，$\gamma_{kj} = 1$，$k = 1, \cdots, K$，专家权重的协方差矩阵为 V_s，那么对于每个专家，都有：

$$\mathbb{E}(s_j) = \delta w_0 \text{ 和} Var(s_j) = (\boldsymbol{\Gamma}_j)^{-1} V_s (\boldsymbol{\Gamma}_j)^{-1}.$$

其中，$\boldsymbol{\Gamma}_j = diag(c_j \gamma_{1j}, \cdots, c_j \gamma_{Kj})$.

假定 $\boldsymbol{\Sigma}_N$ 是指标观测数据样本 x_{ki} 的协方差矩阵，以及 $\widehat{w} = (\widehat{w}_1, \cdots, \widehat{w}_K)^T$，并且权重向量满足：

$$\|w\|_2^2 = \sum_{k=1}^{K} w_k^2 = 1.$$

$\boldsymbol{\Sigma}_N$ 的估计量是：

$$\widehat{\boldsymbol{\Sigma}}_N = \frac{1}{N} \sum_{i=1}^{N} x_i x_i',\ x_i = (x_{1i}, \cdots, x_{Ki})'.$$

因此，估计量 $\widehat{w}$ 可通过最大化的加权最小二乘模型估计，如下所示：

$$\widehat{w}_{N,J} = \arg\max_{\delta} g_{N,J}(w, \delta).$$

其中，$g_{N,J}(w, \delta) = w' \sum_{i=1}^{N} x_i x_i' w - Q \sum_{j=1}^{J} c_j \left\{ \sum_{k=1}^{K} \gamma_{kj} (s_{kj} - \delta w_k)^2 \right\} = w' \sum_{i=1}^{N} x_i x_i' w - Q\delta^2 w' \sum_{j=1}^{J} \boldsymbol{\Gamma}_j w + 2Q\delta \sum_{j=1}^{J} s_j' \boldsymbol{\Gamma}_j w - Q \sum_{j=1}^{J} s_j' \boldsymbol{\Gamma}_j s_j$,

$$\text{subject to } 0 \leqslant w \leqslant 1 \text{ and } \|w\|_2^2 = 1. \tag{3.4}$$

这里，二次型 $w' \sum_{i=1}^{N} x_i x_i' w$ 是主成分分析法的目标函数，其中单位球约束是主成分分析法的约束部分。含有 Q 和专家信息集的部分是惩罚项，其中 Q 是惩罚因子，专家信息集包含专家权重 (s_{kj})、专家信任度 (γ_{kj}) 和专家专业度 (c_j) 三个参数。假定观测指标与综合指数之间的关系是正向影响的，故对估计结果限定在 [0, 1] 的区间约束下。关于主成分分析法的负权问题，曾经有李平玉(1995)提出含有非负约束的主成分分析,以及姜国麟等(1996)提出专家设定在[0,1]区间范围内更小的区间作为约束。以上构成了完整的专家咨询约束下主客观赋权模型。

惩罚项的构建思路是吸取了 Tibshirani(1996)的 Lasso 思想,即在最小二乘法求解最小均方误差和的部分添加惩罚,来估计参数和识别参数的有效性,其中惩罚因子作为参数影响估计量的结果。将专家咨询约束作为惩罚项加入主成分分析法的估计,并且设定估计量的区间约束在[0,1]之间。

需要注意的是,如果我们假设残差项 ϵ 和专家权重 s 都服从正态分布,也可以用极大似然方法(MLE)估计权重估计量;但是,由于我们不需要识别和估计残差的协方差矩阵(V_ϵ)和专家咨询数据集的协方差矩阵(V_s),所以我们采用加权最小二乘法估计权重。

如果我们将专家咨询信息视为先验信息,则可以采用贝叶斯方法估计权重估计量,但是,需要确定专家权重的分布以及因子模型中误差的分布,所以,本章不采用贝叶斯估计方法估计。

我们将式(3.4)写成向量形式,如下所示:

$$g_{N,J}(w,\delta) = Nw'\Sigma_N w - Qc'[\gamma \circ (\mathbf{1}_J w' - \delta s) \circ (\mathbf{1}_J w' - \delta s)]\mathbf{1}_K,$$
$$\text{subject to} \|w\|_2^2 = 1. \tag{3.5}$$

注:∘即"哈达玛乘积(Hadamard Product)",表示新矩阵元素定义为矩阵 A、B 对应元素的乘积。

$g_{N,J}(w,\delta)$ 的梯度向量是:

$$\nabla g_{N,J}(w,\delta) = 2N\Sigma_N w - 2Q[c'\gamma \circ (\mathbf{1}_J w' - \delta s)]'.$$

约束条件的法向量是 $2w$。

将向量形式写成二次型形式如下:

$$\widehat{w}_{N,J} = \arg\max_\delta g_{N,J}(w,\delta).$$

其中,$g_{N,J}(w,\delta) = a_{N,J} w'\widehat{\Sigma}_N w - b_{N,J} Q\delta^2 w'\overline{\Gamma}_J w + 2b_{N,J} Q\delta \overline{s}'_J w + C,$
$$\text{subject to } 0 \leqslant w \leqslant 1 \text{ and } \|w\|_2^2 = 1. \tag{3.6}$$

其中,C 是与估计量 w 无关的常数,且:

$$\widehat{\Sigma}_N = \frac{1}{N}\sum_{i=1}^N x_i x'_i, \quad a_{N,J} = \frac{N}{N+J}, \quad b_{N,J} = \frac{J}{N+J},$$

32 / 综合评价前沿理论与应用研究

$$\overline{\boldsymbol{\Gamma}}_J = diag(\frac{1}{J}\sum_{j=1}^{J}c_j\gamma_{1j}, \cdots, \frac{1}{J}\sum_{j=1}^{J}c_j\gamma_{Kj}) = \frac{1}{J}\sum_{j=1}^{J}\boldsymbol{\Gamma}_j,$$

$$\overline{\boldsymbol{s}}_J = (\frac{1}{J}\sum_{j=1}^{J}c_j\gamma_{1j}s_{1j}, \cdots, \frac{1}{J}\sum_{j=1}^{J}c_j\gamma_{Kj}s_{Kj})' = \frac{1}{J}\sum_{j=1}^{J}\boldsymbol{\Gamma}_j\boldsymbol{s}_j. \quad (3.7)$$

为了简化,我们在后续的讨论中不考虑常数 C。$a_{N,J}$ 和 $b_{N,J}$ 是两个反映客观数据和专家咨询信息两个数据集样本比例的常数。

Q 是惩罚因子,用以平衡客观观测数据的协方差($\boldsymbol{V}_c$)和专家咨询数据集的协方差($\boldsymbol{V}_s$)。当 Q 很小,趋近于 0 时,式(3.4)的目标函数仅包含主成分分析法的部分,权重估计量仅由客观数据集所影响;当 Q 很大,趋近于无穷时,目标函数仅由专家咨询信息集所决定,其估计权重为:

$$\widehat{w}_k = (\overline{\boldsymbol{\Gamma}}_J)^{-1}\overline{\boldsymbol{s}}_J = \frac{\sum_{j=1}^{J}c_j\gamma_{kj}s_{kj}}{\sum_{j=1}^{J}c_j\gamma_{kj}}.$$

因此,在识别两个数据集不确定性的基础上,我们确定惩罚因子 Q 的值,从而可估计权重。式(3.4)即是专家咨询约束下主客观赋权模型,可看作同时具有等式约束和不等式约束下的二次型最优规划问题。

三、模型的几何意义

假设 $\boldsymbol{\Sigma}_* = a_{N,J}\widehat{\boldsymbol{\Sigma}}_N - b_{N,J}Q\delta^2\overline{\boldsymbol{\Gamma}}_J$,我们将式(3.6)的目标函数写成如下形式:

$$g_{N,J}(\boldsymbol{w},\delta) = \boldsymbol{w}'\boldsymbol{\Sigma}_*\boldsymbol{w}. \quad (3.8)$$

其中,梯度向量是 $2\widehat{\boldsymbol{\Sigma}}_*\boldsymbol{w}$,法向量是 $2\boldsymbol{w}$。

惩罚因子 Q 有以下两点重要的性质:其一,当 Q 很大,趋近于无穷时,估计权重($\widehat{w}$)与专家权重(s)非常接近,此时,权重估计量仅受专家信息的影响,与客观数据无关;其二,当 Q 很小,趋近于 0 时,$\boldsymbol{\Sigma}_*$ 与样本协方差矩阵($\boldsymbol{\Sigma}_N$)非常接近,此时,权重估计量仅受客观指标数据的影响而不受专家信息的影响。换句话说,随着客观数据噪声($\boldsymbol{V}_c$)的增大,惩罚因子 Q 会增大,最优的权重估计量($\widehat{w}$)更多受专家信息的影响;随着专家咨询数据集噪声($\boldsymbol{V}_s$)的增大,惩罚因子 Q 会减小,最优的权重估计量($\widehat{w}$)更多受客观指标数据的影响。

在分析模型的几何意义时,我们对比传统的主成分分析法的最优规划问题如下：

$$\text{minimize} \sum_{i=1}^{m} \|x_i - UU^T x_i\|_2^2,$$
$$\text{subject to } U^T U = I \text{ and } U \in \mathbb{R}^{d \times k}. \quad (3.9)$$

对每一个 $x \in \mathbb{R}^d$ 和 $U \in \mathbb{R}^{d \times k}$，在 $U^T U = I$ 约束下，我们有：

$$\begin{aligned}
\|x - UU^T x\|^2 &= \|x\|^2 - 2x^T UU^T x + x^T UU^T UU^T x \\
&= \|x\|^2 - x^T UU^T x \\
&= \|x\|^2 - \text{trace}(x^T UU^T x) \\
&= \|x\|^2 - \text{trace}(U^T x x^T U).
\end{aligned}$$

因此，传统的主成分分析法可转换成以下形式：

$$\text{maxmize trace}(U^T \sum_{i=1}^{m} x_i x_i^T U),$$
$$\text{subject to } U^T U = I \text{ and } U \in \mathbb{R}^{d \times k}. \quad (3.10)$$

其中，$\sum_{i=1}^{m} x_i x_i^T$ 是样本协方差矩阵，且是正定的，我们将其表达成 $A = \sum_{i=1}^{m} x_i x_i^T$，并将其对角化，则 $A = V \Lambda V^T$，其中，$VV^T = V^T V = I$，以及 $\Lambda = diag(\lambda_1, \cdots, \lambda_d)$，$\lambda_1 \geqslant \lambda_2 \geqslant \cdots \geqslant \lambda_d \geqslant 0$。我们可以将之写成如下形式：

$$\text{maxmize trace}(U^T V \Lambda V^T U),$$
$$\text{subject to } U^T U = I \text{ and } U \in \mathbb{R}^{d \times k}. \quad (3.11)$$

式(3.11)便是传统主成分分析法的奇异值(Singular Value Decomposition，简称 SVD)分解，$\hat{U}$ 是最优的解。

假设在 1 维的子空间中，将式(3.11)用样本协方差的形式表示成最优规划问题如下：

$$\text{maxmize} \sum_{i=1}^{m} u^T (x_i x_i^T) u,$$
$$\text{subject to } u^T u = 1 \text{ and } u \in \mathbb{R}^d. \quad (3.12)$$

总而言之，传统主成分分析法可以看作在球面约束下求解最大化样本方差的问题。专家咨询约束下主客观赋权模型如式(3.4)和式(3.6)所示，在传统主成分分析法式(3.12)的基础上加入了惩罚项，因此二次型的变形协方差矩阵(Σ_*)可以是正定矩阵、负定矩阵和不定矩阵,这都取决于惩罚因子Q的取值。当Q很大时,变形的协方差矩阵(Σ_*)可能是负定的;当Q很小时,变形的协方差矩阵(Σ_*)与样本协方差矩阵(Σ_N)非常接近,便是正定的。

因此,为了简化问题,我们假设指标维度$K=2$,固定参数δ。此时,单位球的约束是圆柱体(见图3.2)。图3.2的(a)图表示的是惩罚因子Q为0.3时,变形协方差矩阵为正定的情形;(b)图表示的是Q为3时,变形协方差矩阵随着Q的增加而成为不定矩阵的情形;(c)图表示的是Q为10时,变形协方差矩阵最终成为负定矩阵的情形。图中的曲面是式(3.4)的$g_{N,J}(w,\delta)$函数,曲面与圆柱体的切面是连续的一个椭圆或者圆,没有角解,在切面上求解最大值便是式(3.4)的最优解。值得注意的是,由于存在圆柱体的约束,最优解($\hat{w}$)的维度是$K-1$维。(a)图在曲面的全局中存在着最小值,但是在圆柱体约束下的切面上存在着局部最大值。以上的结论会在本章蒙特卡洛模拟实验中加以验证。因此,二次型的变形协方差矩阵(Σ_*)无论是正定矩阵、负定矩阵还是不定矩阵,我们总是能在光滑紧集下的椭圆或者圆上寻找其中的最优解。

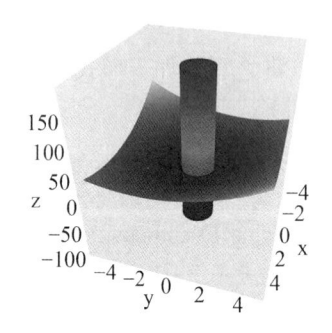

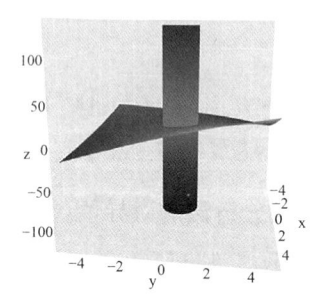

(a) 正定协方差矩阵(Q=0.3)　　(b) 不定协方差矩阵(Q=3)　　(c) 负定协方差矩阵(Q=10)

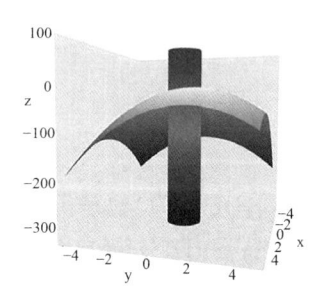

图3.2　模型估计的几何意义

四、确定惩罚因子

惩罚因子的确定通过交叉验证(Cross-validation,简称CV)的方法。在样本量足够大的情况下,我们将数据集分成M个相同长度的子样本,将一个单独的子样本保留作为验证模型的测试样本集(Testing Data Set),其余 $M-1$ 个样本作为训练样本集(Training Data Set)。将每个 $M-1$ 个样本作为训练集构建模型,所得到的预测结果与测试集相比计算误差,最小误差所对应的惩罚因子 Q 就是确定的惩罚因子。

在专家咨询约束下主客观赋权模型中,存在两组数据集,即客观数据集和专家咨询信息集,这里我们用一种混合的交叉验证方法(A Combined M-fold Cross Validation)来确定惩罚因子,算法步骤归纳如下:

(1) 将客观数据集分成 M_1 个相同长度的子样本($D_1, \cdots, D_{M_1}$),将专家咨询数据集分成 M_2 个相同长度的子样本($D_1^*, \cdots, D_{M_2}^*$)。将一个单独的子样本作为验证模型的测试集,其余 M_1-1 个客观数据样本和 M_2-1 个专家权重样本作为训练集。

(2) 对于每个 $m_1=1, 2, \cdots, M_1$ 和 $m_2=1, 2, \cdots, M_2$,用剩下的 M_1-1 和 M_2-1 个样本作为训练集构建综合评价模型,得到参数估计值 $\widehat{w}_{N,J}^{(-m)}(Q)$,综合指数 $\hat{f} = \widehat{w}_{N,J}^{(-m)}(Q) x_i$,以及模型的预测值 $\widehat{x_i'}^{(-m)}(Q) = \widehat{w}_{N,J}^{(-m)}(Q) \widehat{w}_{N,J}'^{(-m)}(Q) x_i$。

(3) 将预测值与测试样本集比较,我们得到交叉验证的均方误差(Mean Squared Error,简称 MSE):

$$CV(Q) = \frac{1}{M_1 M_2} \sum_{m_1=1}^{M_1} \sum_{m_2=1}^{M_2} \Big[-\sum_{i \in D_{M_1}} [x_i' \widehat{w}_{N,J}^{(-m)}(Q)]^2 + C \sum_{j \in D_{M_2}^*} \| s_j - \widehat{\delta}^{(-m)}(Q) \widehat{w}_{N,J}^{(-m)}(Q) \|_2^2 \Big].$$

(4) 关于不同的惩罚因子 Q 值重复步骤(1)至(3),得到不同的交叉验证均方误差 $CV(Q)$,选择最小的 $CV(Q)$ 所对应的 Q 值就是最优的惩罚因子。这里的 C 是用来平衡主观数据集和专家权重两组数据误差信息的惩罚参数。

一般情况下,我们选择 $M=5$ 或者 10。而在小样本的情况下,交叉验证往往会丢弃较多的数据,使得所得模型预测值有偏误,故小样本实证中,采用弃一交叉验证(LOO_CV)的方法。

第三节 专家咨询约束下主客观赋权模型的大样本性质

传统的主成分分析法大样本渐近理论是基于特征向量分析的渐近理论框

架。主成分分析法的解是数值解，由式(3.10)得到，$\sum_{i=1}^{m}\boldsymbol{x}_i\boldsymbol{x}_i^T$是样本协方差矩阵，将其表达成$\boldsymbol{A}=\sum_{i=1}^{m}\boldsymbol{x}_i\boldsymbol{x}_i^T$，$\boldsymbol{x}_i$服从$N(\boldsymbol{0},\boldsymbol{\Sigma})$。再将其对角化，则$\boldsymbol{A}=\boldsymbol{V}\boldsymbol{\Lambda}\boldsymbol{V}^T$，其中，$\boldsymbol{V}\boldsymbol{V}^T=\boldsymbol{V}^T\boldsymbol{V}=\boldsymbol{I}$，以及$\boldsymbol{\Lambda}=\mathrm{diag}(\lambda_1,\cdots,\lambda_d)$，$\lambda_1\geqslant\lambda_2\geqslant\cdots\geqslant\lambda_d\geqslant 0$，传统的主成分分析法渐近理论讨论了特征根$(\lambda_1,\cdots,\lambda_d)$的渐近分布及相应的特性(Anderson，1951，1963)。本章模型的渐近理论思路与传统主成分分析法不同，由于加入主观信息集的惩罚项，在二次型的优化过程中协方差矩阵可以是正定矩阵、负定矩阵和不定矩阵，故做对角化变换时失效。同时，模型有两个数据集，即客观数据集和专家咨询信息集，这也与传统的主成分分析法有所不同。本节从极限理论出发，突破主成分分析法中协方差矩阵为正定矩阵的框架，从而支持计量经济学传统的主成分分析方法在更多约束下的理论性质。

在含有估计量约束的二次型优化过程方面，Fan等(2012)在满足$w^T\boldsymbol{1}=1$和$\|w\|_1\leqslant c$的约束下，求二次型$w^T\boldsymbol{\Sigma}w$的最小化最优解。本章模型考虑的是单位球$w^Tw=1$的约束和权重估计量在[0，1]区间约束，这与该论文相比有了更广泛的约束条件，拓展了二次型优化的问题。

一、理论假设

我们定义以下变量：

(1) $x_{ki}=(x_{1i},x_{2i},\cdots,x_{KN})'$，$k=1,\cdots,K$，$i=1,\cdots,N$，$\boldsymbol{x}_i=(x_{1i},\cdots,x_{Ki})'$，

(2) $\varepsilon_{ki}=(\varepsilon_{1i},\varepsilon_{2i},\cdots,\varepsilon_{KN})'$，$k=1,\cdots,K$，$i=1,\cdots,N$，$\boldsymbol{\varepsilon}_i=(\varepsilon_{1i},\cdots,\varepsilon_{Ki})'$，

(3) $w_0=(w_1,w_2,\cdots,w_K)'$，

(4) $\gamma_{kj}=(\gamma_{1j},\gamma_{2j},\cdots,\gamma_{KJ})'$，$k=1,\cdots,K$，$j=1,\cdots,J$，

(5) $s_{kj}=(s_{1j},s_{2j},\cdots,s_{KJ})'$，$k=1,\cdots,K$，$j=1,\cdots,J$，$\boldsymbol{s}_j=(s_{1j},s_{2j},\cdots,s_{Kj})'$。

本节的大样本性质考虑当综合评价指标数K固定，或随着样本容量N和J的变化时的参数估计量的收敛速度。此外，建立当综合评价指标数K固定时的参数估计量$\hat{w}_{N,J}$的中心极限定理。同时，在高维情形下，考虑当K和J依赖于N，以及客观数据集$N\to\infty$时的渐近理论。

首先,在有限维情形下构建以下五大假设:

假设一: $K>0$ 并且是确定的, x_i 服从独立同分布(I.I.D),其均值为 0,协方差矩阵为 Σ_0。令 λ_1 是 Σ_0 的最大特征根,w_0 是对应的特征向量。假设 λ_2 是 Σ_0 的第二大特征根,且严格小于 λ_1。假设 $Var(w'x_ix'_iw)$ 对于所有满足 $\|w\|_2^2=1$ 条件的 w 都有界。

假设二: 专家权重信息 s_j 是独立的,并且满足 $\|s_j\|=1$,$\mathbb{E}(s_j)=\delta_0 w_0$,并且 $Var(s_j)=\Sigma_s$。

假设三: 观测的客观数据样本 $\{x_i, i=1,\cdots,N\}$,主观的专家权重信息样本 $\{s_j, j=1,\cdots,J\}$ 都是独立的。

假设四: 令 $\overline{\Gamma}_J = \frac{1}{J}\sum_{j=1}^J \Gamma_j$。假设当 $J\to\infty$ 时,$\overline{\Gamma}_J \to \Gamma_0$,$\frac{1}{J}\sum_{j=1}^J \Gamma_j\Sigma\Gamma'_j \to \widetilde{\Sigma}_s$,其中,$\Gamma_0$ 是一个具有正对角元素的常数对角矩阵,$\widetilde{\Sigma}_s$ 是一个常数正定矩阵,$\overline{\Gamma}_J$ 由式(3.7)定义。

假设五: 当 $N\to\infty$,及 $J\to\infty$,$N/(N+J)\to a$,其中 $0\leqslant a\leqslant 1$。

在高维情形下,假设一和假设四进行变形如下:

假设一(∗): 当 $N\to\infty$,$J\to\infty$,假设 $K\to\infty$,x_i 服从独立同分布(i.i.d),其均值为 0,协方差矩阵为 Σ_{0N}。令 λ_{1N} 是 Σ_{0N} 的最大特征根,w_{0N} 是对应的特征向量。假设 λ_{2N} 是 Σ_{0N} 的第二大特征根,且 $\liminf_{N\to\infty}(\lambda_{1N}-\lambda_{2N})>0$。因此,模型式(3.6)的最优规划问题中协方差矩阵估计量 $\widetilde{\Sigma}_N$ 满足 $\|\widetilde{\Sigma}_N-\Sigma_{0N}\|=O_P(\Delta_{1N})$,其中,当 $N\to\infty$,$\Delta_{1N}\to 0$。

假设四(∗): 假设 $\overline{\Gamma}_J$ 的最小对角线元素是正的,并且远离零值。

需要注意的是,首先,假设一是主成分分析的典型情况。$\{x_i\}_{i=1}^N$ 的独立同分布(IID)假设是可以放松的。当 $\{x_i\}_{i=1}^N$ 满足一定的混合条件,结果仍然成立。一个更广泛使用但更受限制的假设(对于因子模型而言是典型的),即 $\Sigma_0=(\lambda_1-\lambda_2)w_0w'_0+\lambda_2 I$ 在本章模型中也是适用的,因为能够保证 w_0 是最大化 $w'\Sigma_0 w$ 的最优解。同时,我们选择误差项 $x_i-w_0w'_0x_i$ 具有非零的相关性。

假设二假设所有专家都是独立地进行评价,假设三假设专家的评价与客观数据是相互独立的,专家不是基于客观数据进行打分的。当 K 确定,需要假设四来证明中心极限定理。同时,我们不对"专家信任度"(Confidence Score)和"专家专业度"进行假设。仅假设当 $J\to\infty$ 时,$\overline{\Gamma}_J$ 是有限收敛的;如果

J 远大于 N(即 $N/(N+J) \to 0$)时,我们假设 $\boldsymbol{\Gamma}_0$ 最小对角线上的元素是非零的,这时,所有的综合评价指标都能从专家咨询数据集中获取充分的信息。

在高维的情形下,假设一(*)用来处理 $K \to \infty$ 时的高维情形,讨论 $\boldsymbol{\Sigma}$ 的收敛速度。由于协方差矩阵不是模型估计的重点,因此,我们将协方差矩阵作为高阶的条件。收敛速度的讨论通常需要对 $\boldsymbol{\Sigma}_0$ 进行结构性假设,学术界已进行广泛的理论研究,例如,Fan 等(2016)和 Vershynin(2018)以及其中的诸多参考文献。当 $K > 0$ 并且是确定的,假设一确保假设一(*)满足 $\widetilde{\boldsymbol{\Sigma}}_N = \widehat{\boldsymbol{\Sigma}}_N$,同时 $\Delta_{1N} = N^{-1/2}$。

二、一致性

在以上假设条件的基础上,我们讨论 $\widehat{w}$ 的收敛速度。此时,K 随着 N 和 J 的变化而变化,而确定的 K 值仅是一种特例。

定理 1 设式(3.6)模型中的 Q 满足 $Q = Q_N = \upsilon N \Delta_{1N}^2$,其中 υ 是一个大于零的常数。在假设一(*)、二、三、四(*)和假设五的条件下,当 $N \to \infty$,$J \to \infty$,我们有:

$$\|\widehat{w}_{N,J} - w_0\| = O_P(\min\{\Delta_{1N}, J^{-\frac{1}{2}}\}).$$

其中,$\widehat{w}$ 是式(3.6)模型目标函数 $g_{N,J}(w, \delta)$ 的最优解。

定理 1 的证明见本章附录。

正如前面所述,参数 Q 平衡了两种信息,即客观数据信息和专家咨询信息。定理 1 中,Q 满足 $Q = Q_N = \upsilon N \Delta_{1N}^2$ 条件,要求 $\widehat{w}_{N,J}$ 以更快的速度收敛。对于任意的 Q_N,设 $R_N = \sqrt{(JQ_N)/N}$,收敛速度可表示为:

$$\min\{\Delta_{1N} \vee [(R_N \wedge 1)J^{-\frac{1}{2}}], [(1 \wedge R_N^{-1})\Delta_{1N}] \vee J^{-\frac{1}{2}}\}.$$

这是一个更加强的结果,但需要更加繁琐的证明。

三、渐近正态性

当 K 固定时,我们可以进一步得到 $\widehat{w} := \widehat{w}_{N,J}$ 的中心极限定理。

定理 2 在假设一至假设五的条件下,可以得到:

$$(N+J)^{\frac{1}{2}}(\hat{w}-w_0) \Rightarrow N[0, \Lambda_0^{-1}(a\Omega_1+(1-a)Q^2\delta_0^2\Omega_2)\Lambda_0^{-1}].$$

其中,$\Lambda_0 = a(\Sigma_0 - \lambda_1 I) - (1-a)\delta_0^2 Q P_2 \Gamma_0 + w_0 w_0'$,$\Omega_1 = Var(P_1 x_i x_i' w_0)$ 以及 $\Omega_2 = P_2 \tilde{\Sigma}_s P_2$,这里 $P_1 = I - w_0 w_0'$ 和 $P_2 = I - (w_0' \Gamma_0 w_0)^{-1} \Gamma_0 w_0 w_0'$。如果 x_i 服从正态分布,那么 $\Omega_1 = \lambda_1(\Sigma_0 - \lambda_1 w_0 w_0')$。

定理 2 的证明见本章附录。

在客观数据信息和专家咨询信息不平衡情况下,即 $N/(N+J)$ 变为 0 或 1,参数估计量与仅依赖主要信息的估计量具有相同的渐近方差;在两种信息平衡情况下,本章模型的参数估计量比仅使用某种信息的估计量更有效。

我们选择最优的惩罚参数 Q 使得渐近方差矩阵的迹最小,但是,当惩罚参数 Q 出现在 Λ_0 和渐近方差项 $(a\Omega_1 + (1-a)Q^2\Omega_2)$ 中时,情况变得较为复杂。在实践中,我们使用交叉验证的方法来选择最佳的惩罚参数 Q。

第四节 蒙特卡洛模拟实验

在理论模型和大样本性质的基础上,我们可以用蒙特卡洛模拟实验的方法模拟专家咨询约束下主客观赋权模型的特征,讨论权重估计量的路径与性质,以及惩罚因子 Q 的性质,并用交叉验证的方法确定最优的惩罚因子 Q。蒙特卡洛模拟实验能够通过参数分布的模拟,构建客观数据集和主观专家信息集,从而为讨论惩罚因子 Q 提供条件;当参数变化,模型解的特征发生相应变化,为后续的实证应用提供实验的支撑。因此,蒙特卡洛模拟实验是分析模型性质的有效工具。

一、蒙特卡洛模拟方法与算法综述

蒙特卡洛模拟方法(Monte Carlo Simulation Method),也称作统计模拟方法,是 20 世纪 40 年代中期随着科学技术的发展和电子计算机的发明,提出的一种以概率统计理论为指导的数值计算方法。冯·诺依曼、斯塔尼斯拉夫·乌拉姆和尼古拉斯·梅特罗波利斯在洛斯阿拉莫斯国家实验室为核武器计划工作时发明了这种方法。蒙特卡洛由摩纳哥的"蒙特卡洛"赌场而得名,是指以概率为基础的基于随机试验和统计计算的数值方法。这种方法通过设定随机过程,计算参数估计量和统计量,研究其分布特征,能处理传统数学不能解决的复杂问题,容易在计算机上实现,广泛应用于金融工程学、宏观经济学、计算物理学、机器学习等领域。

蒙特卡洛方法的理论基础是大数定理和中心极限定理,当试验次数足够多时,可以用频率估计概率分布,用随机变量的平均值估计其期望,因此,试验次数需要足够多,这对实验计算机的性能具有一定的要求。它本身最独特的性质是用数学方法在计算机上实现数字模拟实验。

蒙特卡洛模拟方法的中心思想是,首先对计算的目标变量建立数学模型,其次对影响其结果的不确定随机变量进行概率分布的选择,然后通过随机数的产生对随机变量进行抽样,进行多次反复重复抽样后将抽样值代入预先建立好的数学模型,从而求得一组目标变量的值,并计算目标变量的概率分布、期望、标准差等统计特征。蒙特卡洛方法是借助计算机产生的随机数对不确定的随机变量进行随机抽样,是一种数字模拟实验。随着模拟次数的增加,目标变量的值准确度越来越高,一般需要成百上千次试验使得目标变量的期望值接近于真值。蒙特卡洛方法使得计算机成为数学家和理论科学家的重要工具,也是应用科学家和社会学家的试验场所。

专家咨询约束下主客观赋权模型的算法核心是在同时具有等式约束和不等式约束下的二次型优化问题。最优化问题简单地分为静态最优化和动态最优化,静态最优化问题是指,给定函数 $Y = f(x_1, x_2, \cdots, x_n)$ 是 n 维空间到一维空间的一个映射,f 是目标函数,最优化问题的一般表示形式为:

$$\max_x f(x),$$
$$St. \, x \in S \subset \mathbb{R}^n.$$

其含义是,目标函数 $f(x)$ 在集合 S 范围内求最大值,当集合 S 是有界闭集,该目标函数一定存在最大值。集合 S 可以表示为不同形式,通常是等式约束和不等式约束两种。当约束集合与函数都是线性的,则该最优化问题是线性规划问题。

最优解可以在局部最优或者全局最优。局部最优化的充分条件是,如果目标函数 $f(x)$ 可微和连续,在 x_0 点时可导,导数为 0。当二阶导数大于 0,则该点是极小值点;当二阶导数小于 0,则该点是极大值点。当最优化问题是无约束的最优化,那么目标函数 $f(x)$ 在 x 的实数空间 $\mathbb{R}^n$ 上求最大值或最小值,而不对自变量的取值加以约束和限制。约束最优化问题考虑的是将自变量的取值范围在实数空间中取一部分。

等式约束最优化问题的求解方法通常是拉格朗日乘数法,其中拉格朗日乘子 λ 具有经济意义,在经济学中常常表示为影子价格。不等式约束最优化问题的求解方式通常讨论"库恩-塔克条件(KKT)"。二次型优化问题是非线性优化问题的一种,并且包含等式约束和不等式约束是最广泛的情况。

在求最优化数值解的算法中,最常见的是梯度下降法、牛顿法等。梯度下降法(Gradient Descent)是最早最简单,也最为常用的最优化算法。当目标函数是凸函数时,梯度下降法的解是全局最优解。梯度下降法的优化思想是用当前位置的负梯度方向作为搜索方向,该方向是当前位置最快的下降方向。但其也有缺陷,靠近最优值的收敛速度减缓,可能会出现"之字形"的下降。依据梯度方向的处理方式可分为批量梯度下降法(Batch Gradient Descent,BGD)和随机梯度下降法(Stochastic Gradient Descent,SGD)。另一种常见的算法是牛顿法(Newton's Method)。牛顿法是一种在实数域和复数域上近似求解方程的方法。该方法比梯度下降法的收敛速度更快,因为其基于当前位置的切线来确定下一位置。从本质上看,牛顿法是二阶收敛,梯度下降法是一阶收敛,所以牛顿法的每一步需要求解目标函数的 Hessian 矩阵的逆矩阵,计算更加复杂。拟牛顿法(Quasi-Newton Methods)是改善牛顿法求解 Hessian 矩阵逆矩阵的缺陷,它使用正定矩阵来近似 Hessian 矩阵,从而简化了运算的复杂度。比较常见的 BFGS 算法(The Broyden-Fletcher-Goldfarb-Shanno algorithm)是一种拟牛顿法,用 BFGS 矩阵作为拟牛顿法中的对称正定迭代矩阵,对一维搜索精度要求不高,且不易变为奇异矩阵,在计算过程中具有更好的数值稳定性。拟牛顿法和 BFGS 算法都不易处理大规模的计算问题。L-BFGS 算法是在 BFGS 算法的基础上,不需要保存完整的 BFGS 矩阵,而是以存储向量序列的形式保存到内存,大幅降低内存消耗,从而能处理高维数据的问题。以上两大类算法都是不考虑复杂约束的情况。

专家咨询约束下主客观赋权模型是一个处理目标函数复杂且具有多约束的拓扑优化问题,因此,我们引入隶属于数学规划法的"移动渐近算法"(Method of Moving Asymptotes,MMA 算法)。该算法由瑞典皇家工学院 Krister Svanberg 于 1987 年开发(Svanberg,1987)。2002 年发布的 GCMMA 算法,增强了全局收敛性(Svanberg,2002)。MMA 算法通过引入移动渐近线,将隐式的优化问题转化为显示的严格凸的近似子优化问题,在每一步迭代中,通过求解近似的子优化问题而获得新的变量。在求解专家咨询约束的非线性优化问题中,涉及等式约束需要使用 GCMMA 算法求解局部最优解,而在处理边界约束的部分采用"增广拉格朗日方法"(Augmented Lagrangian Method,AUGLAG 算法)(Birgin 和 Martínez,2008;Conn 等,1991)。增广拉格朗日方法是在传统拉格朗日方法的基础上添加了二次惩罚项,从而使得目标函数和约束的问题转化成拉格朗日函数,能处理约束数量较多的问题。在实际应用中,增广拉格朗日方法可以有效地处理线性约束和边界约束的最优化问题。

二、实验设计

蒙特卡洛模拟实验讨论权重估计量 $\hat{w}_{N,J}$ 的路径,以及随着客观数据样本量 N 和专家数 J 变化的性质。然后,讨论惩罚因子 Q 与客观数据噪声(σ_ϵ)和主观信息噪声(σ_s)的变化关系。最后,用交叉验证(CV)的方法确定惩罚因子 Q 并讨论权重估计量 $\hat{w}_{N,J}$ 的结果和特征。

在实验设计上,首先用概率分布的方式生成两组数据集,即客观数据集和主观数据集。客观数据集的生成基于因子模型式(3.2)($x_{ki} = w_k f_i + \epsilon_{ki}$; $k = 1, \cdots, K$; $i = 1, \cdots, N$),$\boldsymbol{x}_i \sim N(\boldsymbol{0}, \boldsymbol{\Sigma}_0)$,其中 $\boldsymbol{\Sigma}_0 = \boldsymbol{w}_0 \boldsymbol{w}_0' + \sigma_\epsilon^2 \boldsymbol{I}$。所以,因子模型形式能够写成 $\boldsymbol{x}_i = f_i \boldsymbol{w}_0 + \boldsymbol{\epsilon}_i$,其中,共同因子(综合指数)$f_i$ 服从 $N[0, 1]$ 的标准正态分布,误差项 $\boldsymbol{\epsilon}_i \sim N(\boldsymbol{0}, \sigma_\epsilon^2 \boldsymbol{I})$。同时,共同因子(综合指数)$f_i$ 和误差项 $\boldsymbol{\epsilon}_i$ 均是独立同分布的,并且两者互相独立。

主观数据集包含三个参数:"专家权重"(s_{kj})、"专家信任度"(γ_{ij})和"专家专业度"(c_j)。其中,"专家权重"(s_j)是独立的,通过如下所述的 s 分布生成,首先,通过球面生成 $\tilde{s}$:

$$\tilde{s}_1 = \cos(e_1), \tilde{s}_2 = \sin(e_1)\cos(e_2), \cdots, \tilde{s}_K = \sin(e_1)\cdots\sin(e_{K-2})\cos(e_{K-1})$$

其中,其中球坐标 e_1 是服从 I.I.D 的 $N(0, \sigma_s^2)$。然后,我们选择第一列为 $\boldsymbol{w}_0$ 的 $K \times K$ 维正交矩阵 $\boldsymbol{U}$,并生成 $\boldsymbol{s} = \boldsymbol{U}\tilde{\boldsymbol{s}}$。专家权重信息 $\boldsymbol{s}$ 满足 $\|\boldsymbol{s}\| = 1$,$\mathbb{E}(\boldsymbol{s}) = \delta_0 \boldsymbol{w}_0$。这里,$\delta_0 = \mathbb{E}[\cos(e_1)] = \exp(-\sigma_s^2/2)$。

可以看到,专家权重与真实权重是同维的,且在单位球的约束下,专家权重按比例无偏于真实的权重。以下五组实验都在此实验设计框架下进行。

三、权重估计量的路径与性质

实验Ⅰ：在讨论权重估计路径时，我们研究惩罚因子 Q 的影响。具体来说，我们设定客观数据集中指标个数 $K=4$，样本量 $N=400$，误差项的标准差 $\sigma_\epsilon=0.2$；主观数据集中专家个数 $J=40$，专家权重的噪声 $\sigma_s=0.2$，专家信任度 $\gamma_{ij}=1$，专家专业度 $c_j=1$，$k=1,\cdots,K$，$j=1,\cdots,J$。我们用相应的 $\boldsymbol{\theta}_0=(\pi/6,\pi/4,\pi/3)$ 来设定权重估计量的初始值为 $\boldsymbol{w}_0=(0.866\,025,0.353\,553,0.176\,777,0.306\,186)$。专家权重 s_j 如上所述实验设计生成。惩罚因子 Q 在 $[0,100]$ 的区间内。

基于以上参数设定，我们画出权重估计量的路径图（见图3.3）。图中显示的是四个指标所估计的权重随着惩罚因子 Q 的变化而发生变化，可以看出，解

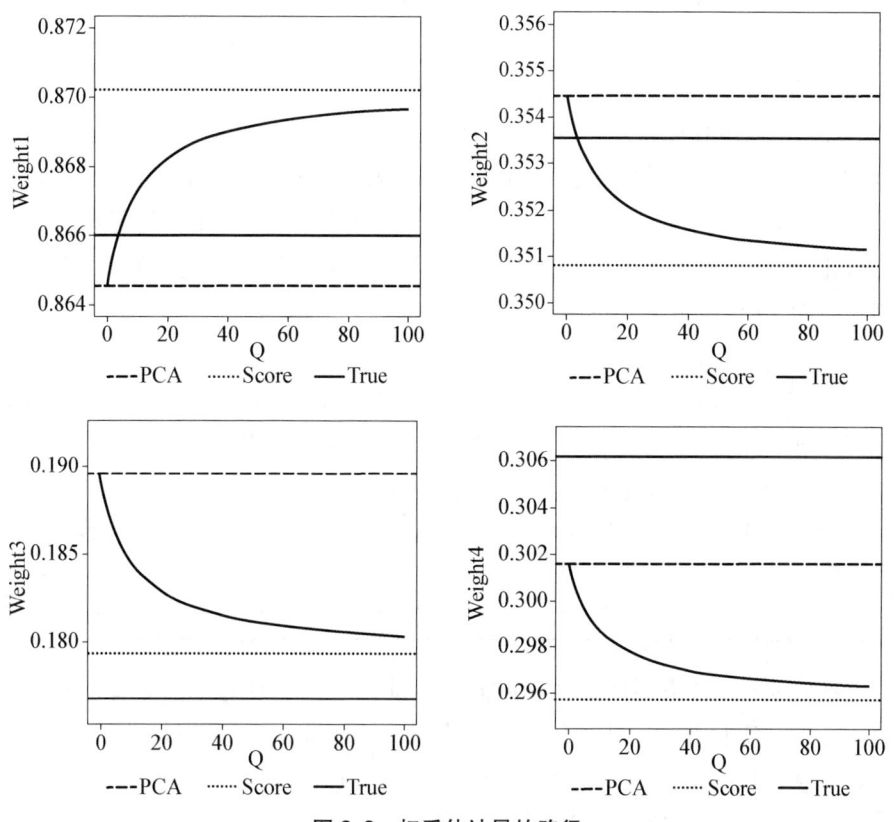

图3.3 权重估计量的路径

的路径是连续的。其中,指标一的权重向右上方递增,指标二、指标三和指标四的权重向右下方递减,三条水平线分别表示主成分分析的估计权重(仅基于客观数据集)、加权的专家权重(仅基于专家咨询信息集)和因子模型中真实的权重 w_0。

从图中,我们能够清晰地看到最优估计的权重与惩罚因子 Q 之间的相关关系:主成分分析的估计权重与惩罚因子 Q 为 0 时的权重一致,表示估计的权重仅由客观数据集影响,在式(3.4)中仅由第一部分所决定;当 Q 增加时,估计的组合权重变得更接近于专家权重,从表 3.1 中看到,加权专家权重与惩罚因子 Q 为 100 时的估计权重无限接近,表示估计的权重主要由主观信息集影响,在式(3.4)中主要由第二部分所决定。最优估计权重的倾斜方向由惩罚因子 $Q=0$ 的初始估计权重值与真实权重相较的方向所决定,如在指标一中,真实权重在惩罚因子 $Q=0$ 的权重估计量初始值上方,使得估计的权重从初始值开始,随着惩罚因子 Q 的增加向右上方倾斜,直到与加权的专家权重无限接近。

表 3.1 是图 3.3 中真实的权重、主成分分析估计的权重、惩罚因子 $Q=100$ 的估计权重和加权专家权重的数值表。从表中可以直观地看到,主成分分析估计的权重与惩罚因子 $Q=0$ 的估计权重相等,惩罚因子 $Q=100$ 的估计权重与加权专家权重非常接近。这从数值上验证了,权重估计量随着惩罚因子的变化而变化,当惩罚因子非常小时,权重估计量由客观数据集影响;但惩罚因子非常大时,权重估计量由主观的专家信息集影响。

表 3.1　　　　　　　　　　权重估计量值

权重估计量	w_1	w_2	w_3	w_4
真实权重值	0.866 025	0.353 553	0.176 777	0.306 186
PCA($Q=0$)	0.864 550	0.354 462	0.189 595	0.301 601
$Q=100$	0.869 681	0.351 170	0.180 353	0.296 321
$s_i(Q=\infty)$	0.870 224	0.350 812	0.179 361	0.295 753

实验Ⅱ:在考虑不同的客观数据样本量和专家个数的基础上将实验Ⅰ重复 100 次。实验Ⅱ是在四种情形下讨论权重估计量 $\widehat{w}_{N,J}$ 的特征,四种情形分别是客观数据样本量和专家个数为 $(N,J)=(100,10)$,$(400,10)$,$(100,40)$ 和 $(400,40)$。这里我们依然设定误差项和专家权重的噪声 $(\sigma_\epsilon,\sigma_s)=$

(0.2, 0.2),专家信任度 $\gamma_{ij}=1$,专家专业度 $c_j=1$,惩罚因子 Q 在 $[0, 100]$ 的区间内。

讨论权重估计量的性质时,需要选择合理的评价标准(Criteria)。实验 Ⅱ 中,我们使用四个评价标准,即均方误差(MSE)、均方误差根(RMSE)、均方误差比(MSEr)和平均角度误差(MAE)。其中,均方误差(Mean Squared Error,简称 MSE)和均方根误差(Root of Mean Squared Error,简称 RMSE)表示的是估计量与被估计量之间差异的绝对程度。RMSE 相较于 MSE 而言,本质是一样的,但对于数据而言是更好的描述,与数据是同一数量级。另外,我们定义两个新的评价标准,即均方误差比(MSE Ratio)和平均角度误差(Mean Angle Error,简称 MAE)。均方误差比(MSE Ratio)将估计量与被估计量之间的差值与被估计量相比,衡量的是两者之间差异的相对程度,相比于 MSE 与 RMSE 消去了量纲和量级,更具有可比性。平均角度误差(Mean Angle Error,简称 MAE)相较于 MSE 而言,未作二次方变换。

以上四个评价标准定义如下:

$$(1)\ MSE = \frac{1}{L}\sum_{l=1}^{L} \|\widehat{w}^{(l)} - w_0\|^2,$$

$$(2)\ RMSE = \sum_{k=1}^{K} \sqrt{\frac{1}{L}\sum_{l=1}^{L}(\widehat{w_k}^{(l)} - w_{0k})^2},$$

$$(3)\ MSE\ Ratio = \frac{1}{L}\sum_{k=1}^{K}\sum_{l=1}^{L}\left(\frac{\widehat{w_k}^{(l)} - w_{0k}}{w_{0k}}\right)^2,$$

$$(4)\ MAE = \frac{1}{L}\sum_{l=1}^{L} \|\widehat{w}^{(l)} - w_0\|.$$

其中,L 表示重复试验的次数。这里,RMSE 中首先得到每个分量 w_k 的均方误差的根,然后对 k 进行平均。由于每个指标都有权重估计量 w_k 以及相对应的 MSE、RMSE、MSE Ratio 和 MAE 四个评价标准,故我们将四个指标的 MSE、RMSE、MSE Ratio 和 MAE 做平均处理,得到最优权重估计量的选择图(见图 3.4)。

图 3.4 是客观数据样本量和专家个数在 $(N, J) = (400, 40)$ 情形下的实验结果。图中可以清楚地看到四个评价标准图都显示"U"形,当取评价标准最低时,得到最优的惩罚因子 Q,此时会有相对应的最优权重估计量 $\widehat{w}$。在不同的评价标准下,所取得的最优惩罚因子 Q 是不同的。通过选择最优的惩

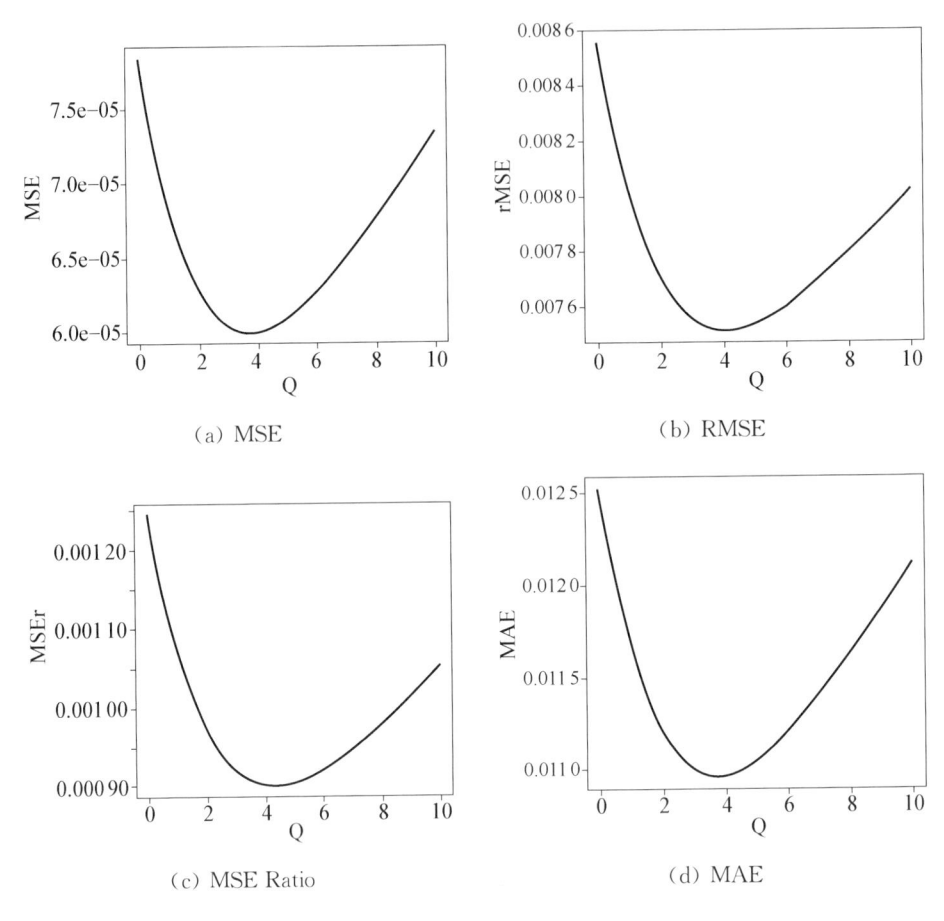

46 / 综合评价前沿理论与应用研究

(a) MSE

(b) RMSE

(c) MSE Ratio

(d) MAE

图 3.4 最优权重估计量的选择 $(N, J) = (400, 40)$

罚因子 Q,可以有效地将客观数据信息和专家咨询意见相结合来构建综合指数。

表 3.2 显示的是随着客观数据样本量 N 从 100 到 400 和专家个数 J 从 10 到 40 的最优惩罚因子 Q 值及其在每个评价标准下的相应特征。我们能得到以下结论:首先,随着客观数据样本量 N 和专家个数 J 的增加,四个评价标准的数值都越来越小,权重估计量的结果越来越精确;其次,四个评价标准都反映了随着客观数据样本量 N 的增大,惩罚因子 Q 变小,且随着专家个数 J 的增大,惩罚因子 Q 变大,专家咨询信息更加影响权重的估计;最后,不同的评价标准所得到的最优惩罚因子 Q 不同。

表 3.2　不同评价标准下最优惩罚因子 Q 及其特征

N/J	MSE×10^{-4}	Q	RMSE×10^{-2}	Q
$N=100, J=10$	2.50	3.4	1.53	3.5
$N=100, J=40$	1.32	3.8	1.08	5.3
$N=400, J=10$	0.78	2.9	0.86	2.8
$N=400, J=40$	0.60	3.7	0.75	4.1

N/J	MSEr×10^{-3}	Q	MAE	Q
$N=100, J=10$	4.34	4.3	0.022	3.4
$N=100, J=40$	1.90	4.2	0.016	3.8
$N=400, J=10$	1.22	3.5	0.012	2.9
$N=400, J=40$	0.90	4.4	0.011	3.7

四、惩罚因子 Q 的确定与性质

实验Ⅲ：惩罚因子 Q 的确定由两部分数据集构成，起到平衡两部分数据信息的作用。随着两组数据量的不同，数据噪声不同，惩罚因子 Q 发生变化。实验Ⅲ模拟客观数据样本噪声(σ_ϵ)与主观专家信息集噪声(σ_s)影响惩罚因子 Q 的确定过程，讨论三者之间的影响关系。

为了简化，实验Ⅲ设定客观数据指标个数 $K=2$，样本量 $N=100$；主观数据集中专家个数 $J=10$，专家信任度 $\gamma_{ij}=1$，专家专业度 $c_j=1$。同时，设定共同因子（综合指数）$f_i \sim N(0,1)$，误差项 $\epsilon_i \sim N(\mathbf{0}, \sigma_\epsilon^2 \mathbf{I})$，$\theta_0 = (\pi/4)$，权重估计量的初始值 $\mathbf{w}_0 = (\sqrt{2}/2, \sqrt{2}/2)$。我们使用不同水平的 σ_s 来模拟专家权重 s_j。

实验Ⅲ设定客观数据集噪声 $\sigma_\epsilon \in [0.1, 1.0]$，专家权重信息集噪声 $\sigma_s \in [0.05, 0.50]$，惩罚因子 $Q \in [0, 100]$ 的区间。由此，随着客观数据噪声 σ_ϵ 和主观信息集噪声 σ_s 的取值变化，我们都可获得在重复模拟 100 次实验Ⅱ下每个惩罚因子 Q 的 MSE，并获得最优的惩罚因子 Q。

表 3.3 报告了惩罚因子 Q 与客观数据噪声 σ_ϵ 和主观信息集噪声 σ_s 一一对应的数值关系。在主观信息集噪声 σ_s 较小(0.05 和 0.10)以及客观数据噪声 σ_ϵ 较大(0.9 和 1.0)时，惩罚因子 Q 可取到较大值 100；主观信息集噪声 σ_s 较大(0.45 和 0.50)以及客观数据噪声 σ_ϵ 较小(0.1 和 0.2)时，惩罚因子 Q 可

取到较小值 0.01。

表 3.3　　　　　　　不同噪声水平下的最优惩罚因子 Q

σ_ϵ	σ_s									
	0.05	0.10	0.15	0.20	0.25	0.30	0.35	0.40	0.45	0.50
0.1	4.0	1.0	0.5	0.5	0.3	0.3	0.01	0.0	0.01	0.3
0.2	20.0	3.0	2.0	1.0	0.7	0.01	0.4	0.4	0.5	0.3
0.3	40.0	8.0	3.0	2.0	1.0	2.0	0.4	0.7	0.5	1.0
0.4	100.0	10.0	8.0	5.0	4.0	2.0	2.0	1.0	2.0	1.0
0.5	100.0	20.0	10.0	9.0	5.0	5.0	2.0	2.0	2.0	1.0
0.6	100.0	30.0	20.0	10.0	8.0	5.0	5.0	3.0	3.0	3.0
0.7	100.0	80.0	20.0	20.0	20.0	10.0	5.0	5.0	4.0	4.0
0.8	100.0	100.0	40.0	20.0	10.0	10.0	9.0	5.0	6.0	5.0
0.9	100.0	100.0	50.0	50.0	20.0	20.0	10.0	10.0	8.0	9.0
1.0	100.0	100.0	90.0	40.0	30.0	30.0	20.0	10.0	10.0	10.0

从表 3.3 中可以得到以下两点结论：第一，惩罚因子 Q 随着客观数据噪声 σ_ϵ 的增大而增大，这意味着当客观数据噪声较大时，最优的权重估计量 $(\widehat{w}_{N,J})$ 更加依赖于主观的专家咨询信息；第二，惩罚因子 Q 随着主观信息集噪声 σ_s 的增大而变小，这意味着当主观的专家咨询信息不可信时，最优的权重估计量 $(\widehat{w}_{N,J})$ 更多由客观数据信息所决定。因此，我们依据客观数据信息与主观专家咨询信息的平衡来决定最优的惩罚因子 Q。也就是说，当客观数据噪声 σ_ϵ 和主观信息集噪声 σ_s 的取值给定时，理论上的最优惩罚因子 Q 可以确定，正如图 3.5 所表示的图形关系。

实验 Ⅳ：基于理论模型和大样本定理中惩罚因子的确定方法，我们通过交叉验证（Cross-Validation，简称 CV）的方法，确定最优的惩罚因子 Q，并且得出最优的权重估计量。实验 Ⅳ 设定客观数据集中指标个数 $K=4$，样本量 $N=400$，$f_i \sim N(0,1)$，误差项 $\epsilon_i \sim N(\mathbf{0}, 0.2^2 \mathbf{I})$；主观专家咨询信息数据集中专家个数 $J=40$，专家权重 s_j 的噪声 $\sigma_s=0.2$，专家信任度 $\gamma_{ij}=1$，专家专业度 $c_j=1$。这里，我们用实验 Ⅰ 的 $\boldsymbol{\theta}_0=(\pi/6, \pi/4, \pi/3)$。惩罚因子 $Q \in [0,10]$。

我们对于客观数据集 (N) 选用 10-fold-cross validation 的交叉验证方法，而对专家咨询信息集 (J) 选用 4-fold-cross validation 的交叉验证方法。将客观数据样本量 $N=400$ 的数据集分成 10 个相同长度的子样本 $(D_1, \cdots, D_{10})$，

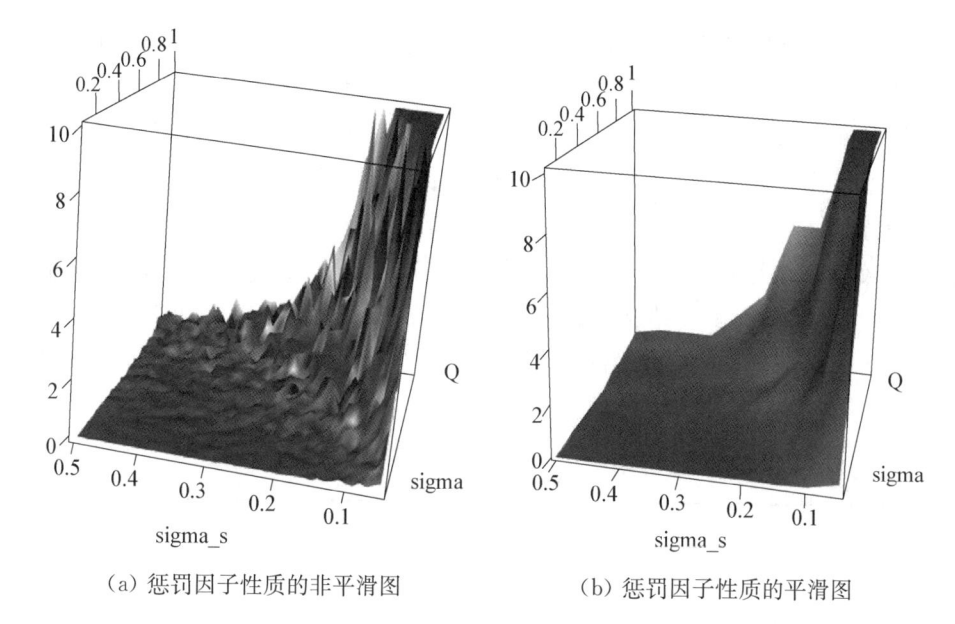

(a) 惩罚因子性质的非平滑图　　　　　(b) 惩罚因子性质的平滑图

图 3.5　惩罚因子的性质

同时,将三个维度的专家信息数据样本量 $J=40$ 的数据集分成 4 个相同长度的子样本 ($D_1^*, \cdots, D_4^*$)。在每一次验证过程中,分别用一个客观数据子样本和专家信息数据子样本作为验证模型的测试样本集(Testing Data Set),其余子样本作为训练样本集(Training Data Set)。对于每个 $m_1 = 1, 2, \cdots, 10$ 和 $m_2 = 1, 2, \cdots, 4$,用剩下的 9 个客观数据样本和 3 个专家咨询信息集样本作为训练集构建专家咨询约束下主客观赋权模型,得到参数估计值 $\widehat{w}_{N,J}^{(-m)}(Q)$,综合指数 $\hat{f} = \widehat{w}_{N,J}^{(-m)}(Q)x_i$,以及模型的预测值 $\hat{x}_i^{(-m)}(Q) = \widehat{w}_{N,J}^{(-m)}(Q)\widehat{w}_{N,J}^{\prime(-m)}(Q)x_i$。将预测值与测试样本集比较,得到交叉验证的均方误差:

$$CV(Q) = \frac{1}{M_1 M_2} \sum_{m_1=1}^{M_1} \sum_{m_2=1}^{M_2} \Big[-\sum_{i \in D_{M_1}} [x_i' \widehat{w}_{N,J}^{(-m)}(Q)]^2 + C \sum_{j \in D_{M_2}^*} \| s_j - \widehat{\delta}^{(-m)}(Q) \widehat{w}_{N,J}^{(-m)}(Q) \|_2^2 \Big].$$

最小的交叉验证均方误差 $CV(Q)$ 所对应的惩罚因子 Q 就是最优的惩罚因子 Q,其对应的估计便是最优的权重估计量,这里我们设定 $C=1$。

实验 Ⅳ 中我们重复样本 100 次。在每次重复实验中,都将客观数据样本和专家咨询信息样本分别分成10个和4个相同长度的子样本,进行交叉验证,从而得到最优的惩罚因子 Q 和最优的权重估计量。表 3.4 报告通过交叉验证方法得到的最优惩罚因子 Q 及相应特征。可以看到,交叉验证估计的结果表现较好,三个评价标准(MSE、RMSE 以及 MSE Ratio)都显示在最优惩罚因子估计下的评价标准比主成分分析的估计量和加权专家评分都较小。这意味着,最优惩罚因子 Q 平衡主客观信息后所估计的权重估计量结果比仅用客观数据或者仅用主观专家咨询信息更加准确,说明专家咨询约束下主客观赋权模型比传统的主成分分析法和主观分析法更好。

表 3.4 交叉验证的估计结果

	样本容量 $N=400$, $J=40$		
	PCA ($Q=0$)	Q(CV)	Score ($Q=10$)
MSE×10^{-5}	8.875 6	7.543 0	8.677 4
RMSE×10^{-3}	8.864 6	7.932 8	8.214 0
MSEr×10^{-3}	1.353 7	1.092 0	1.211 9

实验 Ⅴ:在高维情形下,我们研究权重估计量($\hat{w}_{N,J}$)的收敛性。在实验 Ⅴ 中,设定 $J/N=0.2$, $K_N=0.5N$,共同因子 $f_i \sim N(0,1)$,误差项 $\epsilon_i \sim N(\mathbf{0}, \sigma_\epsilon^2 \mathbf{I})$。

我们选择 $\sigma_\epsilon^2 = \sigma_{\epsilon,N}^2 = 5/K_N$,因此,根据 Koltchinskii 和 Lounici(2017)以及 Vershynin(2018)的研究,$\mathbf{\Sigma}_{0N}$ 的相对秩[即 $\dfrac{\mathrm{tr}(\mathbf{\Sigma}_{0N})}{\|\mathbf{\Sigma}_{0N}\|} = \dfrac{6}{1+\dfrac{5}{K_N}}$]基本保持不变,以及 $\|\hat{\mathbf{\Sigma}}_N - \mathbf{\Sigma}_{0N}\| = O_P(N^{-\frac{1}{2}})$。

类似实验 Ⅰ,我们生成专家权重 s_j,其中,专家权重的噪声 $\sigma_s=0.2$,专家信任度 $\gamma_{ij}=1$,专家专业度 $c_j=1$,$\boldsymbol{\theta}_0 = \pi \times (1,2,\cdots,K_N-1)'$。对于不同的惩罚因子 Q,可以得到权重估计量($\hat{w}_{N,J}$) MSE 相较于样本容量(N)的关系图(见图 3.6),从图中可以清楚地看到权重估计量($\hat{w}_{N,J}$)收敛于 w_0。

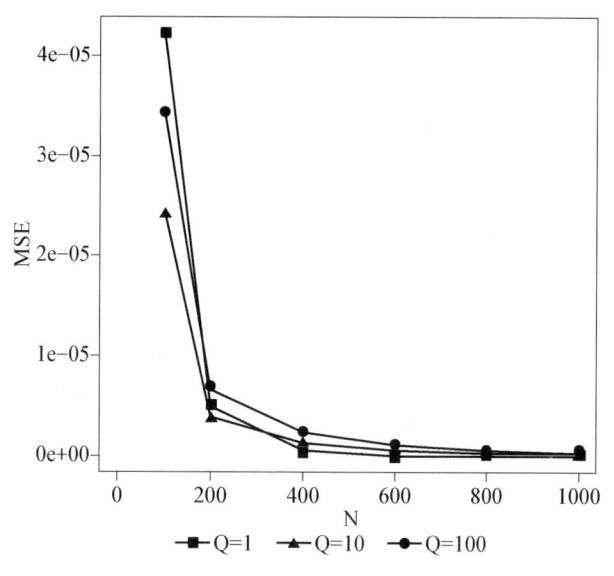

图 3.6　权重估计量 MSE 相较于样本容量的关系

第五节　本章小结

本章构建专家咨询约束下主客观赋权模型,将综合指数看成单因子模型中的共同因子,定义"专家权重""专家信任度"和"专家专业度"三个维度的主观专家咨询信息集,将其以惩罚项的形式与主成分分析的估计相结合,通过非线性的二次规划方法求其最优解,其中惩罚因子能够起到平衡主观信息集和客观数据集噪声的作用。本章讨论模型的几何意义发现,不同于主成分分析的协方差矩阵,模型的协方差矩阵存在正定、负定和不定三种形式,因此,本章基于模型的解是连续的特征,在计量经济学框架下证明权重估计量具有一致性和渐近正态性,并讨论其在高维情形下的特征,最终建立专家咨询约束下主客观赋权模型的理论框架。

基于理论模型和大样本性质,本章用蒙特卡洛模拟方法开展五个实验,模拟专家咨询约束下主客观赋权模型的性质,其中包括权重估计量的路径、性质,惩罚因子的性质、交叉验证的结论和在高维情形下权重估计量的收敛性。由此得出,专家咨询约束下主客观赋权模型较传统主成分分析法和加权专家评价模型而言,能够平衡客观数据集以及主观专家咨询信息集,当给定两部分数据集的噪声,就能通过交叉验证的方法确定最优的惩罚因子和最优权重。通过蒙特卡洛模拟实验,不仅验证大样本下的相关性质,也为后续小样本和大样本情形下的实证应用提供算法依据和理论基础。

本章附录

一、定理 1 的证明

为证明定理 1,先证明引理 1 如下。

引理 1 在假设二的条件下,$\|\bar{s}_J - \delta_0 \bar{\pmb{\Gamma}}_J \pmb{w}_0\| = O_P(J^{-1/2})$。

证明:由于 $\|s_j\| = 1$ 以及 $\pmb{\Gamma}_j$ 的所有对角线上的元素都小于或等于 1,因此

$$E\|\pmb{\Gamma}_j \pmb{s}_j - \delta_0 \pmb{\Gamma}_j \pmb{w}_0\|^2 \leqslant E\|\pmb{\Gamma}_j \pmb{s}_j\|^2 \leqslant 1,$$
$$E\|\bar{\pmb{s}}_J - \delta_0 \bar{\pmb{\Gamma}}_J \pmb{w}_0\|^2 \leqslant 1/J.$$

所以,引理 1 的结论 $\|\bar{s}_J - \delta_0 \bar{\pmb{\Gamma}}_J \pmb{w}_0\| = O_P(J^{-1/2})$ 得证。

定理 1 的证明:

已知 $J = J_N$ 是一个依赖于 N 的常数。令 $\Delta_{2N} = J_N^{-1/2}$,$\Delta_N = \min\{\Delta_{1N}, \Delta_{2N}\}$,为了证明 $\|\hat{\pmb{w}} - \pmb{w}_0\| = O_P(\Delta_N)$,对于任意的序列 $d_N \to \infty$,能够证明

$$\|\hat{\pmb{w}} - \pmb{w}_0\| = o_P(d_N \Delta_N).$$

我们将证明,对于任意给定的发散序列 d_N 和常数 $\zeta > 0$,有

$$\lim_{N \to \infty} P\left[\sup_{\|\pmb{w} - \pmb{w}_0\| \geqslant \zeta d_N \Delta_N, \delta \in \mathbb{R}} g_{N,J}(\pmb{w}, \delta) < g_{N,J}(\pmb{w}_0, \delta_0)\right] = 1, \quad (*)$$

这意味着 $P(\|\hat{\pmb{w}} - \pmb{w}_0\| \geqslant \zeta d_N \Delta_N) = 0$,所以,定理 1 的结论成立。

令
$$g_1(\pmb{w}) = \pmb{w}' \tilde{\pmb{\Sigma}}_N \pmb{w},$$
$$g_2(\pmb{w}, \delta) = \delta^2 \pmb{w}' \bar{\pmb{\Gamma}}_J \pmb{w} - 2\delta \bar{\pmb{s}}_J' \pmb{w}.$$

我们有
$$g_{N,J}(\pmb{w}, \delta) = a_{N,J} g_1(\pmb{w}) - b_{N,J} Q_N g_2(\pmb{w}, \delta).$$

为了证明 (*) 式,需要比较 $g_{N,J}(\pmb{w}, \delta)$ 和 $a_{N,J} g_1(\hat{\pmb{w}}_1) - b_{N,J} Q_N g_2(\hat{\pmb{w}}_2,$

$\hat{\delta}_2$),因此,

$$g_{N,J}(\boldsymbol{w},\boldsymbol{\delta}) = a_{N,J}\{g_1(\hat{\boldsymbol{w}_1}) - [g_1(\hat{\boldsymbol{w}_1}) - g_1(\boldsymbol{w})]\}$$
$$- b_{N,J}Q_N\{g_2(\hat{\boldsymbol{w}_2},\hat{\delta}_2) - [g_2(\hat{\boldsymbol{w}_2},\hat{\delta}_2) - g_2(\boldsymbol{w},\boldsymbol{\delta})]\},$$

其中,$\hat{\boldsymbol{w}_1}$ 和 $(\hat{\boldsymbol{w}_2},\hat{\delta}_2)$ 分别是对目标函数 $g_1(\boldsymbol{w})$ 和 $g_2(\boldsymbol{w},\boldsymbol{\delta})$ 的最大化求解,其准确的定义将在后续证明中给出。依据定义,我们有

$$g_{N,J}(\boldsymbol{w},\boldsymbol{\delta}) \leqslant a_{N,J}g_1(\hat{\boldsymbol{w}_1}) - b_{N,J}Q_Ng_2(\hat{\boldsymbol{w}_2},\hat{\delta}_2).$$

令 $\hat{\boldsymbol{w}_1}$ 是 $\breve{\boldsymbol{\Sigma}}_N$ 的最大特征根,依据 Wedin's $\sin(\Theta)$ 定理(Wedin,1972),得到

$$\|\hat{\boldsymbol{w}_1} - \boldsymbol{w}_0\| \leqslant \frac{\sqrt{2}\|(\breve{\boldsymbol{\Sigma}}_N - \boldsymbol{\Sigma}_{0N})\hat{\boldsymbol{w}_1}\|}{\|\breve{\boldsymbol{\Sigma}}_N\| - \lambda_{2N}} \leqslant \frac{\sqrt{2}\|\breve{\boldsymbol{\Sigma}}_N - \boldsymbol{\Sigma}_{0N}\|}{\lambda_{1N} - \lambda_{2N} - \|\breve{\boldsymbol{\Sigma}}_N - \boldsymbol{\Sigma}_{0N}\|}.$$

结合假设一(*),可知 $\|\hat{\boldsymbol{w}_1} - \boldsymbol{w}_0\| = O_P(\Delta_{1N})$,记 $\boldsymbol{w}_0 = \hat{\gamma}\hat{\boldsymbol{w}_1} + \sqrt{1-\hat{\gamma}^2}\widetilde{\boldsymbol{w}}_1$,其中 $0 \leqslant \hat{\gamma} \leqslant 1$,以及 $\hat{\boldsymbol{w}_1} \perp \widetilde{\boldsymbol{w}}_1$。

记 $\|\boldsymbol{w}_0 - \hat{\boldsymbol{w}_1}\|^2 = 2(1-\hat{\gamma})$,得到

$$g_1(\hat{\boldsymbol{w}_1}) - g_1(\boldsymbol{w}_0) = \hat{\boldsymbol{w}_1}'\breve{\boldsymbol{\Sigma}}_N\hat{\boldsymbol{w}_1} - (\hat{\gamma}\hat{\boldsymbol{w}_1} + \sqrt{1-\hat{\gamma}^2}\widetilde{\boldsymbol{w}}_1)'\breve{\boldsymbol{\Sigma}}_N(\hat{\gamma}\hat{\boldsymbol{w}_1} + \sqrt{1-\hat{\gamma}^2}\widetilde{\boldsymbol{w}}_1)$$
$$= (1-\hat{\gamma}^2)\hat{\boldsymbol{w}_1}'\breve{\boldsymbol{\Sigma}}_N\hat{\boldsymbol{w}_1} - (1-\hat{\gamma}^2)\widetilde{\boldsymbol{w}}_1'\breve{\boldsymbol{\Sigma}}_N\widetilde{\boldsymbol{w}}_1 \leqslant 2(1-\hat{\gamma})\hat{\lambda}_{1N}$$
$$= \hat{\lambda}_{1N}\|\boldsymbol{w}_0 - \hat{\boldsymbol{w}_1}\|^2.$$

基于假设一(*),存在常数 $\bar{\lambda} > \underline{\lambda} > 0$,当 N 足够大,$\lambda_{1N} \leqslant \bar{\lambda}$ 以及 $\lambda_{1N} - \lambda_{2N} \geqslant \underline{\lambda}$。考虑 A_{1N} 上的事件,即

$$\|\hat{\boldsymbol{w}_1} - \boldsymbol{w}_0\| \leqslant \sqrt{\frac{d_N}{2}}\Delta_{1N} \text{ 和 } \hat{\lambda}_{1N} < 2\bar{\lambda} \text{ 和 } |\hat{\lambda}_{1N} - \hat{\lambda}_{2N}| \geqslant \underline{\lambda}/2.$$

然后 $P[A_{1N}] \to 1$,在事件 A_{1N} 上,有

$$g_1(\hat{\boldsymbol{w}_1}) - g_1(\boldsymbol{w}_0) \leqslant \bar{\lambda}d_N\Delta_{1N}^2. \tag{3.13}$$

我们有 $\Delta_{2N} = J_N^{-1/2}$,令 $\hat{\delta}_2 = \|\bar{\boldsymbol{\Gamma}}_J^{-1}\bar{\boldsymbol{s}}_J\|$,$\hat{\boldsymbol{w}_2} = \bar{\boldsymbol{\Gamma}}_J^{-1}\bar{\boldsymbol{s}}_J/\hat{\delta}_2$。在假设四(*)条件下,存在一个常数 $\underline{\gamma} > 0$ 使得当 N 足够大,$\bar{\boldsymbol{\Gamma}}_J$ 的最小对角线上元素大于 $\underline{\gamma}$,那么基于引理 1,有

54 / 综合评价前沿理论与应用研究

$$\|\hat{\delta}_2\hat{w}_2 - \delta_0 w_0\| \leqslant \|\overline{\Gamma}_J^{-1}\| \cdot \|\overline{s}_J - \delta_0\overline{\Gamma}_J w_0\| = O_P(\Delta_{2N}).$$

定义事件 $A_{2N} := [\|\hat{\delta}_2\hat{w}_2 - \delta_0 w_0\| \leqslant \sqrt{d_N}\Delta_{2N}]$，然后 $P[A_{2N}] \to 1$，在事件 A_{2N} 上，有

$$g_2(w_0, \delta_0) - g_2(\hat{w}_2, \hat{\delta}_2) = (\hat{\delta}_2\hat{w}_2 - \delta_0 w_0)\overline{\Gamma}_J(\hat{\delta}_2\hat{w}_2 - \delta_0 w_0)$$
$$\leqslant \|\hat{\delta}_2\hat{w}_2 - \delta_0 w_0\|^2 \leqslant d_N\Delta_{2N}^2. \quad (3.14)$$

结合以上式(3.13)和式(3.14)，我们可以知道，在事件 $A_{1N} \bigcap A_{2N}$ 上，有

$$g_{N,J}(w_0, \delta_0) \geqslant a_{N,J}g_1(\hat{w}_1) - b_{N,J}Q_N g_2(\hat{w}_2, \hat{\delta}_2)$$
$$- d_N(a_{N,J}\overline{\lambda}\Delta_{1N}^2 + b_{N,J}Q_N\Delta_{2N}^2). \quad (3.15)$$

考虑 $g_{N,J}(w, \delta)$ 在 $\|w\|=1$ 条件下，并且 $\|w-w_0\| \geqslant \zeta d_N\Delta_N$，所以，

$$\inf_{\delta \in \mathbb{R}} \|\delta w - \delta_0 w_0\| \geqslant \delta_0 \|w - w_0\| \geqslant \delta_0 \zeta d_N\Delta_N.$$

再定义两个事件如下：

$$A'_{1N} = [\|w - \hat{w}_1\| \geqslant \frac{\zeta d_N\Delta_N}{2}],$$

$$A'_{2N} = [\inf_{\delta \in \mathbb{R}} \|\delta w - \hat{\delta}_2\hat{w}_2\| \geqslant \frac{\delta_0\zeta d_N\Delta_N}{2}].$$

当 N 足够大，在事件 $A_{1N} \bigcap A_{2N}$ 上，至少 A'_{1N} 和 A'_{2N} 中至少一个事件发生。更加特殊的情况，如果 $\Delta_{1N} \leqslant \Delta_{2N}$，当 A'_{1N} 发生，然后[类似式(3.13)]，

$$g_1(\hat{w}_1) - g_1(w) \geqslant 2(\hat{\lambda}_{1N} - \hat{\lambda}_{2N})\|w - \hat{w}_1\|^2 \geqslant \underline{\lambda}\zeta^2 d_N^2\Delta_N^2/4.$$

由于 $Q_N = vN\Delta_{1N}^2 = v(N\Delta_{1N}^2)(J\Delta_{2N}^2)$，相较于式(3.15)，当 N 足够大，

$$g_{N,J}(w, \delta) \leqslant a_{N,J}g_1(\hat{w}_1) + b_{N,J}Q_N g_2(\hat{w}_2, \hat{\delta}_2) - \underline{\lambda}\zeta^2 d_N^2 a_{N,J}\Delta_N^2/4$$
$$< a_{N,J}g_1(\hat{w}_1) + b_{N,J}Q_N g_2(\hat{w}_2, \hat{\delta}_2) - (\overline{\lambda} + v)d_N a_{N,J}\Delta_N^2$$
$$\leqslant g_{N,J}(w_0, \delta_0). \quad (3.16)$$

另一方面，如果 $\Delta_{1N} \geqslant \Delta_{2N}$，当 A'_{2N} 发生，然后

$$g_2(w, \delta) - g_2(\hat{w}_2, \hat{\delta}_2) = (\hat{\delta}_2\hat{w}_2 - \delta w)\overline{\Gamma}_J(\hat{\delta}_2\hat{w}_2 - \delta w)$$
$$\geqslant \underline{\gamma}\delta_0^2\zeta^2 d_N^2\Delta_N^2/4.$$

再与式(3.15)相比较，当 N 足够大，

$$g_{N,J}(w,\delta) \leqslant a_{N,J}g_1(\hat{w_1}) + b_{N,J}Q_Ng_2(\hat{w_2},\hat{\delta_2}) - \gamma\delta_0^2\zeta^2 d_N^2 b_{N,J}\Delta_N^2/4$$
$$< a_{N,J}g_1(\hat{w_1}) + b_{N,J}Q_Ng_2(\hat{w_2},\hat{\delta_2}) - (\overline{\lambda}/\upsilon+1)d_N b_{N,J}\Delta_N^2$$
$$\leqslant g_{N,J}(w_0,\delta_0). \tag{3.17}$$

比较式(3.16)和式(3.17)，当 N 足够大，事件 $A_{1N} \cap A_{2N}$ 发生，如果 $\|w\|=1$，并且 $\|w-w_0\| \geqslant \zeta d_N \Delta_N$，所以 $g_{N,J}(w,\delta) \leqslant g_{N,J}(w_0,\delta_0)$，式(*)成立，因此，定理1的结论成立。

二、定理 2 的证明

在 $w'w=1$ 的约束条件下，$g_{N,J}(w,\delta)$ 目标函数的拉格朗日形式是

$$a_{N,J}w'\hat{\Sigma}_N w - b_{N,J}Q\delta^2 w'\overline{\Gamma}_J w + 2b_{N,J}Q\delta \bar{s}'_J w - a_{N,J}\lambda(\|w\|_2^2 - 1).$$

值得注意的是，为了便于证明，在拉格朗日约束条件项前面加 $a_{N,J}$，因此相应的梯度条件为

$$a_{N,J}\hat{\Sigma}_N\hat{w}_{N,J} - b_{N,J}Q\hat{\delta}^2\overline{\Gamma}_J\hat{w}_{N,J} + b_{N,J}Q\hat{\delta}\bar{s}_J - a_{N,J}\hat{\lambda}_{N,J}\hat{w}_{N,J} = 0, \tag{3.18}$$

$$\hat{\delta}\hat{w}'_{N,J}\overline{\Gamma}_J\hat{w}_{N,J} - \bar{s}'_J\hat{w}_{N,J} = 0. \tag{3.19}$$

为了符号的简单化，设 $\widetilde{N}=N+J$，依据定理1，我们可以得出，在定理2的假设下，满足

$$\hat{w}_{N,J} - w_0 = O_P(\widetilde{N}^{-\frac{1}{2}}) \text{ 和 } \hat{\delta} - \delta = O_P(J^{-\frac{1}{2}}).$$

因此，由于 $a_{N,J}(\Sigma_0 - \hat{\Sigma}_N) = O_P(a_{N,J}N^{-\frac{1}{2}}) = o_P(1)$，式(3.18)的第一项可以写作

$$a_{N,J}\hat{\Sigma}_N\hat{w}_{N,J} = a_{N,J}(\Sigma_0 + \hat{\Sigma}_N - \Sigma_0)(w_0 + \hat{w}_{N,J} - w_0)$$
$$= a_{N,J}\Sigma_0 w_0 + a_{N,J}(\hat{\Sigma}_N - \Sigma_0)w_0 + a_{N,J}\Sigma_0(\hat{w}_{N,J} - w_0)$$
$$+ o_P(\widetilde{N}^{-\frac{1}{2}}). \tag{3.20}$$

式(3.18)的第二项和第三项可以写作

$$-b_{N,J}Q\hat{\delta}^2\overline{\Gamma}_J\hat{w}_{N,J} + b_{N,J}Q\hat{\delta}\bar{s}_J$$

$$\begin{aligned}
&= -b_{N,J}Q(\delta_0+\hat{\delta}-\delta_0)^2\overline{\pmb{\Gamma}}_J(w_0+\hat{w}_{N,J}-w_0)\\
&\quad + b_{N,J}(\delta_0+\hat{\delta}-\delta_0)Q(\delta_0\overline{\pmb{\Gamma}}_Jw_0+\overline{s}_J-\delta_0\overline{\pmb{\Gamma}}_Jw_0)\\
&= -b_{N,J}Q\hat{\delta}_0\overline{\pmb{\Gamma}}_J(\hat{w}_{N,J}-w_0) + b_{N,J}Q\delta_0(\overline{s}_J-\delta_0\overline{\pmb{\Gamma}}_Jw_0)\\
&\quad - b_{N,J}Q\delta_0(\hat{\delta}-\delta_0)\overline{\pmb{\Gamma}}_Jw_0 + o_P(\widetilde{N}^{-\frac{1}{2}}).
\end{aligned} \tag{3.21}$$

这里，我们用到

$$b_{N,J}Q(\hat{\delta}-\delta_0)(\overline{s}_J-\delta_0\overline{\pmb{\Gamma}}_Jw_0)=O_P\left(\frac{J}{N+J}\cdot J^{-\frac{1}{2}}\cdot J^{-\frac{1}{2}}\right)=o_P(\widetilde{N}^{-\frac{1}{2}}).$$

式(3.18)的最后一项在以下两种情况下处理：$a>0$ 和 $a=0$。首先，当 $a>0$，式(3.18)意味着 $\hat{\lambda}_{N,J}-\lambda_1=o_P(1)$，其中，$\lambda_1$ 是 $\pmb{\Sigma}_0$ 的最大特征根。因此，式(3.18)的最后一项可以写成

$$\begin{aligned}
a_{N,J}\hat{\lambda}_{N,J}\hat{w}_{N,J} &= a_{N,J}(\lambda_1+\hat{\lambda}_{N,J}-\lambda_1)(w_0+\hat{w}_{N,J}-w_0)\\
&= a_{N,J}\lambda_1 w_0 + a_{N,J}(\hat{\lambda}_{N,J}-\lambda_1)w_0 + a_{N,J}\lambda_1(\hat{w}_{N,J}-w_0)\\
&\quad + o_P(\widetilde{N}^{-\frac{1}{2}}).
\end{aligned} \tag{3.22}$$

其次，当 $a=0$，从式(3.18)、式(3.20)和式(3.21)中可以得出

$$a_{N,J}\hat{\lambda}_{N,J}\hat{w}_{N,J} - a_{N,J}\lambda_1 w_0 = O_P(\widetilde{N}^{-\frac{1}{2}}).$$

这意味着

$$a_{N,J}(\hat{\lambda}_{N,J}-\lambda_1)\hat{w}_{N,J} = a_{N,J}\lambda_1(w_0-\hat{w}_{N,J}) + O_P(\widetilde{N}^{-\frac{1}{2}}) = O_P(\widetilde{N}^{-\frac{1}{2}}),$$

以及 $a_{N,J}(\hat{\lambda}_{N,J}-\lambda_1)=O_P(\widetilde{N}^{-\frac{1}{2}})$。因此，式(3.22)将在 $a=0$ 时继续成立。

从式(3.19)中，可以通过 $\hat{w}_{N,J}-w_0=O_P(\widetilde{N}^{-\frac{1}{2}})$，以及 $\overline{s}_J-\delta_0\overline{\pmb{\Gamma}}_Jw_0=O_P(J^{-\frac{1}{2}})$ 和 $\hat{\delta}-\delta_0=O_P(J^{-\frac{1}{2}})$，得到

$$(\hat{\delta}-\delta_0)w_0'\overline{\pmb{\Gamma}}_Jw_0 + \delta_0 w_0'\overline{\pmb{\Gamma}}_J(\hat{w}_{N,J}-w_0) - (\overline{s}_J-\delta_0\overline{\pmb{\Gamma}}_Jw_0)'w_0 = o_P(\widetilde{N}^{-\frac{1}{2}}),$$

所以，有

$$\hat{\delta}-\delta_0 = \frac{w_0'(\overline{s}_J-\delta_0\overline{\pmb{\Gamma}}_Jw_0) - \delta_0 w_0'\overline{\pmb{\Gamma}}_J(\hat{w}_{N,J}-w_0)}{w_0'\overline{\pmb{\Gamma}}_Jw_0} + o_P(\widetilde{N}^{-\frac{1}{2}}). \tag{3.23}$$

将式(3.23)插入式(3.21),并结合式(3.20)和式(3.22),得出结论

$$[a_{N,J}(\Sigma_0 - \lambda_1 I) - b_{N,J}Q\delta_0^2 \overline{P}_2 \overline{\Gamma}_J](\widehat{w}_{N,J} - w_0) - a_{N,J}(\widehat{\lambda}_{N,J} - \lambda_1)w_0$$
$$= -a_{N,J}(\widehat{\Sigma}_N - \Sigma_0)w_0 - b_{N,J}Q\delta_0 \overline{P}_2(\overline{s}_J - \delta_0 \overline{\Gamma}_J w_0)$$
$$+ o_P(\widetilde{N}^{-\frac{1}{2}}). \tag{3.24}$$

其中 $\overline{P}_2 = I - (w_0'\overline{\Gamma}_J w_0)^{-1} \overline{\Gamma}_J w_0 w_0'$。将式(3.24)两侧乘以投影矩阵 $P_1 = I - w_0 w_0'$,基于 $P_1(\Sigma_0 - \lambda_1 I) = (\Sigma_0 - \lambda_1 I)$ 和 $P_1 \overline{P}_2 = \overline{P}_2$,我们得到

$$[a_{N,J}(\Sigma_0 - \lambda_1 I) - b_{N,J}Q\delta_0^2 \overline{P}_2 \overline{\Gamma}_J](\widehat{w}_{N,J} - w_0)$$
$$= -a_{N,J}P_1(\widehat{\Sigma}_N - \Sigma_0)w_0 - b_{N,J}Q\delta_0 \overline{P}_2(\overline{s}_J - \overline{\Gamma}_J w_0) + o_P(\widetilde{N}^{-\frac{1}{2}}).$$

注意到 $(\widehat{w}_{N,J} - w_0)$ 前面的矩阵是奇异的。由于 $\|\widehat{w}_{N,J}\|^2 = \|w_0\|^2 = 1$,可以得到

$$w_0'(\widehat{w}_{N,J} - w_0) = (w_0'\widehat{w}_{N,J} - 1) = -\frac{1}{2}\|\widehat{w}_{N,J} - w_0\|^2 = o_P(\widetilde{N}^{-\frac{1}{2}}).$$

因此,

$$[a_{N,J}(\Sigma_0 - \lambda_1 I) - b_{N,J}Q\delta_0^2 \overline{P}_2 \overline{\Gamma}_J + w_0 w_0'](\widehat{w}_{N,J} - w_0)$$
$$= -a_{N,J}P_1(\widehat{\Sigma}_N - \Sigma_0)w_0 - b_{N,J}Q\delta_0 \overline{P}_2(\overline{s}_J - \overline{\Gamma}_J w_0)$$
$$+ o_P(\widetilde{N}^{-\frac{1}{2}}). \tag{3.25}$$

假设四假设 $\overline{\Gamma}_J \to \Gamma_0$ 和 $\frac{1}{J}\sum_{j=1}^{J} \Gamma_j \Sigma_s \Gamma_j' \to \widetilde{\Sigma}_s$,这意味着 $\overline{P}_2 \to P_2$,基于中心极限定理,有

$$\sqrt{N}P_1(\widehat{\Sigma}_N - \Sigma_0)w_0 \Rightarrow N(\mathbf{0}, \Omega_1)$$
$$\sqrt{J}\overline{P}_2(\overline{s}_J - \overline{\Gamma}_J w_0) \Rightarrow N(\mathbf{0}, \Omega_2).$$

其中, $\Omega_1 = Var(P_1 x_i x_i' w_0)$ 和 $\Omega_2 = P_2 \widetilde{\Sigma}_s P_2$。如果 x_i 服从正态分布,然后

$$\Omega_1 = Var(P_1 x_i x_i' w_0) = Var(P_1 x_i)Var(x_i' w_0) = \lambda_1(\Sigma_0 - \lambda_1 w_0 w_0').$$

由于 $P_1 x_i$ 和 $x_i' w_0$ 均为正态分布,并且 $\mathbb{E}(P_1 x_i x_i' w_0) = \mathbf{0}$。由于式(3.25)等式右侧的前两项在假设三条件下是相互独立的,我们得到

$$\sqrt{N+J}(\hat{w}_{N,J}-w_0) \Rightarrow N[\mathbf{0}, \mathbf{\Lambda}_0^{-1}(a\mathbf{\Omega}_1+(1-a)Q^2\delta_0^2\mathbf{\Omega}_2)\mathbf{\Lambda}_0^{-1}].$$

其中，$\mathbf{\Lambda}_0 = a(\mathbf{\Sigma}_0-\lambda_1\mathbf{I})-(1-a)Q\delta_0^2\mathbf{P}_2\mathbf{\Gamma}_0+w_0w_0'$。因此，定理2的结论成立。

第四章 运用重复交易模型编制动态综合指数的方法及应用

编制综合指数是科学监测现代经济社会发展的重要途径和技术手段。中国的宏观指标以"小样本、短时间"为特征,重复交易模型在其编制综合指数中应用广泛。但在重复交易模型编制综合指数的过程中通常面临严重的多重共线性问题。处理多重共线性的方法有消除解释变量的相关性、扩大样本量避免选择误差、重新确定模型形式和参数改进的方法等,前三种在重复交易模型编制综合指数中并不适用。本章以最小二乘估计为基础,从参数改进思路出发,探讨区别于岭回归的处理多重共线性的方法。通过重复交易模型的可估模型,寻找参数的可用估计,为处理其中的多重共线性问题提供新的思路和视角。最后,以 2010 年至 2017 年全国科技活动产出综合指数为例,通过足够小的 k 可行值编制综合指数,并将其与传统岭回归方法、主成分回归方法相比,讨论该方法在处理重复交易模型共线性问题的有效性和适用性,体现运用重复交易模型编制动态综合指数的应用价值。

第一节 动态综合指数与重复交易模型

综合指数是指通过合成各个指标来反映复杂经济现象总体动态变化特征的指数。编制综合指数在经济学、金融学、社会学等学科领域的实际应用中发挥着重要的作用,尤其在宏观层面,通过综合指数来科学动态地监测人类发展、国家综合国力、经济高质量发展、城市化进程、房地产价格变动、金融市场风险等趋势的变化。国内外的综合指数应用与实践由来已久。早在 20 世纪 20 年代,哈佛商学院就已开发"哈佛景气指数"用以监测经济发展动态;1950 年,美国国民经济研究局(NBER)由先行指标、同步指标和滞后指标构造宏观经济景气监测体系;20 世纪 60 年代,美国经济咨商局(Conference Board)

发布月度先行经济指数（LEI），用来判断美国和世界的经济形势；同期，OECD建立综合先行经济指数（CLI）。20世纪90年代，中国国家统计局发布宏观经济景气指数，通过预警指数、一致指数、先行指数和滞后指数全面监测经济景气度。此外，在金融市场中的纳斯达克指数（NASDAQ）、标准普尔500指数（SP500）、波动率指数（VIX）、MSCI指数等反映证券市场的总体行情，还有道琼斯工业指数（DJIA）、上证房地产指数等反映各行业板块的发展变化。

随着综合指数越来越广泛地应用于宏观经济、金融市场行情监测等领域，其编制方法也在学术界中不断探索与拓展。20世纪50年代以来，综合指数的方法论研究得到不断发展。Stock和Watson（1989）提出总体经济体由某一共同、不可观测的因素影响，采用状态空间模型构造景气指数。OECD运用增长循环的思想，通过HP滤波构造综合先行经济指数。国内学者也通过HP滤波方法构造中国增长循环的合成指数（李晓芳和高铁梅，2001）。但是，中国的宏观指标多以"小样本、短时间"为特征，宏观数据序列通常较短，一般指数构建模型并不适用。如何编制这类数据指标的综合指数用以反映中国经济发展与结构变化成为计量经济学中的重要课题，也是当前科学监测经济高质量发展的重要工具。

在"小样本、短时间"的经济数据中，重复交易模型编制综合指数应用广泛。重复交易模型最早由Bailey等（1963）首先提出并应用于房地产价格指数的构建。该方法改进了Court于1939年提出的特征价格法（Goodman，1998），依据同一个房地产样本在不同时期多次出售的价格来计算房地产价格指数。Case和Shiller进一步改进了重复交易模型，用广义最小二乘估计减小因交易时间间隔不同产生的误差（Case和Shiller，1987，1989）。重复交易模型依据不同时期同一对象发生交易的数据构建综合指数序列，这在理论上已较为完善，但是在国内的应用研究尚处于起步，较多的是在房地产价格指数（石薇等，2014）、土地价格指数（周自明等，2010）和艺术品市场价格指数（石阳和李曜，2013）等方面的应用。当然，国内的学者也有对重复交易模型的改进和拓展，提高其计算的精确度（董倩，2017；郑思齐等，2013）。与其他综合指数编制方法不同的是，房地产市场中同一房地产不是每个时点都有交易，故存在数据删失的问题；在两个时点上成交的房产随着其特征不同，价格差异较大。因此，重复交易模型能够依据不同离散程度的指标编制综合指数，有效地将有限指标的数据信息结合起来，对数据量的要求较低，能适用于"数据缺失"或

第四章 运用重复交易模型编制动态综合指数的方法及应用 / 61

"短时间序列"的问题。

但是，重复交易模型中存在严重的多重共线性问题。线性模型完全共线，这是困扰运用重复交易模型编制综合指数的研究者的问题。多重共线性最早由 Frisch 于 1934 年提出（Frisch，1995），是在线性回归模型中，变量之间存在相关关系而使得估计结果失真。处理多重共线性的方法主要归纳为四类：一是从解释变量相关性出发，采用经验法则排除引起多重共线性的解释变量；二是从样本选择出发，选取大样本避免选择偏误；三是从回归方程的设定出发，重新考虑模型进行参数估计；四是从参数改进的思路出发，改进线性回归的参数估计。LASSO 方法常用于选择变量（Tibshirani，1996），但是在对宏观指标编制综合指数的应用中，排除模型的重要解释变量会影响参数估计的经济学意义，改变模型设定的初衷，导致模型设定的错误。主成分回归方法虽然能克服变量之间的相关关系，但是得到的估计参数不同于原始参数，较难进行解释（Massy，1965；Haitovsky，1969；白雪梅和赵松山，1995）。为消除多重共线性所带来的参数不可估计问题，目前研究中应用较为广泛的是岭回归对参数进行的改进（Hoerl，1962；Hoerl 和 Kennard，2006）。当多重共线性存在时，自变量的协方差矩阵是奇异矩阵，岭回归法以无偏性为代价降低参数估计量的方差，其核心在于通过均方误差寻找最优的岭迹值，从而得到参数的岭估计值。但是，岭迹值的选取较为困难，常常缺乏经济意义，无法讨论岭估计的统计分布。运用重复交易模型编制综合指数过程中遇到的完全共线问题既无法通过排除解释变量来解决，也无法改变回归方程的设定；同时，中国宏观经济指标通常以"小样本、短时间"为特征，不能通过扩大样本量来避免选择偏差。基于以上讨论，本章从参数改进的思路出发，将不可估计的参数进行转换，寻找重复交易模型的可估估计量。

综上所述，综合指数的编制在经济社会领域中应用广泛，一般的综合指数编制方法通常无法适用于"小样本、短时间"为特征的宏观经济指标。本章引入重复交易模型用以编制综合指数，并以最小二乘法的一致估计量为基础，从参数改进的视角出发建立一种新的估计方法，解决重复交易模型中严重的多重共线性问题。最后，以 2010 年至 2017 年全国科技活动产出为例，运用重复交易模型编制综合指数，并将其与传统岭回归方法、主成分回归方法相比，进一步体现处理重复交易模型多重共线性方法的应用价值，讨论重复交易模型在编制综合指数应用中的有效性和适用性。创新之处在于：第一，引入重复交易模型编制宏观数据指标的综合指数，为短时间序列的宏观数据编制综合指数提供新的思路;第二,以最小二乘估计为基础建立一种新的估计方法,从而解决重复交易模型中存在的多重共线性问题;第三,编制全国科技活动产出综合指数,用以监测中国科技活动产出的动态趋势,为中国经济高质量发展提供数据支持。

第二节 运用重复交易模型编制动态综合指数的模型设定

构建综合指数是将客观数据指标合成为一个指数。通常,客观数据指标是时间序列的结构,但是,中国宏观经济数据常常呈现出"小样本、短时间"的特征。重复交易模型能有效地利用有限数据指标构造综合指数,其最早应用于房地产价格指数的构建。运用重复交易模型编制宏观经济问题的综合指数,建模过程如下所示。

首先,假设时间 $\{t \mid t=1, 2, \cdots, T\}$ 和客观数据指标 $\{k \mid k=1, 2, \cdots, K\}$ 两个维度,将同一指标的相邻两年数值标记为 $(P_{s,i}, P_{s,j})$,$(i, j) \in \{t \mid t=1, 2, \cdots, T\}$,$s \in \{k \mid k=1, 2, \cdots, K\}$,用以表示同一房地产分别在时间 i 和时间 j 的成交价,其中 $i < j$。

其次,定义 I_t 表示在时点 t 的综合指数。因此,我们用经典的重复交易模型构建如下综合指数模型,该模型可转化为一般线性回归模型形式:

$$R_{s,i,j} = \frac{P_{s,j}}{P_{s,i}} = \frac{I_j}{I_i} \times U_{s,i,j}. \tag{4.1}$$

其中,$U_{s,i,j}$ 是乘数形式的误差项,服从对数正态分布。将式(4.1)作对数处理得到

$$r_{s,i,j} = p_{s,j} - p_{s,i} = \ln(I_j) - \ln(I_i) + u_{s,i,j}. \tag{4.2}$$

其中,r, p, u 是式(4.1)中 R, P, U 的简单对数形式,$u_{s,i,j} \sim iid\ N(0, \sigma_u^2)$。式(4.2)是一般线性回归模型,可用最小二乘法回归,但是不可避免地出现严重多重共线性问题。

再将式(4.2)拓展至多个指标,得到综合指数模型如下:

$$r_{s,i,j} = \sum_{t=1}^{T} \alpha_{s,t} \ln(I_t) + u_{s,i,j}. \tag{4.3}$$

其中，$\alpha_{s,t}$ 是哑变量，为

$$\alpha_{s,t} = \begin{cases} -1, & t=i, \\ 1, & t=j, \\ 0, & otherwise. \end{cases}$$

或者，将式(4.3)用矩阵形式表示为

$$r = X_1 \beta_1 + u, \tag{4.4}$$

$$\begin{bmatrix} r_1 \\ r_2 \\ \vdots \\ r_{N-1} \\ r_N \end{bmatrix} = \begin{bmatrix} -1 & 1 & \cdots & 0 & 0 \\ 0 & -1 & \cdots & 0 & 0 \\ \vdots & \vdots & \cdots & \vdots & \vdots \\ 0 & 0 & \cdots & 1 & 0 \\ 0 & 0 & \cdots & -1 & 1 \end{bmatrix} \begin{bmatrix} \ln I_1 \\ \ln I_2 \\ \vdots \\ \ln I_{T-1} \\ \ln I_T \end{bmatrix} + \begin{bmatrix} u_1 \\ u_2 \\ \vdots \\ u_{N-1} \\ u_N \end{bmatrix}. \tag{4.5}$$

可以看到，r，u 为 N 维列向量，$N = \Sigma_{i,j} n_{ij}$，n_{ij} 是指时间 i 和时间 j 出现的"交易对"个数；β_1 为 T 维列向量，表示需要被估计的综合指数的对数，X_1 是 $N \times T$ 的矩阵。这里，X_1 矩阵表示单个房地产交易在时间 i 买入和时间 j 卖出的标记，i 时间买入记为"-1"，j 时间卖出记为"1"，其余时间记为"0"，式(4.5)的矩阵形式表示买卖时间为相邻时间，在房地产交易市场中仅为特例。由于综合指数编制时往往基于连续的时间序列数据，这种重复交易模型编制综合指数方法中 X_1 矩阵含有较多"0"，是一个稀疏矩阵；并且，X_1 矩阵中列向量之和较多为零向量，因此，存在较为严重的共线性问题。本章通过构建重复交易模型的线性可估模型，以最小二乘估计为基础，寻找参数的可用估计，从而处理多重共线性造成的参数不可估计问题。

第三节　重复交易模型中处理多重共线性问题的方法

在经济问题分析中，变量间总是存在某种程度的相关关系，从而影响估计结果和模型的稳健性。重复交易模型存在严重的多重共线性问题。本章从参数改进的思路出发，探讨这类线性模型处理多重共线性的方法，也为解决这类线性模型的多重共线性问题提供一种新的思路和视角。

一、多重共线性问题的处理方法

多重共线性是在线性回归模型中解释变量之间彼此具有相关关系而产生的问题,因此,我们在线性回归模型框架下讨论多重共线性的处理方法。首先,我们定义普遍的线性回归模型及其可估模型。

定义1 线性回归模型

给定 $n\times 1$ 维的因变量 $\boldsymbol{Y}=(y_1, y_2, \cdots, y_n)'$ 列向量和 $n\times(r+t)$ 维的自变量 $\boldsymbol{X}_1=(x_{i1}^1, x_{i2}^1, \cdots, x_{in}^1)'$ 矩阵,可以假设一般的线性模型形式为

$$\boldsymbol{Y}=\boldsymbol{X}_1\boldsymbol{\beta}_1+\boldsymbol{\varepsilon}. \tag{4.6}$$

其中, $rank(\boldsymbol{X}_1)=r$; $\boldsymbol{\beta}_1$ 是 $(r+t)\times 1$ 维的待估参数; $\boldsymbol{\varepsilon}$ 是 $n\times 1$ 的误差向量;误差向量 $\boldsymbol{\varepsilon}$ 满足高斯——马尔科夫假定或者服从正态分布;这里,n,r 和 t 是确定的正整数。

由于定义1中待估参数 $\boldsymbol{\beta}_1$ 的维数高于自变量 $\boldsymbol{X}_1$ 的秩 r,该线性回归模型存在多重共线性问题,$\boldsymbol{X}_1'\boldsymbol{X}_1$ 是奇异矩阵,无法求其逆矩阵,因此,不能使用传统的最小二乘法估计待估参数 $\boldsymbol{\beta}_1$,而需再定义线性可估模型。

定义2 线性可估模型

给定 $n\times 1$ 维的因变量 $\boldsymbol{Y}=(y_1, y_2, \cdots, y_n)'$ 列向量和 $n\times r$ 维的自变量 $\boldsymbol{X}_2=(x_{i1}^2, x_{i2}^2, \cdots, x_{in}^2)'$ 矩阵,可以假设线性可估模型形式为

$$\boldsymbol{Y}=\boldsymbol{X}_2\boldsymbol{\beta}_2+\boldsymbol{\varepsilon}. \tag{4.7}$$

其中, $rank(\boldsymbol{X}_2)=r$; $\boldsymbol{\beta}_2$ 是 $r\times 1$ 维的待估参数; $\boldsymbol{\varepsilon}$ 是 $n\times 1$ 的误差向量;误差向量 $\boldsymbol{\varepsilon}$ 亦满足高斯——马尔科夫假定或者服从正态分布;同样,n 和 r 是确定的正整数。

由于定义2中待估参数 $\boldsymbol{\beta}_2$ 的维数等于自变量 $\boldsymbol{X}_2$ 的秩 r,故该线性模型可以用传统的最小二乘法估计参数 $\boldsymbol{\beta}_2$,有唯一解。因此,将线性可估模型(4.7)式称作线性回归模型(4.6)式的 OLS 有效模型,两个方程可以作为经济变量的结构方程形式。

定义3 转换矩阵

设 $\boldsymbol{G}$ 是 $r\times(r+t)$ 的矩阵形式,满足 $rank(\boldsymbol{G})=r$,如果存在矩阵 $\boldsymbol{G}$,使得

$$\boldsymbol{\beta}_2=\boldsymbol{G}\boldsymbol{\beta}_1 \tag{4.8}$$

成立,则称矩阵 G 为转换矩阵。

基于定义1—3,我们能够讨论自变量 X_1 和自变量 X_2 的关系,以及待估参数估计量 $\hat{\beta}_1$ 和 $\hat{\beta}_2$ 的关系。

定理1 在定义1—3下,满足 $rank(X_1) = rank(X_2) = rank(G) = r$,则有

$$X_1 = X_2 G. \tag{4.9}$$

$$\hat{\beta}_2 = G\hat{\beta}_1. \tag{4.10}$$

证明见本章附录一。

式(4.9)和式(4.10)为线性回归模型和线性可估模型的关联方程,表示自变量 X_1 和 X_2,以及参数估计量 $\hat{\beta}_1$ 和 $\hat{\beta}_2$ 的关系。因此,自变量 X_1 和 X_2 及参数估计量 $\hat{\beta}_1$ 和 $\hat{\beta}_2$ 均通过转换矩阵 G 构建关联关系。这里实现线性回归模型待估参数的降维处理。

因此,我们可以通过模型式(4.7)OLS的有效模型来估计模型式(4.6)的 β_1。当线性回归模型式(4.6)存在多重共线性时,自变量 X_1 的协方差矩阵是奇异矩阵($|X_1'X_1| \approx 0$),为克服线性回归模型的多重共线性问题,可以通过岭回归估计得到 β_1 的岭回归估计量,即

$$\hat{\beta}_1(k) = (X_1'X_1 + kI)^{-1}X_1'Y, \ (k > 0). \tag{4.11}$$

其中,k 是岭回归的目标函数中惩罚项的惩罚参数,通常称之为"岭参数",k 越大,目标函数中惩罚函数所占的重要程度越高,从而参数估计量 $\hat{\beta}_1(k)$ 越小。"岭参数"可以由岭迹图来确定,但解释其经济学含义较为困难,这也是岭回归在处理经济数据的多重共线性问题中所面临的困难。

从定义2可知,参数 β_2 可通过最小二乘法估计,其估计量为

$$\hat{\beta}_2 = (X_2'X_2)^{-1}X_2'Y. \tag{4.12}$$

由于线性可估模型式(4.7)是线性回归模型式(4.6)的OLS有效模型,所以我们可以认为,式(4.12)最小二乘法估计量 $\hat{\beta}_2$ 是线性回归模型式(4.6)的统计意义上的估计。

定理2 设 $k>0$,$\hat{\beta}_1(k)$ 是 β_1 的岭回归估计量,由定理1可得,

$$\hat{\beta}_2^*(k) = G\hat{\beta}_1(k) = G(X_1'X_1 + kI)^{-1}X_1'Y. \ (k > 0) \tag{4.13}$$

对于任意的 $k > 0$,恒有

$$\hat{\boldsymbol{\beta}}_2^*(k) \neq \hat{\boldsymbol{\beta}}_2.$$

证明见本章附录二。

由定理 2 可知，不存在 $k_0 > 0$，使得 $\hat{\boldsymbol{\beta}}_2^*(k_0) = \hat{\boldsymbol{\beta}}_2$，但是我们发现，当 $k > 0$，存在 $\lim_{k \to 0^+} \hat{\boldsymbol{\beta}}_2^*(k) \to \hat{\boldsymbol{\beta}}_2$。这里，基于定义 2 和定义 3，我们做如下推论。

推论 1 假设矩阵 $\boldsymbol{G}$ 是 $r \times (r+t)$ 的矩阵形式，$rank(\boldsymbol{G}) = r$（如定义 3），矩阵 $\boldsymbol{X}_2$ 是 $n \times r$ 的自变量矩阵形式（如定义 2），矩阵 $\boldsymbol{P}$ 是 $r+t$ 阶的正交矩阵，则

$$\boldsymbol{P}(\boldsymbol{G}'\boldsymbol{X}_2'\boldsymbol{X}_2\boldsymbol{G})\boldsymbol{P}' = diag\{\lambda_1, \lambda_2, \cdots, \lambda_r, 0, \cdots, 0\}. \tag{4.14}$$

这里，$\boldsymbol{GP}' = (\boldsymbol{H}, \boldsymbol{O})$，$\boldsymbol{H}$ 是 $r \times r$ 阶的矩阵，$\boldsymbol{O}$ 是 $r \times t$ 阶的零矩阵。证明见本章附录三。

因此，我们可以得到定理 3。

定理 3 对于任意的 $k > 0$，且矩阵 $\boldsymbol{X}_2$ 和矩阵 $\boldsymbol{G}$ 服从定义 2 和定义 3，$r \neq 0$，$t \neq 0$，则有

$$\lim_{k \to 0^+} \boldsymbol{G}(\boldsymbol{G}'\boldsymbol{X}_2'\boldsymbol{X}_2\boldsymbol{G} + k\boldsymbol{I})^{-1}\boldsymbol{G}' = (\boldsymbol{X}_2'\boldsymbol{X}_2)^{-1}. \tag{4.15}$$

这等同于，存在 $k > 0$，总有 $\lim_{k \to 0^+} \hat{\boldsymbol{\beta}}_2^*(k) \to \hat{\boldsymbol{\beta}}_2$。证明见本章附录四。

定理 3 具有较好地解决线性回归模型多重共线性问题的实际意义。当 k 足够小时，线性可估模型式（4.7）的参数估计 $\hat{\boldsymbol{\beta}}_2^*(k)$ 是 OLS 估计量，因此，我们将足够小的 k 认为是 k 的可行值。虽然定理 3 已证明当 k 足够小的性质和渐近理论，但是由于计算机计算中有最小值和最大值的限制，k 不能无限小，故 k 取接近最小值的临近值，由此确定 k 可行值。再将确定的 k 值代入类岭回归估计量式（4.11）$(\hat{\boldsymbol{\beta}}_1(k) = (\boldsymbol{X}_1'\boldsymbol{X}_1 + k\boldsymbol{I})^{-1}\boldsymbol{X}_1'\boldsymbol{Y})$ 得到 $\boldsymbol{\beta}_1(k)$ 的估计量。此时，$\hat{\boldsymbol{\beta}}_2^*(k) = \boldsymbol{G}\hat{\boldsymbol{\beta}}_1(k)$ 与 $\hat{\boldsymbol{\beta}}_2$ 充分接近。因此，这里的 $\hat{\boldsymbol{\beta}}_1(k)$ 是满足定理 3 中线性可估模型估计量 $\hat{\boldsymbol{\beta}}_2^*(k)$ 渐近理论的渐近解。我们可以得到以下结论：当线性回归模型式（4.6）存在多重共线性问题时，可以取足够小的 k 可行值，使得线性可估模型式（4.7）是线性回归模型的 OLS 有效模型，其类岭回归估计 $\hat{\boldsymbol{\beta}}_1(k) = (\boldsymbol{X}_1'\boldsymbol{X}_1 + k\boldsymbol{I})^{-1}\boldsymbol{X}_1'\boldsymbol{Y}$ 是 $\boldsymbol{\beta}_1(k)$ 的可用估计。

定理 3 能解决线性回归模型式（4.6）中由于多重共线性的存在需要对奇异协方差矩阵求广义逆，常常造成参数的估计不是唯一解的问题。这种"渐近解"的思路区别于传统参数改进方法的岭回归思路，也不需要通过岭迹图确定"岭参数"。定理 3 较为直观和实用，当多重共线性问题影响参数估计求解时，

可以讨论临近真值解的特征和性质。参数估计量能否客观反映模型和数据背后的真实意义是计量经济学建模考察的核心,也是经济学所关注的重点。

本章依据定理3构建重复交易模型的可估模型,通过足够小的k可行值得到的重复交易模型的渐近解,即是综合指数的估计。

二、重复交易模型中处理多重共线性问题

在编制综合指数时,我们需要构造重复交易模型的线性可估模型。从经济计量角度来看,重复交易模型的线性回归模型和线性可估模型是一致的,并且能够充分利用有限的时间序列信息。

类似于重复交易模型,我们可以构造综合指数的线性可估模型。就单个房地产样本来说,在时间i上买入,我们对$i+1$时间记为"1",在时间j上卖出,我们对j时间记为"1",其余时间记为"0",因此,我们有

$$R_{s,i,j} = \frac{P_{s,j}}{P_{s,i}} = \frac{I_{i+1}}{I_i} \times \frac{I_{i+2}}{I_{i+1}} \cdots \frac{I_j}{I_{j-1}} \times U_{s,i,j}. \tag{4.16}$$

式(4.16)是对式(4.1)的展开变形。$U_{s,i,j}$是乘数形式的误差项,服从对数正态分布。我们将式(4.16)作对数处理,得到:

$$r_{s,i,j} = \sum_{t=2}^{T} \gamma_{s,t} \ln\left(\frac{I_t}{I_{t-1}}\right) + u_{s,i,j}. \tag{4.17}$$

其中,r,u是R,U的对数形式,$u_{s,i,j}$服从独立同分布$N(0,\sigma_u^2)$,$\gamma_{s,t}$是哑变量,为

$$\gamma_{s,t} = \begin{cases} 1, & i < t \leqslant j, \\ 0, & otherwise. \end{cases}$$

同样地,用矩阵形式可以表示成:

$$r = X_2 \beta_2 + u, \tag{4.18}$$

$$\begin{bmatrix} r_1 \\ r_2 \\ \vdots \\ r_{N-1} \\ r_N \end{bmatrix} = \begin{bmatrix} 1 & 1 & \cdots & 0 & 0 \\ 0 & 1 & \cdots & 0 & 0 \\ 0 & \vdots & \vdots & \vdots & \vdots \\ 0 & 0 & \cdots & 1 & 0 \\ 0 & 0 & \cdots & 1 & 1 \end{bmatrix} \begin{bmatrix} \ln I_2/I_1 \\ \ln I_3/I_2 \\ \vdots \\ \ln I_{T-1}/I_{T-2} \\ \ln I_T/I_{T-1} \end{bmatrix} + \begin{bmatrix} u_1 \\ u_2 \\ \vdots \\ u_{N-1} \\ u_N \end{bmatrix}. \tag{4.19}$$

其中，r，u 为 N 维列向量，$N=\Sigma_{i,j}n_{ij}$，n_{ij} 定义同式(4.5)；$\boldsymbol{\beta}_2$ 为 $T-1$ 维列向量，表示需要被估计的相邻两期综合指数比值的对数，X_2 是 $N\times(T-1)$ 的矩阵。X_2 矩阵中列向量之和不为零向量，是列满秩矩阵，可以通过最小二乘方法估计。因此，可以将式(4.18)作为式(4.4)的线性可估模型。

从而，我们运用重复交易模型编制的综合指数模型如下：

$$r = X_1\boldsymbol{\beta}_1 + u, \tag{4.4}$$

$$r = X_2\boldsymbol{\beta}_2 + u. \tag{4.18}$$

其中，$\boldsymbol{\beta}_1$ 是 $T\times 1$ 的向量，$\boldsymbol{\beta}_2$ 是 $(T-1)\times 1$ 的向量，

$$\boldsymbol{\beta}_1 = \begin{bmatrix} \ln I_1 \\ \ln I_2 \\ \vdots \\ \ln I_{T-1} \\ \ln I_T \end{bmatrix}, \boldsymbol{\beta}_2 = \begin{bmatrix} \ln I_2/I_1 \\ \ln I_3/I_2 \\ \vdots \\ \ln I_{T-1}/I_{T-2} \\ \ln I_T/I_{T-1} \end{bmatrix} = \begin{bmatrix} \ln I_2 - \ln I_1 \\ \ln I_3 - \ln I_2 \\ \vdots \\ \ln I_{T-1} - \ln I_{T-2} \\ \ln I_T - \ln I_{T-1} \end{bmatrix}.$$

可以由定义 3 构造转换矩阵 G，确定 $\boldsymbol{\beta}_1$ 和 $\boldsymbol{\beta}_2$ 的线性关系：

$$\boldsymbol{\beta}_2 = \begin{bmatrix} -1 & 1 & \cdots & 0 & 0 \\ 0 & -1 & \cdots & 0 & 0 \\ \vdots & \vdots & \cdots & \vdots & \vdots \\ 0 & 0 & \cdots & 1 & 0 \\ 0 & 0 & \cdots & -1 & 1 \end{bmatrix} \boldsymbol{\beta}_1 = G\boldsymbol{\beta}_1. \tag{4.20}$$

其中，G 是 $(T-1)\times T$ 的矩阵，$rank(G) = T-1$。依据定理 3，可以取足够小的 k 可行值，使得线性可估模型式(4.18)是线性回归模型式(4.4)的 OLS 有效模型，其类岭回归估计 $\hat{\boldsymbol{\beta}}_1(k) = (X_1'X_1 + kI)^{-1}X_1'Y$ 是 $\boldsymbol{\beta}_1(k)$ 的可用估计。此时，$\hat{\boldsymbol{\beta}}_2^*(k) = G\hat{\boldsymbol{\beta}}_1(k)$ 与 $\hat{\boldsymbol{\beta}}_2$ 充分接近。在综合评价的应用中，数据指标的时间序列通常较短，重复交易模型能充分利用数据信息，将同一指标的相邻两期数据作为 $(P_{s,i}, P_{s,j})$ 的成对数据，用以线性回归模型的估计。在运用重复交易模型编制综合指数的过程中，转换矩阵 G 已经确定，因此，我们可以处理重复交易模型中由于多重共线性无法进行模型估计的问题。

第四节 应用研究：全国科技活动产出动态综合指数

科技创新是经济高质量发展的根本动力,是建设现代化经济体系的战略支撑。科技活动产出是衡量一个地区科技发展水平和竞争力的重要指标,是科技进步统计监测工作中的重要一环。当前,中国经济由高速增长阶段迈向高质量发展阶段,正处在转变发展方式、优化经济结构、转换增长动力的攻关期,对科技活动产出水平的动态监测必不可少。本节以2010—2017年全国科技活动产出统计监测指标为建模数据,通过上述重复交易模型及多重共线性问题的处理方法估计科技活动产出综合指数,与各种方法进行比较,从而验证运用重复交易模型编制综合指数的适用性及处理多重共线性方法的有效性,进一步体现处理重复交易模型多重共线性解决方法的应用价值。

一、变量说明与数据来源

科技活动产出指标来源于国家科学技术部从1993年开展研究的《全国科技进步统计监测报告》中"科技进步统计监测体系"。其中,"科技活动产出"包含"科技活动产出水平"和"技术成果市场化"两方面。基础数据指标来源于《中国科技统计年鉴》(2011—2018),由于2010年科技部对"全国科技进步统计监测及综合评价体系"三级指标进行调整,本节研究的数据时间序列从2010年至2017年。

"科技活动产出水平"有三个基础指标,分别是万人科技论文数($Paper_t$)、获国家级科技成果奖系数($Achiv_t$)和万人发明专利拥有量($Patent_t$);"技术成果市场化"有两个基础指标,分别是万人输出技术成交额($Trasfr_t$)和万元生产总值技术国际收入($Revenue_t$)。基础指标的经济含义见表4.1。

表4.1　　　　　　　　　变量说明

变量名称	单位	经济含义
$Paper_t$	篇/万人	发表在国内CSCI和国外SCI收录的中国科技论文数(篇)与该地区人口总数(万人)的比值
$Achiv_t$	项当量	获国家级科技成果数(项)与该地区R&D人员数(万人)的比值

续表

变量名称	单位	经济含义
$Patent_t$	件/万人	发明专利拥有量(件)与该地区人口总数(万人)的比值
$Trasfr_t$	万元/万人	技术市场输出技术成交额(万元)与该地区人口总数(万人)的比值
$Revenue_t$	美元/万元	技术国际收入(万美元)与当年现价GDP(亿元)的比值

我们将所有指标价格调整到2010年的价格。表4.2是2010年至2017年各指标数据的描述性统计，数据仅有8期。本章通过重复交易模型编制综合指数，并处理该模型中普遍存在的多重共线性问题，估计科技活动产出综合指数，并与岭回归、主成分分析方法编制的综合指数进行比较。

表4.2　　　　　　　　　　数据描述性统计

	T	最小值	中位数	最大值	平均数	标准差
$Paper_t$	8	2.73	3.16	3.72	3.18	0.36
$Achiv_t$	8	2.13	2.92	3.67	2.98	0.48
$Patent_t$	8	1.92	4.83	10.54	5.51	2.97
$Trasfr_t$	8	291.30	542.80	805.30	538.78	174.65
$Revenue_t$	8	4.96	5.79	6.44	5.77	0.49

资料来源：《中国科技统计年鉴》(2011—2018)。

二、实证结果

通过重复交易模型构建线性回归模型式(4.4)和线性可估模型式(4.18)，其中线性回归模型X_1的协方差矩阵是奇异矩阵，故该线性模型存在严重的多重共线性问题。因此，在使用重复交易模型生成综合指数时，运用定理3，可以取足够小的k可行值，从而构建重复交易模型的可估模型，其类岭回归估计$\widehat{\boldsymbol{\beta}}_1(k) = (\boldsymbol{X}_1'\boldsymbol{X}_1 + k\boldsymbol{I})^{-1}\boldsymbol{X}_1'\boldsymbol{Y}$是$\boldsymbol{\beta}_1(k)$的可用估计。

这里，我们将同一指标的相邻两期数值作为$(P_{s,i}, P_{s,j})$的"数据对"，从而被解释变量r为35×1的列向量，$\boldsymbol{X}_1$是35×8的矩阵。由定理3，取足够小的$k = (0.1, 0.01, 0.00001)$值估计$\widehat{\boldsymbol{\beta}}_1(k)$，从而估计得到综合指数的对数值；运用Block-Bootstrap(块状重复抽样)的方法，在保证2010年至2017年时

间序列结构的前提下,对被解释变量 r 和 X_1 矩阵重复抽样 100 次,从而计算在不同 k 可行值下的估计标准误(如表 4.3)。可以得出,随着 k 的减小,$\hat{\beta}_1(k)$ 估计值更加稳定,更趋近最小二乘估计值,同时牺牲一定的有效性,标准误随着 k 的减小而增加,但在显著性水平角度看,在可接受的范围内。

表 4.3 综合指数的实证结果

年份	$k=0.1$ $\hat{\beta}_1(k)$	标准误	$k=0.01$ $\hat{\beta}_1(k)$	标准误	$k=0.00001$ $\hat{\beta}_1(k)$	标准误
2010	−0.3204**	0.1281	−0.3504**	0.1383	−0.3541**	0.1396
2011	−0.1926***	0.0687	−0.2168***	0.0774	−0.2198***	0.0784
2012	−0.1539***	0.0539	−0.1690***	0.0559	−0.1709***	0.0562
2013	0.0552	0.0534	0.0520	0.0558	0.0515	0.0561
2014	0.1138**	0.0533	0.1215**	0.0540	0.1224**	0.0541
2015	0.1530***	0.0449	0.1694***	0.0501	0.1715***	0.0508
2016	0.1521*	0.0894	0.1746*	0.0985	0.1774*	0.0997
2017	0.1928	0.1192	0.2188*	0.1301	0.2220*	0.1315

注:***、**、*分别表示在1%、5%和10%的显著性水平上显著。

估计值 $\hat{\beta}_1(k)$ 表示综合指数的对数值,即式(4.3)中对应的 $\ln I_t$,这是估计值的经济学意义,也是运用重复交易模型编制综合指数的估计目标。在实证案例中,我们经过对数转换得到 2010 年至 2017 年全国科技活动产出的综合指数(见图 4.1)。可以看到:估计值 $\hat{\beta}_1(k)$ 随着年份呈现增长的趋势,可以

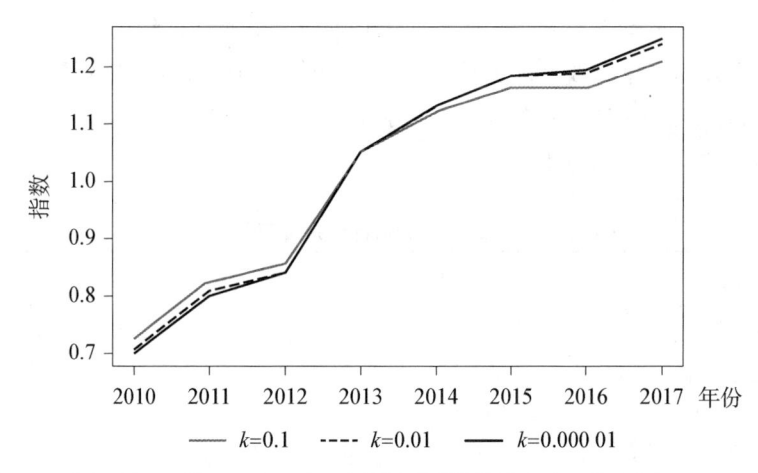

图 4.1 2010 年至 2017 年全国科技活动产出综合指数

体现出 2010 年至 2017 年全国科技活动产出不断增长,但是在不同的年份其增长的速度有所差别。其中,2013 年的增长速度最快,2016 年的增长速度趋于平缓;当 k 取值较大时($k=0.1$),综合指数未趋于稳定,偏差较大,标准误较小;当 k 值足够小时($k=0.00001$),既能在计算机的计算范围内,也使得最终得到的综合指数趋于稳定,更接近于真值,但是此时估计量的标准差是最大的。

三、重复交易模型中多重共线性处理方法比较

重复交易模型编制综合指数能够充分利用客观数据指标的短时间序列信息,将每个指标的相邻数据组合成$(P_{s,i}, P_{s,j})$的"数据对"作为被解释变量,从而生成综合指数。而重复交易模型的一般线性模式存在严重的多重共线性问题,通过定理 3 的处理方法将无法估计的线性回归模型转化成线性可估模型,取足够小的 k 可行值,得到参数 $\boldsymbol{\beta}_1(k)$ 的可用估计。

我们将处理多重共线性的方法与岭回归估计、主成分回归估计比较,得到结果如表 4.4 所示。首先,将样本一分为二:一个训练样本和一个预测样本;其次,由训练样本估计参数 $\boldsymbol{\beta}_1$,即综合指数的对数值;再由预测样本的 $\boldsymbol{X}_1$ 矩阵来预测被解释变量 r,求出被解释变量 r 的预测均方误差。我们可以得到,线性模型处理多重共线性问题方法的均方预测误差最小,其次是岭回归估计,最后才是主成分回归。另外,岭回归需要通过 Cross Validation 方法求出最优的岭参数;主成分回归需要计算方差贡献率确定主成分的个数,这里,我们选取的成分累积贡献率为 85%,故主成分个数是 4 个。从比较的结果来看,重复交易模型处理多重共线性的方法既能保留变量的个数,也能达到最优的预测精度,同时避免了确定"岭参数"和"主成分个数"的困难,尤其适用于重复交易模型编制综合指数的应用。

表 4.4　　多重共线性处理方法的估计误差及变量个数比较

时间	$k=0.00001$	岭回归	主成分回归
参数 k	0.00001	3.4272	—
主成分个数	—	—	4
预测 MSE	0.0206	0.0299	0.0336
变量个数	8	8	8

四、综合指数编制方法比较

除了通过重复交易模型生成综合指数,还可以通过主成分分析估计权重的赋权方法编制综合指数。为了分析处理多重共线性的重复交易模型编制综合指数方法是否可行,将其生成的综合指数与主成分赋权法得到的综合指数进行比较。通过主成分赋权法,我们可以估计五个基础数据指标的权重,分别是:万人科技论文数(0.2411)、获国家级科技成果奖系数(0.1609)、万人发明专利拥有量(0.1875)、万人输出技术成交额(0.2134)和万元生产总值技术国际收入(0.1972)。由于数据指标只有 8 期(2010 年至 2017 年),故不用 Bootstrap 方法求其标准误。

将重复交易模型生成的综合指数与主成分赋权法得到的指数进行比较(见图 4.2),我们发现以下结论:克服多重共线性问题的重复交易模型能较好地利用短时间序列数据信息,编制反映实际经济信息的综合指数。由生成的综合指数可以看到,2013 年至 2015 年全国科技活动产出水平增长速度较快,2016 年全国科技活动产出较 2015 年有缓慢的增长,2017 年增长速度加快;在主成分赋权法得到的综合指数中,由于客观数据量较小,噪声影响较大,2016 年全国科技活动产出下降趋势明显,与经济社会发展的趋势有偏差。

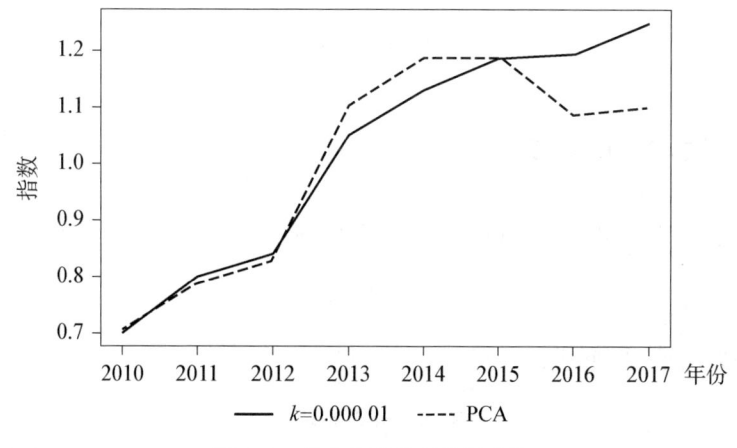

图 4.2 综合指数编制结果比较

第五节 本章小结

本章从"静态综合评价"拓展到"动态综合评价",讨论了重复交易模型适用于编制以"小样本、短时间"为特征的宏观数据指标的综合指数,并提出其中处理多重共线性的方法。当重复交易模型的多重共线性问题较为严重时,可以通过构建其线性可估模型,寻找足够小的 k 可行值,以其类岭回归估计 $\hat{\boldsymbol{\beta}}_1(k) = (\boldsymbol{X}_1'\boldsymbol{X}_1 + k\boldsymbol{I})^{-1}\boldsymbol{X}_1'\boldsymbol{Y}$ 作为可用估计,从而解决多重共线性问题。同时,本章讨论该估计量的渐近性质,为线性回归模型处理多重共线性问题提供一种新的视角和思路。本章还以 2010 年至 2017 年全国科技活动产出综合指数为例,通过足够小的 k 可行值编制综合指数,并将其与传统岭回归方法、主成分回归方法相比,结果发现:处理多重共线性的方法在重复交易模型编制综合指数问题中具有独特的适用性;克服多重共线性的重复交易模型所编制的综合指数拟合效果更好,优于主成分赋权方法,且更具有操作性和有效性,进一步显示了该解决方法的实际应用价值。与岭回归处理多重共线性中"岭参数"缺乏实际意义类似,处理多重共线性方法中 k 可行值仅是计算机运算中的极小值,缺乏其经济意义。

本章附录

一、定理 1 的证明

证明:设矩阵 $\boldsymbol{B}$ 是 $r \times (r+t)$ 的矩阵形式,$rank(\boldsymbol{B}) = r$,则有

$$\boldsymbol{X}_1 = \boldsymbol{X}_2 \boldsymbol{B}.$$

由线性回归模型式(4.7)和(4.6)得到

$$\boldsymbol{X}_1 \boldsymbol{\beta}_1 = \boldsymbol{X}_2 \boldsymbol{B} \boldsymbol{\beta}_1.$$

又

$$E(\boldsymbol{X}_1 \boldsymbol{\beta}_1) = E(\boldsymbol{X}_2 \boldsymbol{B} \boldsymbol{\beta}_1) = E(\boldsymbol{X}_2 \boldsymbol{\beta}_2),$$

所以

$$\boldsymbol{\beta}_2 = \boldsymbol{B}\boldsymbol{\beta}_1.$$

因此
$$\boldsymbol{G} \equiv \boldsymbol{B},$$

$$\boldsymbol{X}_1 = \boldsymbol{X}_2 \boldsymbol{G}.$$

又因为
$$\widehat{\boldsymbol{\beta}}_1 = (\boldsymbol{X}_1'\boldsymbol{X}_1)^- \boldsymbol{X}_1'\boldsymbol{Y} = (\boldsymbol{G}'\boldsymbol{X}_2'\boldsymbol{X}_2\boldsymbol{G})^- \boldsymbol{G}'\boldsymbol{X}_2'\boldsymbol{Y},$$

所以
$$\begin{aligned}\boldsymbol{G}\widehat{\boldsymbol{\beta}}_1 &= \boldsymbol{G}(\boldsymbol{G}'\boldsymbol{X}_2'\boldsymbol{X}_2\boldsymbol{G})^- \boldsymbol{G}'\boldsymbol{X}_2'\boldsymbol{Y} \\ &= (\boldsymbol{X}_2'\boldsymbol{X}_2)^{-1}\boldsymbol{X}_2'\boldsymbol{Y} \\ &= \widehat{\boldsymbol{\beta}}_2.\end{aligned}$$

得证。

二、定理 2 的证明

引理 1 假定矩阵 $\boldsymbol{A}$ 和矩阵 $\boldsymbol{B}$ 是非奇异矩阵,我们有

$$(\boldsymbol{A} + \boldsymbol{U}\boldsymbol{B}\boldsymbol{U}')^{-1} = \boldsymbol{A}^{-1} - \boldsymbol{A}^{-1}\boldsymbol{U}(\boldsymbol{B}^{-1} + \boldsymbol{U}'\boldsymbol{A}^{-1}\boldsymbol{U})^{-1}\boldsymbol{U}'\boldsymbol{A}^{-1}.$$

证明: 由 Seber(2008) 可知

$$\boldsymbol{I} = (\boldsymbol{I} + \boldsymbol{C}) - \boldsymbol{C}.$$

等式两边左乘 $(\boldsymbol{I} + \boldsymbol{C})^{-1}$ 得

$$\begin{aligned}(\boldsymbol{I} + \boldsymbol{C})^{-1} &= (\boldsymbol{I} + \boldsymbol{C})^{-1}(\boldsymbol{I} + \boldsymbol{C}) - (\boldsymbol{I} + \boldsymbol{C})^{-1}\boldsymbol{C} \\ (\boldsymbol{I} + \boldsymbol{C})^{-1} &= \boldsymbol{I} - (\boldsymbol{I} + \boldsymbol{C})^{-1}\boldsymbol{C}.\end{aligned}$$

又
$$\boldsymbol{A}^{-1}(\boldsymbol{A} + \boldsymbol{U}\boldsymbol{B}\boldsymbol{U}') = \boldsymbol{I} + \boldsymbol{A}^{-1}\boldsymbol{U}\boldsymbol{B}\boldsymbol{U}',$$

$$[\boldsymbol{A}^{-1}(\boldsymbol{A} + \boldsymbol{U}\boldsymbol{B}\boldsymbol{U}')]^{-1} = (\boldsymbol{I} + \boldsymbol{A}^{-1}\boldsymbol{U}\boldsymbol{B}\boldsymbol{U}')^{-1}.$$

由 $\boldsymbol{C} = \boldsymbol{A}^{-1}\boldsymbol{U}\boldsymbol{B}\boldsymbol{U}'$ 可得

$$\begin{aligned}(\boldsymbol{I} + \boldsymbol{A}^{-1}\boldsymbol{U}\boldsymbol{B}\boldsymbol{U}')^{-1} &= \boldsymbol{I} - (\boldsymbol{I} + \boldsymbol{A}^{-1}\boldsymbol{U}\boldsymbol{B}\boldsymbol{U}')^{-1}\boldsymbol{A}^{-1}\boldsymbol{U}\boldsymbol{B}\boldsymbol{U}' \\ &= [\boldsymbol{A}^{-1}(\boldsymbol{A} + \boldsymbol{U}\boldsymbol{B}\boldsymbol{U}')]^{-1} \\ &= (\boldsymbol{A} + \boldsymbol{U}\boldsymbol{B}\boldsymbol{U}')^{-1}\boldsymbol{A}.\end{aligned}$$

右乘 A^{-1} 得

$$(A+UBU')^{-1} = A^{-1} - (I+A^{-1}UBU')^{-1}A^{-1}UBU'A^{-1}.$$

由 Seber(2008)可知

$$V(I+WV)^{-1} = (I+VW)^{-1}V.$$

令 $V = A^{-1}UB$ 和 $W = U'$,

所以 $(I+A^{-1}UBU')^{-1}A^{-1}UB = A^{-1}UB(I+U'A^{-1}UB)^{-1}.$

$$\begin{aligned}(A+UBU')^{-1} &= A^{-1} - A^{-1}UB(I+U'A^{-1}UB)^{-1}U'A^{-1}\\&= A^{-1} - A^{-1}U[(I+U'A^{-1}UB)B^{-1}]^{-1}U'A^{-1}\\&= A^{-1} - A^{-1}U[B^{-1}+U'A^{-1}UBB^{-1}]^{-1}U'A^{-1}\\&= A^{-1} - A^{-1}U[B^{-1}+U'A^{-1}U]^{-1}U'A^{-1}.\end{aligned}$$

得证。

定理 2 证明：(反证法)假设存在某个 $k_0 > 0$，使得 $\hat{\boldsymbol{\beta}}_2^*(k_0) = \hat{\boldsymbol{\beta}}_2$，代入式(4.11)、式(4.12)和式(4.13)可得：

$$\hat{\boldsymbol{\beta}}_2^*(k_0) = \hat{\boldsymbol{\beta}}_2 = G\hat{\boldsymbol{\beta}}_1(k_0),$$
$$(X_2'X_2)^{-1}X_2'Y = G(X_1'X_1+k_0I)^{-1}X_1'Y.$$

由式(4.6)、式(4.7)和式(4.8)可得

$$Y = X_1\boldsymbol{\beta}_1 + \boldsymbol{\varepsilon} = X_2\boldsymbol{\beta}_2 + \boldsymbol{\varepsilon} = X_2G\boldsymbol{\beta}_1 + \boldsymbol{\varepsilon},$$

故 $X_1\boldsymbol{\beta}_1 = X_2G\boldsymbol{\beta}_1,$

所以 $X_1 = X_2G.$

我们得到

$$(X_2'X_2)^{-1}X_2'Y = G(G'X_2'X_2G+k_0I)^{-1}G'X_2'Y,$$

由于 $X_2'X_2$ 是非奇异矩阵,则化简得到

$$(X_2'X_2)^{-1} = G(G'X_2'X_2G+k_0I)^{-1}G'.$$

由引理 1,令 $A = k_0I$, $U = G'$, 以及 $B = X_2'X_2$, 可得

$$(G'X_2'X_2G+k_0I)^{-1} = \frac{1}{k_0}I - \frac{1}{k_0^2}G'\left[(X_2'X_2)^{-1}+\frac{1}{k_0}GG'\right]^{-1}G,$$

等式两边左乘 G,右乘 G', 得到

$$G(G'X_2'X_2G+k_0I)^{-1}G' = \frac{1}{k_0}GG' - \frac{1}{k_0^2}GG'\left[(X_2'X_2)^{-1}+\frac{1}{k_0}GG'\right]^{-1}GG',$$

$$= \frac{1}{k_0}GG'\left\{I - \left[(X_2'X_2)^{-1}+\frac{1}{k_0}GG'\right]^{-1}\left[\frac{1}{k_0}GG' + (X_2'X_2)^{-1} - (X_2'X_2)^{-1}\right]\right\},$$

$$G(G'X_2'X_2G+k_0I)^{-1}G' = \frac{1}{k_0}GG'\left[(X_2'X_2)^{-1}+\frac{1}{k_0}GG'\right]^{-1}(X_2'X_2)^{-1}.$$

可得

$$(X_2'X_2)^{-1} = G(G'X_2'X_2G+k_0I)^{-1}G'$$
$$= \frac{1}{k_0}GG'\left[(X_2'X_2)^{-1}+\frac{1}{k_0}GG'\right]^{-1}(X_2'X_2)^{-1}.$$

所以

$$(X_2'X_2)^{-1} + \frac{1}{k_0}GG' = \frac{1}{k_0}GG',$$

即

$$(X_2'X_2)^{-1} = \mathbf{0}.$$

但是，$X_2'X_2$ 是正定矩阵，其逆矩阵不可能为 $\mathbf{0}$，这与结果相矛盾。因此，

对任意的 $k > 0$，恒有 $\hat{\boldsymbol{\beta}}_2^*(k) \neq \hat{\boldsymbol{\beta}}_2$。

三、推论 1 的证明

证明：假设矩阵 G 和矩阵 P 可以用以下分块矩阵的形式表示：

$$G = (G_{11}, G_{12}).$$

其中 G_{11} 是 $r \times r$ 阶的矩阵，G_{12} 是 $r \times t$ 阶的矩阵。

$$P' = \begin{pmatrix} P_{11} & P_{12} \\ P_{21} & P_{22} \end{pmatrix}.$$

其中 P_{11} 是 $r \times r$ 阶的矩阵，P_{12} 是 $r \times t$ 阶的矩阵，P_{21} 是 $t \times r$ 阶的矩阵，P_{22} 是 $t \times t$ 阶的矩阵。

所以，作分块矩阵的乘积得到

$$P(G'X_2'X_2G)P' = (GP')'X_2'X_2(GP')$$
$$= \begin{pmatrix} B_{11} & B_{12} \\ B_{21} & B_{22} \end{pmatrix}$$
$$= diag\{\lambda_1, \lambda_2, \cdots, \lambda_r, 0, \cdots, 0\}.$$

因此，我们得到 B_{22} 是零矩阵。

通过计算，可知

$$B_{22} = (G_{11}P_{12} + G_{12}P_{22})X_2'X_2(G_{11}P_{12} + G_{12}P_{22}) = 0,$$

又由于矩阵 $X_2'X_2$ 是 $r \times r$ 的正定矩阵，所以

$$(G_{11}P_{12} + G_{12}P_{22}) = 0.$$

故

$$GP' = (G_{11}P_{11} + G_{12}P_{21}, G_{11}P_{12} + G_{12}P_{22})$$
$$= (G_{11}P_{11} + G_{12}P_{21}, 0)$$
$$= (H, O).$$

这里，H 是 $r \times r$ 阶的矩阵，O 是 $r \times t$ 阶的零矩阵

$$H = G_{11}P_{11} + G_{12}P_{21}, 故得证。$$

四、定理 3 的证明

引理 2 （Generalized Inverse Matrix）如果矩阵 A 是 $m \times n$ 的矩阵，矩阵 D 是 $m \times m$ 的矩阵，并且 $rank(A) = rank(D) = m$，则有

$$D^{-1} = A(A'DA)^- A'.$$

证明： 由 Seber(2008)可知，定义矩阵 C 是 $m \times n$ 的矩阵，如果 $n \times m$ 的矩阵 B 满足 $CBC = B$，则称矩阵 B 的 g 逆为 B^-，或广义逆，其满足性质：$BB^- B = B$。

这里令 $B = A'DA$，则有

$$BB^- B = A'DA(A'DA)^- A'DA$$
$$= A'DA,$$

矩阵 A 的广义逆是 A^-，满足 $AA^- = I_m$，
由于矩阵 D 是可逆矩阵，故右乘 A^- 和 D^{-1}，得到

$$A'DA(A'DA)^- A' = A'.$$

所以

$$DA(A'DA)^- A' = I_m.$$

因此

$$A(A'DA)^- A' = D^{-1}$$ 得证，且 $rank(A'DA) = rank(D) = m$。

引理 3 (Moore-Penrose Generalized Inverse Matrix) 假设矩阵 A 是 m 阶非负定矩阵，我们称矩阵 A 的 Moore-Penrose 逆矩阵为 A^+，并且 $rank(A) = r(m > r > 0)$；矩阵 P 是 m 阶正交矩阵，使得

$$PAP' = diag\{\lambda_1, \lambda_2, \cdots, \lambda_r, 0, \cdots, 0\},$$

这里，$\lambda_i > 0 (i = 1, 2, \cdots, r)$，$\lambda_i$ 是矩阵 A 的特征值。
若 $k > 0$，则恒有

$$(A + kI)^{-1} = A^+ - A^+\left(A^+ + \frac{1}{k}I\right)^{-1} A^+ + P'diag\left\{0, \cdots, 0, \frac{1}{k}, \cdots, \frac{1}{k}\right\}P,$$

其中，$diag\left\{0, \cdots, 0, \frac{1}{k}, \cdots, \frac{1}{k}\right\}$ 的前 r 个主对角线元素为 0。

证明：Seber (2008) 讨论 Moore-Penrose 逆矩阵的性质。由于矩阵 P 是正交矩阵，由假设条件可得

$$A^+ = P'diag\left\{\frac{1}{\lambda_1}, \frac{1}{\lambda_2}, \cdots, \frac{1}{\lambda_r}, 0, \cdots, 0\right\}P,$$

故

$$A^+ + \frac{1}{k}I = P'diag\left\{\frac{1}{\lambda_1} + \frac{1}{k}, \frac{1}{\lambda_2} + \frac{1}{k}, \cdots, \frac{1}{\lambda_r} + \frac{1}{k}, \frac{1}{k}, \cdots, \frac{1}{k}\right\}P,$$

所以，

$$\left(A^+ + \frac{1}{k}I\right)^{-1} = P'diag\left\{\frac{\lambda_1 k}{\lambda_1 + k}, \frac{\lambda_2 k}{\lambda_2 + k}, \cdots, \frac{\lambda_r k}{\lambda_r + k}, k, \cdots, k\right\}P.$$

同理可得，

$$(A+kI)^{-1} = P' diag \left\{ \frac{1}{\lambda_1+k}, \frac{1}{\lambda_2+k}, \cdots, \frac{1}{\lambda_r+k}, \frac{1}{k}, \cdots, \frac{1}{k} \right\} P.$$

将以上三式代入引理 3 等式右侧，得到

$$A^+ - A^+ \left(A^+ + \frac{1}{k} I \right)^{-1} A^+ + P' diag \left\{ 0, \cdots, 0, \frac{1}{k}, \cdots, \frac{1}{k} \right\} P$$

$$= P' diag \left\{ \frac{1}{\lambda_1}, \frac{1}{\lambda_2}, \cdots, \frac{1}{\lambda_r}, 0, \cdots, 0 \right\} P$$

$$\quad - P' diag \left\{ \frac{k}{\lambda_1(\lambda_1+k)}, \frac{k}{\lambda_2(\lambda_2+k)}, \cdots, \frac{k}{\lambda_r(\lambda_r+k)}, 0, \cdots, 0 \right\} P$$

$$\quad + P' diag \left\{ 0, \cdots, 0, \frac{1}{k}, \cdots, \frac{1}{k} \right\} P$$

$$= P' diag \left\{ \frac{1}{\lambda_1+k}, \frac{1}{\lambda_2+k}, \cdots, \frac{1}{\lambda_r+k}, \frac{1}{k}, \cdots, \frac{1}{k} \right\} P$$

$$= (A+kI)^{-1},$$

得证。

定理 3 证明：由引理 3，令 $A = G'X_2'X_2G$，$m = r+t$，代入引理 3 可得

$$(G'X_2'X_2G + kI)^{-1} = (G'X_2'X_2G)^+$$
$$\quad - (G'X_2'X_2G)^+ \left((G'X_2'X_2G)^+ + \frac{1}{k}I \right)^{-1} (G'X_2'X_2G)^+$$
$$\quad + P' diag \left\{ 0, \cdots, 0, \frac{1}{k}, \cdots, \frac{1}{k} \right\} P.$$

再将上式左乘矩阵 G，右乘矩阵 G'，得到

$$G(G'X_2'X_2G + kI)^{-1}G' = G(G'X_2'X_2G)^+ G'$$
$$\quad - G(G'X_2'X_2G)^+ \left((G'X_2'X_2G)^+ + \frac{1}{k}I \right)^{-1} (G'X_2'X_2G)^+ G'$$
$$\quad + GP' diag \left\{ 0, \cdots, 0, \frac{1}{k}, \cdots, \frac{1}{k} \right\} PG'$$
$$= K_1 - K_2 + K_3.$$

由引理 2，令 $D = X_2'X_2$ 可得

$$K_1 = G(G'X_2'X_2G)^+ G'.$$

由 Seber(2008)，又 $G'X_2'X_2G$ 是 $r+t$ 的奇异矩阵，

$$K_1 = G(G'X_2'X_2G)^+ G' = G(G'X_2'X_2G)^- G'$$
$$= (X_2'X_2)^{-1}.$$

又由**引理 3** 可得,

$$K_2 = G(G'X_2'X_2G)^+ \left((G'X_2'X_2G)^+ + \frac{1}{k}I\right)^{-1} (G'X_2'X_2G)^+ G'$$
$$= GP'diag\left\{\frac{k}{\lambda_1(\lambda_1+k)}, \frac{k}{\lambda_2(\lambda_2+k)}, \cdots, \frac{k}{\lambda_r(\lambda_r+k)}, 0, \cdots, 0\right\}PG'.$$

当 $k \to 0^+$ 时,可知

$$\lim_{k \to 0^+} K_2 = \lim_{k \to 0^+} GP'diag\left\{\frac{k}{\lambda_1(\lambda_1+k)}, \frac{k}{\lambda_2(\lambda_2+k)}, \cdots, \frac{k}{\lambda_r(\lambda_r+k)}, 0, \cdots, 0\right\}PG'$$
$$= 0.$$

由**推论 1** 可得,

$$K_3 = GP'diag\left\{0, \cdots, 0, \frac{1}{k}, \cdots, \frac{1}{k}\right\}PG'$$
$$= GP'diag\left\{0, \cdots, 0, \frac{1}{k}, \cdots, \frac{1}{k}\right\}(GP')'$$
$$= (H, O)diag\left\{0, \cdots, 0, \frac{1}{k}, \cdots, \frac{1}{k}\right\}(H, O)'$$
$$= 0.$$

综上所述,

$$\lim_{k \to 0^+} G(G'X_2'X_2G + kI)^{-1}G' = \lim_{k \to 0^+}(K_1 - K_2 + K_3)$$
$$= (X_2'X_2)^{-1}.$$

得证。

第五章 全国各省份科技活动产出能力的综合评价应用研究

到2035年,中国要实现科技实力大幅跃升的目标,从而跻身创新型国家前列。科技活动产出是了解一个地区科技工作的窗口,对地区科技进步和经济发展有着重要的意义。目前,综合评价指标体系构建的方法分为主观赋权法、客观赋权法、主客观相结合的赋权法,甚至还有更复杂、数学化的综合评价方法。本章运用专家咨询约束下主客观赋权的综合评价方法对中国31个省份科技活动产出能力进行综合评价,形成中国科技活动产出综合指数分布图,用以评价各省份科技产出综合水平,论证专家咨询约束下主客观赋权模型在"小样本"情形下的适用性和有效性。实证结果表明,77.42%省份的科技活动产出低于全国平均水平,东中西部地区差异明显。其中,西部大开发和"一带一路"建设为提升中西部省份的科技活动产出能力有着较大的贡献。

第一节 相关文献综述

党的十九大以来,推动质量变革、效率变革和动力变革,提高全要素生产率已经成为新时代中国经济发展的重要共识。提高全要素生产率最根本的是要依靠科技创新。创新是引领发展的第一动力,是建设现代化经济体系的战略支撑。科技活动产出是衡量一个地区科技发展水平和竞争力的重要指标,是科技进步统计检测体系中的重要一环。科技活动产出的综合评价既包含科技产出的数量指标,也包含科技产出的质量指标;全面地评价一个地区科技活动产出的水平,为我们分析全国各省份科技活动产出的体量和质量、比较各省份间科技活动产出提供客观的数据支撑。科技活动产出的综合评价是反映各地区科技实力差异的晴雨表,能为薄弱地区寻求对策、重点扶持提供依据,为中国科技发展排头兵带领其他地区发展,缩短地区差异作出可靠的指导。

第五章　全国各省份科技活动产出能力的综合评价应用研究 / 83

　　学术界多从创新效率衡量创新能力,即在一定环境和资源配置下单位创新投入获得的产出,或者单位创新产出所需要的投入。Alberto 等(2014)在国家层面研究关注到不同国家创新产出方向及效率的异质性问题。在评价国家创新效率时,一些学者将创新视为一个连续的过程,并将其划分为不同阶段,如知识创新、技术创新和产品创新三个阶段(余泳泽和刘大勇,2013),或研发、科技向经济转化两阶段(欧阳峣和陈琦,2014)。微观层面的创新能力综合评价方面,肖文和林高榜(2014)采用随机前沿分析的方法,从生产率的角度,将生产率分解为生产可能性边界的移动和技术效率的变化,测算了 36 个中国工业行业的技术创新效率,认为政府追求远期目标和企业追求短期目标之间的矛盾使得企业的技术创新效率受到较大的影响,政府的直接或者间接的支持不利于技术创新效率的提升。冯志军和陈伟(2014b)构建资源约束型两阶段 DEA 模型,结合高技术产业研发创新过程的特点,将其研发创新过程分解为技术开发和经济转化两个子阶段,将"子阶段之间的关联关系"和"初始投入在两个子阶段间的分配结构"考虑在模型的构建中,对高技术产业研发创新效率测算,测评中国高技术产业 17 个细分行业的研发创新及各子阶的效率。刘秉镰等(2013)和牛泽东和张倩肖(2012)分别用 DEA 模型对医药制造业和用随机前沿的分析方法对装备制造业两个细分领域进行创新效率的评价。

　　近四十年来,关于科技活动的综合评价方法方面有不少研究,科技评价的方法也主要分为"线性合成法"和"扩展合成法"。线性合成法的核心是权重的估计,可分为主观赋权法、客观赋权法和主客观相结合的赋权法。主观赋权法有直接赋权法(俞立平等,2009)、德尔菲法(孟晓华和崔志明,2004)、层次分析法(金志农等,2009)等。该方法依据决策者的经验和专业知识,脱离实测数据,容易造成主观偏误以及决策者态度评价单一的问题。客观赋权法有熵权法(迟国泰等,2008;石宝峰等,2016)、变异系数法(石宝峰等,2016)、主成分分析法(吴晓梅和石林芬,2005)、TOPSIS 法(郭新艳和郭耀煌,2004)等。该方法完全依赖观测数据的信息,容易因为数据本身存在的误差而造成评价结果与事实不符的问题。主客观相结合的赋权法用以克服单一赋权法的缺陷,由两种或两种以上的科技评价赋权方法组合而成。刘闯和高琴琴(2011)提出将因子分析法和层次分析法结合,用以分析 31 个省份科技产出的绩效评价;汪克夷等(2009)将变异系数法和层次分析法相结合,评价 31 个省份的科技实力。但是,目前的主客观相结合的评价方法多由两种或两种以上的方法计算权重,用线性模型或指数模型对权重进行组合,没能对客观信息和主观信息进行识别、比较方法的优劣、建立方法间的联系,这是自三十年前邱东(1990)提出综合评价指标体系至今未解决的问题。

扩展合成法是更加复杂化、数学化的综合评价方法,可以在不估计权重的情况下将指标进行合成,比如人工神经网络、聚类分析、模糊数学法、灰色系统评价法、遗传算法等。在科技评价方面,王霞等(2013)通过聚类分析的方法将全国主要城市高新区关于产城融合水平进行等级分类,分析其产城融合的水平。陈永清(2011)应用灰色系统评价模型对科技投入与产业经济增长的关联性进行分析。这类方法趋于黑箱化,我们需要认识到并非越复杂的方法所得到的科技评价结果越准确,好的方法是适用客观数据及经验事实的。

科技活动的综合评价基础是指标的选择,选择合适的指标是反映科技活动产出的依据,但是客观数据存在数据误差;专家的经验和专业知识是评价科技活动的重要考虑因素。本章运用专家咨询约束下主客观赋权的综合评价方法,选择 31 个省份的科技活动产出指标,得出各省份科技活动的产出水平,建立主客观赋权之间的联系,论证该方法在面对小样本的宏观经济问题时同样适用。

第二节　模型构建与确定惩罚因子

一、模型构建

科技活动的综合评价问题可以看作一个单因子模型问题,综合指数作为共同因子是各个指标特征的反映,权重估计量是模型中的因子载荷。因子分析法或许是多元统计分析中最早以及最为大家所知的方法,载荷矩阵的估计可通过主成分分析法(Hotelling, 1933;Jolliffe, 1986),也可通过极大似然方法估计。主成分分析估计方法的本质是将方差的最大方向作为主要特征,衡量在各个正交方向上指标的"离散程度"。

传统的因子模型如下所示:

$$x = \Lambda f + u.$$

其中,Λ 表示因子载荷矩阵,f 为不具有相关关系的共同因子,u 服从均值为 $\mathbf{0}$,协方差矩阵为 Σ 的分布。

适用于综合评价模型的单因子模型如下所示：

$$x_i = w f_i + \varepsilon_i. \tag{5.1}$$

其中，$i=1,\cdots,N$。w 是因子载荷，是科技活动评价模型中所估计的权重；f_i 是共同因子，是最终合成的综合评价指数；x_i 是观测数据，即科技活动产出的各个指标；ε_i 是误差项。我们可以通过主成分分析法来估计因子载荷，即将二次型 $w'\Sigma w$ 在 $w'w=1$ 约束下的目标函数最大化。

本章运用专家咨询约束下主客观赋权模型，将主成分分析法和专家咨询信息集相结合，在主成分分析法的估计形式上以惩罚项的方式加入专家咨询信息集，以此估计出的结果作为主客观信息相融合的权重。

估计模型如下所示：

$$\widehat{w}_{N,J} = \arg\max_{\delta} g_{N,J}(w,\delta).$$

其中，$g_{N,J}(w,\delta) = w'\sum_{i=1}^{N} x_i x_i' w - Q\sum_{j=1}^{J} c_j \left\{ \sum_{k=1}^{K} \gamma_{kj}(s_{kj} - \delta w_k)^2 \right\}$,

$$\text{subject to } 0 \leqslant w \leqslant 1 \text{ and } \|w\|_2^2 = 1. \tag{5.2}$$

其中，w 是因子模型中的载荷因子，也是综合评价中的核心，即权重估计量；二次型 $w'\sum_{i=1}^{N} x_i x_i' w$ 是主成分分析法的目标函数部分，表示可观测的客观数据集。模型中有 K 个指标，N 个观测样本，J 个专家。模型的惩罚项部分表示专家咨询信息集。w_k 是第 k 个指标所得到的权重估计量，s_{kj} 表示第 j 个专家依据其自身的专业知识和经验，赋予综合评价指标体系中第 k 个指标一个"专家权重"，因此，$(s_{kj} - \delta w_k)$ 表示专家所给予的权重与真实权重的偏差。γ_{kj} 表示第 j 个专家依据自身专业程度给予综合评价体系中第 k 个指标一个"专家信任度"。在科技评价中，专注于"科技统计"的专家对科技统计方面的指标评分将给予更高的信任度，专注于"科技人才"方面的专家对科技统计方面的指标评分将给予较低的信任度，而对科技人才方面的指标评分给予更高的信任度。模型中以"专家信任度"对专家所给予的权重与真实权重的偏差作加权。c_j 表示第三方机构在构建综合评价指标体系中，对专家的选择会有一定的考虑，从而对第 j 个专家的背景、教育程度、专业素养给予一个"专家专业度"。专注于"科技统计"二十年的专家与一位专注该领域仅三四年的年轻学者所获得的"专家专业度"是不同的，模型中以"专家专业度"对前面部分做加权。以上三个指标从三个维度立体地构建了专家咨询信息集，充分全面地反映了对综合评价中主观信息所起的作用。正如第三章阐述的,客观数据集和主观数据集分别都存在着数据的噪声。

惩罚项中的 Q 是惩罚因子,用以平衡客观数据集和专家咨询数据集的信息。当 Q 很小,趋近于 0,目标函数仅有主成分分析的部分,权重估计量仅由客观数据集影响;当 Q 很大,趋近于无穷,目标函数仅由主观信息集的部分,权重估计量仅由专家信息得到的加权权重决定。如下所示:

$$\hat{w}_k = \frac{\sum_{j=1}^{J} c_j \gamma_{kj} s_{kj}}{\sum_{j=1}^{J} c_j \gamma_{kj}}. \tag{5.3}$$

因此,在识别两个数据集的噪声基础上,我们决定 Q 惩罚因子的值,便可作为两个信息集的平衡。

模型的约束方程包含两部分。第一部分是对权重估计量的区间作限定。我们认为综合评价指标体系的权重是在 0 和 1 之间,此约束方程不同于传统主成分分析法。主成分分析法中,当某一指标的方向与主要方向相反,则估计量容易出现负值,这与实际应用中的权重范围相违背。姜国麟等(1996)提出将权重限定在某一专家认为的范围内,所以,本章将其限定在 0 和 1 之间。第二部分认为权重估计量在单位球面上,这与传统主成分分析法的约束条件一致。

二、小样本情形下惩罚因子的确定

在专家咨询约束下主客观赋权模型中,最关键的是确定惩罚因子 Q。惩罚因子能起到平衡主客观信息集的作用,并且由两部分数据的噪声所决定。不同于第三章大样本情形下,惩罚因子可以通过交叉验证(Cross Validation)的方法得到,在本章小样本应用的情形中,交叉验证往往会丢弃较多的数据,使得所得到的结果有较大的偏误。

因此,我们选择用弃一交叉验证法(Leave-One-Out Cross Validation,简记为 LOO_CV)。LOO_CV 的方法有明显两个优点:第一,每一次循环中,几乎所有的样本都可用于训练模型,因此,最接近原始样本的分布,得到的结果比较可靠;第二,实验过程没有随机因素,从而实验过程和结果是可复制的,所得到的惩罚因子 Q 是稳定的。LOO_CV 的计算成本高,建立的模型数量与观测数据的样本量一致,因此,在小样本情形下非常适用于惩罚因子的确定。

由于专家咨询约束下主客观赋权模型中存在两组数据集,即客观数据集

和专家咨询信息集,这里我们用一种混合的 LOO_CV 计算惩罚因子 Q,算法步骤是:

(1) 将每个客观数据样本 i 和专家咨询数据样本 j 剔除,用 $N-1$ 个客观数据样本和 $J-1$ 个专家权重样本作为训练集构建综合评价模型。

(2) 计算模型的参数估计值 $\widehat{w}_{N,J}^{(-i,j)}(Q)$,综合指数 $\hat{f} = \widehat{w}_{N,J}^{(-i,j)}(Q) x_i$,以及模型的预测值 $\hat{x}_i^{(-i,j)}(Q) = \widehat{w}_{N,J}^{(-i,j)}(Q) \widehat{w'}_{N,J}^{(-i,j)}(Q) x_i$。

(3) 计算模型的 LOO_CV 均方误差,即

$$LOO\_CV(Q) = \frac{1}{NJ} \sum_{m_1=1}^{N} \sum_{m_2=1}^{J} \left[-\sum_{i \in D_N} [x'_i \widehat{w}_{N,J}^{(-i,j)}(Q)]^2 + C \sum_{j \in D_J^*} \| s_j - \hat{\delta}^{(-i,j)}(Q) \widehat{w}_{N,J}^{(-i,j)}(Q) \|_2^2 \right]。$$

值得注意的是,关于 $i=1,\cdots,N$,$j=1,\cdots,J$ 共循环 NJ 次,得到不同的弃一交叉验证均方误差 $LOO\_CV(Q)$,最小的 $LOO\_CV(Q)$ 所对应的 Q 便是我们寻找的最优惩罚因子。

第三节 数据处理与统计描述

从模型构建中可知,专家咨询约束下主客观赋权模型的数据由两部分构成:一是科技活动产出的客观数据集,二是专家咨询信息集。前者是客观数据信息,后者是主观数据信息,两者共同构成样本,因此,综合评价的问题是双样本问题,两个样本信息的选择都对我们评价科技活动产出能力有着至关重要的作用。

一、科技活动产出的客观数据指标

全国各省份科技活动产出能力的综合评价指标体系作为全国科技进步统计监测体系的一部分,由科学技术部发展计划司从 1993 年开始展开研究。本章从全国科技活动的产出指标出发,运用专家咨询约束下主客观赋权模型构建全国各省份科技活动产出的综合指数来分析各省份科技产出的质量,从而为政府部门评估科技活动的产出、研究制定科技政策提供数据支撑和研究支持。

科技活动产出综合评价的客观数据指标基于科技部的科技进步统计监测体系,其中,"科技活动产出"作为一级指标由两个二级指标构成,分别是科技活动产出水平和技术成果市场化,共包含五个三级指标。科技活动产出水平包括:万人科技论文数(x_{1i})、万人获国家级科技成果奖系数(x_{2i})和万人发明专利拥有量(x_{3i});技术成果市场化包括:万人输出技术成交额(x_{4i})、万元生产总值技术国际收入(x_{5i})。

万人科技论文数(篇/万人)指发表在国内 CSCI 和国外 SCI 收录的中国科技论文数(篇)与该地区人口总数(万人)之比;获国家级科技成果奖系数(项当量)指获国家级科技成果数(项)与该地区人口总数(万人)之比;万人发明专利拥有量(件/万人)指发明专利拥有量(件)与该地区人口总数(万人)之比;万人输出技术成交额(万元/万人)指技术市场输出技术成交额(万元)与该地区人口总数(万人)的比值并调整到 2010 年的价格;万元生产总值技术国际收入(美元/万元)指技术国际收入(万美元)与当年现价 GDP(亿元)之比。

数据来自于科技部 2017 年国家科技进步统计监测报告,包含 31 个省、自治区、直辖市,不包括台湾、香港和澳门。表 5.1 显示的是 2016 年全国 31 个省份"科技活动产出"五个指标的描述性统计,样本总量 31 个。

表 5.1　　　　科技活动产出的客观数据指标描述性统计

指标	指标含义	平均数	标准差	最小值	最大值
x_{1i}	发表在 CSCI 和 SCI 收录的中国科技论文数(篇) / 该地区人口总数(万人)	3.79	5.37	0.64	30.28
x_{2i}	获国家级科技成果数(项) / 该地区人口总数(万人)	119.61	306.48	0.00	1 753.54
x_{3i}	发明专利拥有量(件) / 该地区人口总数(万人)	9.07	15.70	1.30	85.00
x_{4i}	技术市场输出技术成交额(万元) / 该地区人口总数(万人)	1 128.79	3 039.22	0.00	16 969.24
x_{5i}	技术国际收入(万美元) / 当年 GDP(亿元)	4.20	10.63	0.02	52.42

资料来源:科学技术部《2017 年国家科技进步统计监测报告》。

我们将每个可观测的客观数据指标 $x_{k\cdot}$ 进行标准化,使其均值为零,标准差为 1。表 5.2 报告了五个客观数据指标的相关系数矩阵。其中,除了 $x_{5\cdot}$,其他客观数据指标之间的相关性较高,接近于 1。

第五章　全国各省份科技活动产出能力的综合评价应用研究 / 89

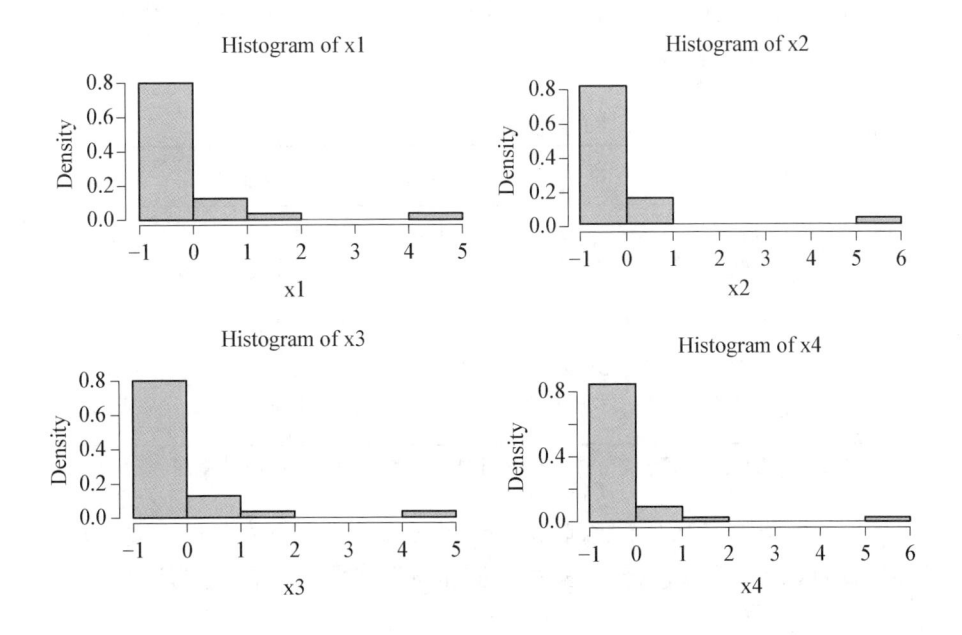

表 5.2　　　　　科技活动产出的客观数据指标相关系数矩阵

	$x_1.$	$x_2.$	$x_3.$	$x_4.$	$x_5.$
$x_1.$	1.0000	0.9698	0.9674	0.9763	0.7324
$x_2.$	0.9698	1.0000	0.9521	0.9844	0.6354
$x_3.$	0.9674	0.9521	1.0000	0.9386	0.7785
$x_4.$	0.9763	0.9844	0.9386	1.0000	0.6150
$x_5.$	0.7324	0.6354	0.7785	0.6150	1.0000

图 5.1 是科技活动产出的客观数据五个指标的分布图,可以看到五个指标都有一些明显的异常值。在此小样本中,北京和上海是两个显著的异常点。北京和上海是全国的政治、文化、科技和商业中心,无论是经济发展水平还是科技发展在全国都担当排头兵的角色,大量的科研机构、高校、公司研发总部位于北京和上海,在科技活动产出的五个客观数据指标中可以看出,它们的每个指标都排在前两位。并且,北京和上海这两个异常值点的存在也是客观数据指标之间极高相关性的原因之一。因此,我们在构建专家咨询约束下主客观赋权模型的过程中暂不考虑北京和上海,否则,两个异常值点的特征将主导模型的结果。最后,我们的样本总量是 29 个,基于不包含北京和上海这两个城市的客观数据集进行模型的估计,得到各省份科技活动产出的综合水平,并进行横向的比较。

Histogram of x5

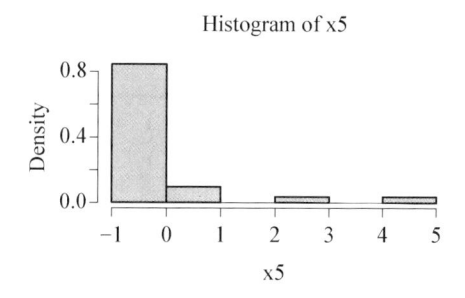

图 5.1 科技活动产出的客观数据指标分布

二、科技活动产出的专家咨询信息集

除了可观测到的科技活动产出客观数据指标,我们还需要专家咨询信息集。通过"全国科技活动产出综合评价专家打分卡"的设计,发放给 13 位在"科技进步和科技统计"方面有相关研究的专家对数据指标进行主观打分,我们获得了三个维度的专家咨询信息集。

首先,每位专家对五个数据指标进行权重打分,表 5.3 是"专家权重"描述性统计,报告 13 位专家对 5 个科技活动产出指标依据其自身的专业知识和经验赋予的主观权重,即"专家权重"。专家权重在单位球约束条件下,与估计的权重同维。在专家权重中可以看到,专家给指标 $x_1.$ 的权重最大,其次是指标 $x_5.$,最小的权重是指标 $x_2.$ 。

表 5.3 "专家权重"的描述性统计

	平均数	标准差	最小值	中位数	最大值
s_{1j}	0.4812	0.2372	0.1782	0.4770	0.9006
s_{2j}	0.3000	0.1208	0.0971	0.3062	0.4735
s_{3j}	0.3677	0.1928	0.0937	0.3436	0.7144
s_{4j}	0.4129	0.2665	0.0430	0.3887	0.8909
s_{5j}	0.4142	0.1971	0.1537	0.3885	0.7921

资料来源:作者依据《全国各省份科技活动产出能力的综合评价》专家打分卡整理。

其次,每位专家对五个数据指标依据自身的专业程度对信任度进行评分,同时,我们对每位专家进行"专家专业度"的评估。"专家信任度"是 13 位专家

第五章 全国各省份科技活动产出能力的综合评价应用研究 / 91

对 5 个科技活动产出指标基于自身专业程度赋予的信任度,在 0 和 1 的区间约束范围内;"专家专业度"指我们在选择 13 位专家时会从专家的教育程度、专业素养和背景出发,对每位专家进行评价,也在 0 和 1 的区间约束范围内。表 5.4 是"专家信任度"和"专家专业度"的描述性统计。"专家信任度"中最有经验的专家给予自身的信任度达到 100%,而最年轻的专家仅给予自身的信任度 25%。"专家专业度"中我们给有经验的专家给予 100% 的专业度评估,给最缺乏经验的专家给予 15% 的专业度评估。以上三个指标从三个维度全面地构成了我们所需的专家咨询信息集。

表5.4 "专家信任度"和"专家专业度"的描述性统计

	平均数	标准差	最小值	中位数	最大值
γ_{1j}	0.8423	0.1789	0.4500	0.9000	1.0000
γ_{2j}	0.8154	0.2125	0.2500	0.9000	1.0000
γ_{3j}	0.8354	0.1931	0.3000	0.9000	1.0000
γ_{4j}	0.8269	0.1666	0.5000	0.9000	1.0000
γ_{5j}	0.7954	0.2159	0.2500	0.8200	1.0000
c_j	0.8192	0.2650	0.1500	0.9500	1.0000

资料来源:作者依据《全国各省份科技活动产出能力的综合评价》专家打分卡整理。

以上三个参数从三个维度全面地构成专家咨询约束下主客观赋权模型所需的专家咨询信息集。图 5.2 和图 5.3 分别是专家权重、专家信任度和专家专业度在五个综合评价指标上的箱线图。

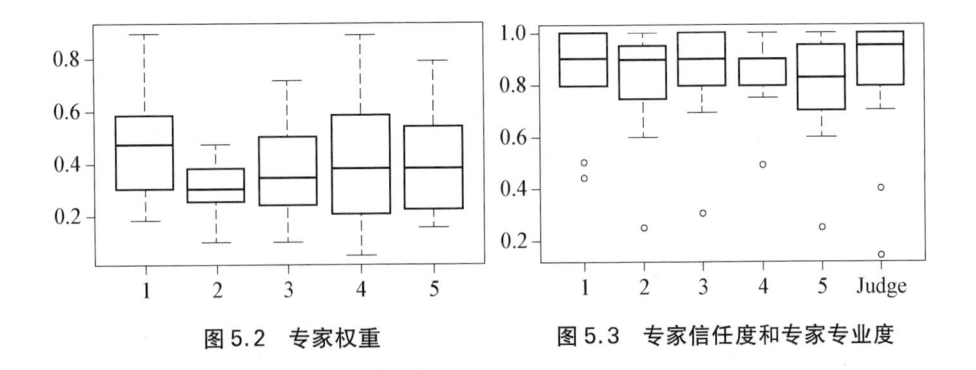

图5.2 专家权重

图5.3 专家信任度和专家专业度

第四节　全国科技活动产出能力的综合评价结果分析

我们用科技活动产出的客观数据集和 13 位专家的主观信息集构建专家咨询约束下主客观赋权模型。由于客观数据和专家咨询信息样本量较小,因此,在确定最优惩罚因子时,本章采用弃一交叉验证方法(LOO_CV)代替 K 折交叉验证法(CV)。

图 5.4 显示的是弃一交叉验证均方误差 $LOO\_CV(Q)$。从图中我们看到,交叉验证的均方误差呈现"V"字形,这是由客观数据信息与主观专家咨询信息的噪声所决定的。当 $LOO\_CV(Q)$ 最小时,估计得到最优惩罚因子 Q 为 2.5,此时,估计到最优的 δ 参数为 0.8812。专家咨询约束下主客观赋权模型不同于传统的主成分分析方法,将专家信息融入权重的确定中,这意味着专家对权重的确定起到一定的影响作用。

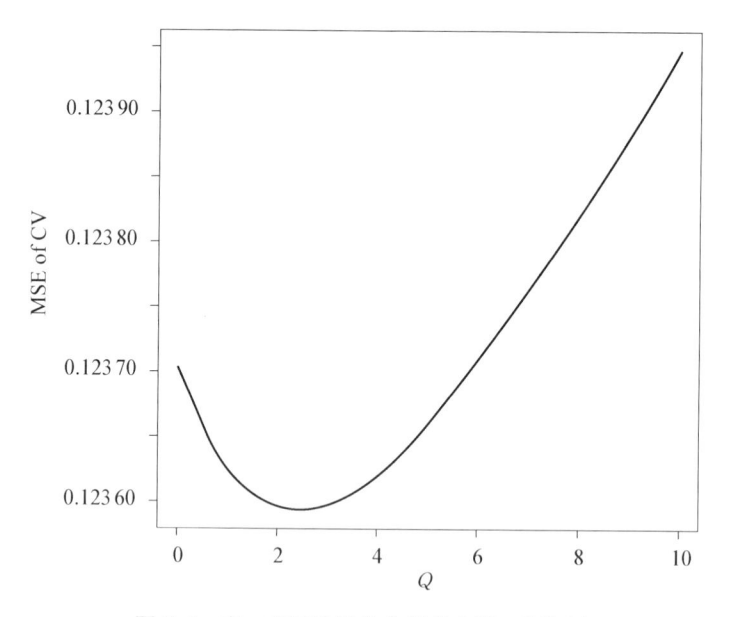

图 5.4　弃一交叉验证均方误差 $LOO\_CV(Q)$

随后,我们运用最优的惩罚因子 Q 来估计专家咨询约束下主客观赋权模型的权重估计值(见表 5.5)。由于样本量较小,我们通过 bootstrap 的方法分别获得五个综合指标的权重估计值、主成分分析权重和加权专家评分权重的标准误(Efron 和 Tibshirani, 1985)。

与专家咨询约束下主客观赋权模型的组合权重估计类似,我们在估计主成分分析权重和加权专家评分权重时采用同样的样本数据。从表5.5中可以看到,与主成分分析权重和加权专家评分权重的标准误相比,组合权重的bootstrap 标准误差相对较小。此外,从结果中我们还得出五个综合指标的仅使用可观测客观数据集和仅使用专家咨询信息集的估计权重,分别是主成分分析权重和加权专家评分权重。从五个综合指标的估计权重来看,指标 x_2. 的权重估计量最大,其次是指标 x_4. 。 x_5. 指标与其他指标之间具有较低的相关性,即万元生产总值技术国际收入,主成分分析法给出一个较小的权重0.3592,而加权专家评分给出一个更大的权重0.4227,结合两部分数据的信息,专家咨询约束下主客观赋权模型赋予一个组合的权重为0.3707。

表5.5　　　　　　　　　　　权重估计结果

	$\hat{w}_1$	$\hat{w}_2$	$\hat{w}_3$	$\hat{w}_4$	$\hat{w}_5$
权重估计值	0.4497	0.4597	0.4440	0.4522	0.3707
标准误	0.0255	0.0220	0.0142	0.0228	0.0397
主成分分析	0.4845	0.4747	0.4443	0.4621	0.3592
标准误	0.2325	0.2301	0.214	0.2223	0.1836
加权专家评分	0.5829	0.3748	0.4314	0.3938	0.4227
标准误	0.0749	0.0404	0.059	0.0905	0.0634

从五个综合指标的组合权重路径图(见图5.5)中我们看到,指标 x_1. 和指标 x_5. 的路径向右上方单调递增,指标 x_2.、指标 x_3. 和指标 x_4. 的路径向右下方单调递减。其中,垂直线表示使用最优的惩罚因子 Q 来估计,水平线表示与最优惩罚因子相对应的最优的权重估计量。

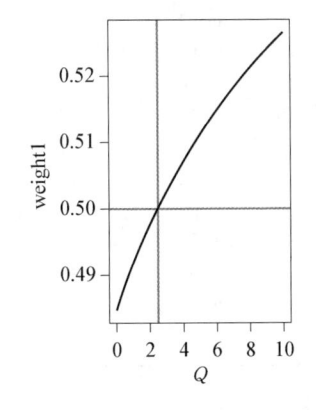

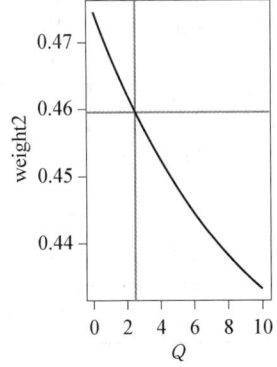

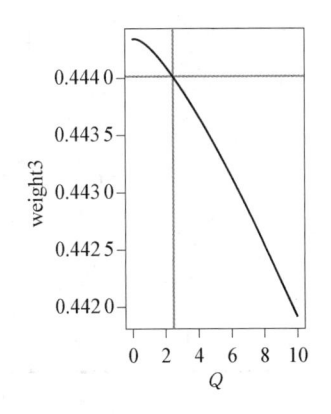

图 5.5　权重路径

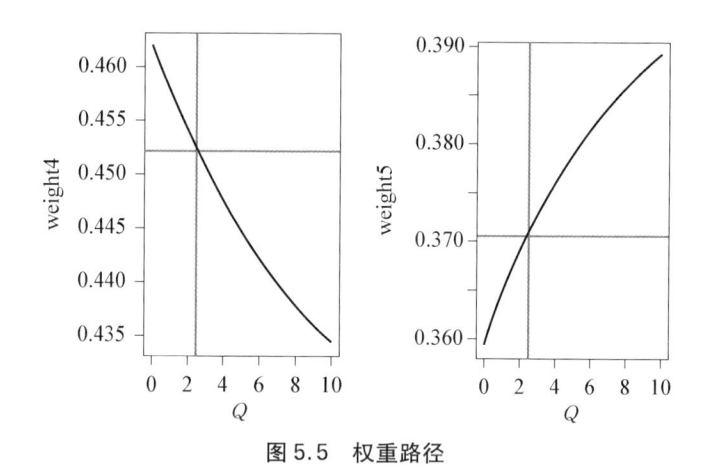

通过专家咨询约束下主客观赋权模型得到的最优权重估计量,我们构建包括北京和上海在内的全国各省份科技活动产出能力综合指数(见表 5.6),同时,还使用五个指标的全国平均值得到全国指数作为基准参照。从表中可知,北京的科技活动产出最高,因为北京拥有大量的顶尖大学及中国科学院下属的诸多研究机构,研发活动活跃;上海排名第二,主要由于大量的跨国企业和大型企业研发中心落户上海,以及复旦大学、上海交通大学、同济大学等大学和研究机构高度集中。超过全国科技活动产出平均基准的省份共有 7 个,分别是北京、上海、天津、江苏、陕西、广东和浙江。除陕西外,这些地区均在中国较为发达的东部沿海地区。其次,77.42%省市的科技活动产出水平低于全国平均水平,北京与其他省份的差距最大,呈现出地区不平衡的特点。

表 5.6　　　　全国各省份科技活动产出能力综合评价结果

排名	省份	综合指数	排名	省份	综合指数	排名	省份	综合指数
1	北京	210.68	11	四川	10.42	22	海南	5.15
2	上海	88.64	12	黑龙江	10.18	23	江西	4.41
3	天津	40.59	13	山东	8.91	24	河北	4.37
4	江苏	23.35	14	吉林	8.73	25	宁夏	4.16
5	陕西	22.37	15	甘肃	7.70	26	山西	4.01
6	广东	21.41	16	青海	7.43	27	云南	3.91
7	浙江	17.93	17	新疆	6.93	28	广西	3.07
	全国	16.71	18	安徽	6.68	29	内蒙古	2.87
8	湖北	16.58	19	福建	6.34	30	贵州	2.86
9	辽宁	15.43	20	湖南	6.18	31	西藏	1.13
10	重庆	11.22	21	河南	5.67			

从结果中可以看出,西部地区的陕西在全国平均值之上,重庆、四川、甘肃、青海也在前列水平。尽管这些省份的经济发展速度比东部沿海地区慢,但是,长期的西部大开发战略和"一带一路"建设为提升中西部省份的科技活动产出能力有着较大的贡献(Liu 和 Dunford,2016;Démurger 等,2002)。此外,西藏、云贵地区和内蒙古、宁夏地区的科技活动产出水平较全国而言偏低。

第五节　本章小结与政策建议

本章梳理科技活动的综合评价方法,在传统主成分分析方法的基础上,融入专家咨询信息作为惩罚项,构建专家咨询约束下主客观赋权模型,并将模型应用于小样本情形,通过弃一交叉验证法(LOO_CV)寻找最优的惩罚因子 Q。

通过科技活动产出的客观数据指标和专家咨询信息集两部分数据构建模型,得到交叉验证均方误差的"V"字形图,权重估计量由客观数据指标和主观专家信息集共同决定,从而确定最优惩罚因子 Q 和与之相对应的最优权重估计量。最后,基于最优的权重估计量,我们可以构建全国各省份科技活动产出能力的综合指数。实证结果表明,77.42%省份的科技活动产出水平低于全国平均。北京与其他省份的差距最大,呈现出地区不平衡的特点;西部地区的陕西在全国平均值之上,重庆、四川、甘肃、青海也在前列水平,长期的西部大开发战略和"一带一路"建设为提升中西部省份的创新能力有着较大的贡献。

本章研究结论在一定程度上为中国科技政策制定,推动技术创新和科技成果产出提供研究支持。为此,需要提高科技论文产出水平、强化专利管理和知识产权保护工作,提高科技成果产出效益的意识,缩短东中西部的差距。从中国 31 个省份的科技活动产出综合评价结果来看,77.42%省份的科技活动产出低于全国平均水平,高于全国平均水平的有 7 个省份,其中 6 个是东部省份,东中西部的差异较为明显。因此,为缩短东中西部的差异,需要从科技活动产出综合指数的影响因素出发全面提高科技活动产出,包括万人科技论文数、获国家级科技成果奖系数、万人发明专利拥有量、万人输出技术成交额和万元生产总值技术国际收入。

首先,各省份需要树立科技创新意识,加强高层次人才的引进,人才是创新的源泉和基础,富有挑战性和创新精神的人才能促进科技活动的产出;其次,需要完善激励机制,提高科技人员论文写作的质量和数量,强化专利管理和保护工作,提高论文和专利产出;最后,提高科技成果市场化意识,创新需要通过技术成果转化而走向市场,专利不能束之高阁,需要将其与产业化相结合,鼓励高等院校、科研机构与企业合作,使科技成果更好地发挥其经济社会的作用。

本章附录

专家打分卡——全国各省份科技活动产出能力的综合评价

尊敬的专家:

您好!

全国科技活动产出能力的综合评价指标体系由五个指标构成。为了构建合理、可信的综合评价指标体系,我们在搜集客观数据的基础上,还需要采集在"科技进步和科技统计"方面有相关研究的专家对指标进行打分。现邀请您参加综合指标体系的赋权并给予可信度。

专家信息:

姓名:_____ 学历:_____

单位:_____ 职称:_____

研究方向:_____

全国科技活动产出能力的综合评价指标体系的专家可信度调查:

"科技活动产出"指标分为两个一级指标,即科技活动产出水平和技术成果市场化。科技活动产出水平由万人科技论文数、获国家级科技成果奖系数和万人发明专利拥有量衡量;技术成果市场化由万人输出技术成交额、万元生产总值技术国际收入衡量。下面,请您分别对5个二级指标进行赋权:

第五章 全国各省份科技活动产出能力的综合评价应用研究

综合指数	一级指标	二级指标	权重	可信度
全国科技活动产出能力的综合评价指标体系	科技活动产出水平	万人科技论文数（篇/万人）		
		获国家级科技成果奖系数（项/万人）		
		万人发明专利拥有量（件/万人）		
	技术成果市场化	万人输出技术成交额（万元/万人）		
		万元生产总值技术国际收入（美元/万元）		

注：五个指标的权重和为"1"；"可信度"指专家本人对该指标的理解程度，即本人对自身专业程度的评价（百分制）。

非常感谢您的配合！

变量解释：

指标	指标描述	指标含义
x_{1i}	万人科技论文数（篇/万人）	$\dfrac{\text{发表在 CSCI 和 SCI 收录的中国科技论文数（篇）}}{\text{该地区人口总数（万人）}}$
x_{2i}	获国家级科技成果奖系数（项当量）	$\dfrac{\text{获国家级科技成果数（项）}}{\text{该地区人口总数（万人）}}$
x_{3i}	万人发明专利拥有量（件/万人）	$\dfrac{\text{发明专利拥有量（件）}}{\text{该地区人口总数（万人）}}$
x_{4i}	万人输出技术成交额（万元/万人）	$\dfrac{\text{技术市场输出技术成交额（万元）}}{\text{该地区人口总数（万人）}}$
x_{5i}	万元生产总值技术国际收入（美元/万元）	$\dfrac{\text{技术国际收入（万美元）}}{\text{当年 GDP（亿元）}}$

第六章 中国工业上市公司创新能力的综合评价应用研究

　　围绕"制造强国"的战略目标,中国明确提出促进制造业创新发展。中国经济正处在转变发展方式、优化经济结构、转换增长动力的攻关期,企业是市场的主体,也是创新的主体。企业创新能力的综合评价是衡量企业创新研发投入和创新成果产出的工具,能够及时全面地反映企业的创新综合能力,促进企业的创新发展和核心竞争力的提升。本章运用专家咨询约束下主客观赋权模型,在大样本情形下,对中国工业上市公司创新能力进行综合评价,既克服了仅由主观赋权或客观赋权引起的信息偏误问题,也解决了赋权方法中常见的"负权"问题,从而使得权重更合理有效。从行业类型维度分析中国工业上市公司创新能力,得出领先型、跟随型和模仿型三类不同科技创新战略的工业行业,并对各类行业创新能力的提升提出相应的政策建议。此外,通过分析不同所有制上市公司的创新能力,得出中央国有企业的创新能力较高,民营企业创新能力次之,地方国有企业和外资企业创新能力较低等结论,为评价中国工业上市公司创新能力提供新的视角。

第一节　企业创新能力的综合评价

　　当前,面对国内外风险挑战明显增多的复杂局面,党的十九届四中全会提出,坚持改革创新、与时俱进,推动发展先进制造业、振兴实体经济,完善科技创新体制机制,从而推动经济高质量发展。中国经济正处在转变发展方式、优化经济结构、转换增长动力的攻关期,提高科技创新水平是高质量发展的必然要求。2018 年,全国全年工业增加值 30.52 万亿元,同比增长 6.1%,全年规模以上战略性新兴产业、高技术制造业和装备制造业的增加值分别同比增长 8.9%、11.7% 和 8.1%，新动能产业和新业态快速成长。中国经济转型升级根本上依靠改革创新，其中企业是市场的主体，也是创新的主体，只有提升微观主体企业的自主创新能力，整个国家的创新能力才能实现增强。企业的创新能力是提高企业核心竞争力的关键因素，是企业稳步快速发展的动力。

企业创新能力的综合评价是衡量企业创新研发投入和创新成果产出的工具，能够及时全面地反映企业的创新综合能力、更好地认识企业创新要素，促进企业的创新发展和核心竞争力的提升；同时，为科技政策的研究和实施提供客观全面的数据支持。2016年，科技部、财政部、国家税务总局修订《高新技术企业认定管理办法》第三章对高新技术企业的创新能力提出了综合评价的指标打分，包含核心自主知识产权、科技成果转化能力、研究开发的组织管理水平和企业的成长型等四个维度。此次修订不仅关注知识产权的数量，更加关注研发产出的质量，也是为改善过去中国高新技术企业长期处于产业链和价值链低端的有力措施。中国科学技术发展战略研究院在建设以企业为主体、产学研结合的技术创新体系背景下，2013年研究用于评价中国企业创新能力的指标体系，分别从总体创新能力评价、重点行业或领域的企业创新能力评价和不同类型企业创新能力评价等三个维度反映中国企业的创新能力情况，构建以企业创新投入能力、协同创新能力、知识产权能力和创新驱动能力4个一级指标、12个二级指标和24个三级指标组成的指标体系。以上中国科技系统对企业创新能力的综合评价均基于企业的客观数据，所采用的赋权方法多是客观赋权方法，而未纳入主观信息；企业的客观数据亦存在着信息噪声，如仅用客观赋权法无法剔除客观信息噪声，从而使得综合评价指数失真。当然仅用主观信息赋权也存在主观偏误，也影响综合指数偏离真实经济状况。因此，将主客观信息结合十分必要，融合后的赋权既能考虑科技决策者的专业知识和经验，也能有效利用企业实际观测数据，避免上述不足（宋冬梅等，2015）。降低信息噪声后得到的综合指数能更好地反映企业创新能力，从而使得科技政府部门能依据不同行业、不同所有制的企业制定不同的创新激励政策。

自2005年中国证券监督管理委员会指导的股权分置改革以来，流通股与非流通股的股权分置状况得以改变；随着《证券法》的颁布和施行，上市公司治理结构逐步优化，上市公司财务公开透明化，财务制度较为规范。许多上市公司是行业的龙头企业，成为推动国民经济发展的重要力量，也是实现科技进步和创新活力的生力军。中国证券市场发展近三十年,截至 2018 年底,中国沪深 A 股共有 3 583 家上市公司,沪深两市总市值为 48.59 万亿元,各行各业最有竞争力的龙头企业均呈现出市值规模大的特征。

中国自经济进入新常态以来,传统产业优化升级,对创新绩效评价指标体系的研究逐渐适应经济的发展而成为学术界关注的热点。中国科协创新战略研究院讨论了创新周期,认为创新受经济、社会与环境的影响,从基础研究与教育出发,识别机遇和问题。创新的过程是发挥企业家精神,将新理念通过实验开发和应用研究得以实现,再将创新成果进行商业化,产生创新产品、创新服务与新方法。当创新少、效率低时,企业退出,当创新突破时,企业成功。因此,创新周期反映的是微观企业层面的创新和技术成果转化。由 2017 年修订的《国民经济行业分类》(GB/T 4754—2017)中可知,部分行业不以科技创新作为主要生产和盈利的动力,例如金融业、房地产业等服务行业。技术创新绩效的综合评价是综合衡量企业研发创新投入和创新成果产出的工具,构建创新绩效综合评价指标体系能够及时反映企业创新的综合能力,更好地认识企业的创新要素,促进企业创新能力的发展。自党的十八大以来,中国处于经济转型的攻坚时期,创新经济发展方式,才能推动新产业新动能的不断成长,促进传统产业改造和提升,促进供给侧结构性改革。创新是引领发展的第一动力,是建设现代化经济体系的战略支撑,因此,具有将科技创新作为生产动力的工业上市公司是创新事业的重要力量。

本章以中国工业上市公司为分析样本,运用专家咨询约束下主客观赋权模型,构建上市公司创新能力综合评价体系,对不同行业、不同所有制企业的综合创新能力予以评价,从微观企业视角出发能够更好地为中观层面的政策制定提供参考,推动中国加快建设创新型国家。

本章应用研究的创新之处在于:第一,以往的创新能力评价多为宏观层面,企业创新评价的微观视角较少,以上市公司创新能力评价来分析不同行业、不同所有制企业的创新能力,可为科技政府部门制定不同创新激励政策提供支持;第二,基于主客观信息的赋权方法能够平衡主客观信息的噪声,有效利用企业实际观测的数据和专家咨询主观数据,更科学合理地得到估计权重,使得综合指数更符合现实;第三,专家咨询约束下主客观赋权模型能够直接解决综合评价问题中常见的"负权"问题,相比于主成分分析方法和仅有主观信息的赋权法更为直观有效。

第二节 相关文献综述

对企业创新能力评价指标体系的研究既是对企业创新活动的综合评价，也是反映中国产业高质量发展的重要参考。

20世纪90年代以来，国外研究机构对微观企业创新能力评价指标体系进行了广泛的研究，尤其是美国、欧盟、澳大利亚等发达国家和地区。欧洲一贯重视技术创新，"欧洲2020战略"将"创新联盟"作为旗舰行动之一。欧盟创新记分牌(European Innovation Scoreboard, EIS)是欧盟创新绩效综合评价的重要工具，起步于2000年，到2010年发展成为"创新联盟记分牌"(Innovation Union Scoreboard 2010, IUS2010)。欧盟为确保创新政策的有效执行，专门设立创新表现评估体系，由"创新联盟记分牌""区域创新记分牌"和"创新晴雨表调查"组成，从而形成"国家-区域-部门"三个层面的评价。EIS评价体系涵盖创新投入、创新产出和创新环境等评价方面，具体包括人力资源投入、资金投入、企业活动、创新经济效益等指标。2019年"欧盟创新记分牌"报告发布，显示中国的创新能力正迅速赶上，仅次于美国。"澳大利亚创新评价体系"由澳大利亚工业、创新与科技部发布，分为国家和企业两个层面，采用多层次评价指标体系方法构建。其中，企业层面的"创新记分牌"对研发投入、专利申请量等多个指标进行综合评价。评价结论得出：澳大利亚的创新商业活动在经合组织国家中排列前茅，其中创新型中小企业功不可没；研发活动是最重要的创新活动之一，约75%的全要素生产率增长主要依赖于研发活动。《奥斯陆手册》(Oslo Mannual)由OECD制定，认为创新是在商业实践、生产区域布局管理或者对外关系中，实施新的或者能够显著提高产品(货物或服务)、流程、营销方法和组织方法的过程。创新分为产品创新、过程创新、市场创新和组织创新。2018年第四版《奥斯陆手册》在第三版对创新评价指标体系的构建与分析基础上，对创新成果的评价和创新生命周期的衡量有了清晰的界定，将产品创新和过程创新扩展到组织创新和市场创新。以上三种是国外较为成熟的关于创新能力的综合评价体系。在评价方法方面，EIS(2008)通过将数据进行标准化处理后作加权平均计算综合创新的指数；澳大利亚创新评价体系(2009)是用客观赋权的方法，建立回归模型分析，得到创新指数；《奥斯陆手册》则是采取主观赋权的方法衡量创新主体的各个指标影响创新活动的大小。

国内在学习国外成熟理论的基础上,立足于中国实际国情,形成适应于中国企业发展阶段的创新能力评价体系。科技部的"国家创新型城市发展监测评价指标体系",对中国330多个地级以上城市的创新能力进行综合评价,认为创新型城市是将科技创新作为经济社会发展的核心驱动力,这些城市拥有丰富的创新资源、充满活力的创新主体、高效的创新服务和政府治理,以及良好的创新创业环境。"中关村指数指标体系"综合描述北京市高新技术产业发展状况,总体评价北京市高新技术产业发展水平。

相较于国外,国内的创新评价指标体系尚处于起步阶段,不足之处相较明显:第一,中国的创新绩效评价机制往往停留于评价技术创新和过程创新,而对组织创新、市场创新等非技术创新形式无法进行有效评价;第二,创新数据相对匮乏,从而较多的创新评价停留于"国家-地区"层面,而微观的企业评价较为困难;第三,评价方法上,定性和定量的方法都难以衡量创新绩效,而定性定量相结合的指标体系虽然能够更加涵盖创新的各方面,但在实际应用中仍然处于空白(易朝辉和陈朝晖,2014)。本章将主客观赋权相结合,运用专家咨询约束下主客观赋权模型对中国工业上市公司的创新能力进行综合评价,从而将定性与定量结合、主观与客观结合,综合评价企业创新能力水平。

第三节　中国工业上市公司创新能力的综合评价指标体系

为衡量上市公司的创新活动、测度上市公司创新的创新能力,本章在现有国内外研究的基础上构建了中国工业上市公司创新能力综合评价指标体系,从上市公司的"创新投入"和"技术成果转化"两个维度衡量。"创新投入"分为创新的人力投入和财力投入两大方面,人力投入以"技术人员占比"和"本科及以上文化程度员工占比"两个二级指标衡量,财力投入以"研发资金投入强度"衡量。结合上市公司年报数据特征,"技术人员占比"是创新人力投入的规模指标,表示技术人员数占职工总数的比例;"本科及以上文化程度员工占比"是创新人力投入的学历水平指标,表示本科及以上文化程度员工数占职工总数的比例;"研发资金投入强度"是指研发费用占主营业务收入①的比例,反映创新财力投入的规模,从一定程度上规避不同企业规模带来的差异性。

"技术成果转化"又称"科技成果转化",是技术创新最为重要的环节,是新技术、新发明最终实现市场价值的"惊险一跳"(蔡跃洲,2015)。对上市企业的研发活动来说,其本身具有商业性转化的目标和特性,所跨越的技术创新障碍相对较小。上市公司的技术成果转化指标从"专利申请数"和"研发支出资本化率"两个二级指标入手。"专利申请数"是直接的知识产权产出活动,是发明人或有申请权的主体向专利局提出就某一发明、实用新型、外观设计取得专利权的请求,更好地体现企业的创新能力(黎文靖和郑曼妮,2016)。"研发支出资本化率"是上市公司特有的会计科目,指资本化研发支出占研发费用的比例。资本化研发支出是研发投入转化为成果能力的标志之一②。2014年证监会《关于上市公司进一步规范研发费用资本化的监管通报》中提出,公司在研发费用资本化方面存在一定程度的主观判断,因此,需要加强成本管理,明确研发费用开支范围和标准,从而保证准确、合理地进行研发费用资本化。此后,上市公司的资本化研发支出能够更好能反映技术成果的转化能力。由此形成中国上市公司创新能力评价指标体系(见表6.1)。

表6.1　中国上市公司创新能力评价指标体系

一级指标	二级指标	指标说明
创新投入	技术人员占比	技术人员数/职工总数
	本科及以上文化程度员工占比	本科及以上文化程度员工数/职工总数
	研发资金投入强度	研发费用/主营业务收入
技术成果转化	研发支出资本化率	资本化研发支出/研发费用
	技术人员人均专利申请数	专利申请数(包括发明、实用新型和外观设计)/技术人员数

---

① 国家统计局、科学技术部、财政部共同发布的《全国科技经费投入统计公报》定义工业企业研发经费投入强度为企业研发经费与主营业务收入之比。见:《2016年全国科技经费投入统计公报》,http://www.stats.gov.cn/tjsj/zxfb/201710/t20171009_1540386.html
② 依据《企业会计准则第6号-无形资产》指出,企业内部研发支出区分研究阶段的支出和开发阶段的支出,研究阶段的支出应当于发生时计入当期损益,开发阶段的支出满足五个条件,即技术可行、开发有目的、能带来经济利益、有资源支持和可靠计量。

第四节 模型构建

在创新能力的综合评价领域,赋权法应用更为广泛。在指标体系的合成过程中,首先需要确定指标权重的大小,主要分为主观赋权法、客观赋权法和主客观结合的赋权法。主观赋权法指指标的权重很大程度上由专家主观打分所决定,基于专家对该指标的专业认知程度,包括直接赋权法(Buckley,1988)、德尔菲法(刘秉镰等,2013)、层次分析法(申志东,2013)等。客观赋权法仅依据评价指标的信息计算赋予的权重,包括熵权法(尹鹏等,2013)、主成分分析法(Hotelling,1933)等。将主观和客观信息相结合的方式有乘法合成、加法合成等,即将主观信息和客观信息进行线性组合(邱东,1990);也有基于隶属度最大化的组合赋权法(徐玲和王涛,2006)。创新评价的应用中多以主观赋权法或客观赋权法为主。

本章以上市公司的微观视角,在识别客观数据和主观赋权偏差的基础上,用主客观赋权法构建中国工业上市公司的创新能力综合评价模型,探讨影响中国工业上市公司创新能力的影响因素,分析中国工业行业的创新能力综合水平。

本章运用第三章专家咨询约束下主客观赋权模型式(3.4),在主成分分析法的基础上将专家咨询信息集相结合,以惩罚项的方式加入最优规划过程,将此主客观信息集相融合的结果作为权重估计量,其中的惩罚因子 Q 用以平衡主客观噪声对估计权重的影响。估计模型如下所示:

$$\widehat{w}_{N,J} = \arg\max_{\delta} g_{N,J}(w, \delta).$$

其中,$g_{N,J}(w, \delta) = w' \sum_{i=1}^{N} x_i x_i' w - Q \sum_{j=1}^{J} c_j \left\{ \sum_{k=1}^{K} \gamma_{kj}(s_{kj} - \delta w_k)^2 \right\},$

$$\text{subject to } 0 \leqslant w \leqslant 1 \text{ and } \|w\|_2^2 = 1.$$

其中,w 是因子载荷,即综合评价指数的权重估计量;二次型 $w'\sum_{i=1}^{N} x_i x_i' w$ 是主成分分析法的目标函数部分,表示可观测的客观数据集。单位球约束是主成分分析法的约束部分。模型的惩罚项部分表示专家咨询信息集在估计中的作用,s_{kj}、γ_{kj}、c_j 分别表示"专家权重""专家信任度""专家专业度"三个维度的专家咨询信息集,具体含义见第三章第二节。假定观测指标与综合指数之间的关系是正向影响的,故对估计结果限定在[0,1]的区间约束。李平玉

(1995)曾提出含有非负约束的主成分分析,以及姜国麟等(1996)提出专家设定在[0,1]区间范围内更小的区间作为约束,这是"专家咨询约束"的雏形。以上构成完整的"专家咨询约束下主客观赋权模型"。

惩罚项中的 Q 是惩罚因子,用以平衡客观数据集和专家咨询数据集的信息。当 Q 很小,趋近于 0,权重估计量仅由客观数据集影响;当 Q 很大,趋近于无穷,权重估计量仅由专家咨询信息集所决定。惩罚因子 Q 随着客观数据噪声 σ_c 的增大而增大,这意味着当客观数据噪声较大时,最优的权重估计量($\hat{w}$)更加依赖于主观的专家咨询信息;惩罚因子 Q 随着主观信息集噪声 σ_s 的增大而变小,这意味着当主观的专家咨询信息不可信时,最优的权重估计量($\hat{w}$)更多地由客观数据信息所决定。因此,在识别两个数据集的噪声基础上,我们决定 Q 惩罚因子的值,也就是说,当客观数据噪声 σ_c 和主观信息集噪声 σ_s 的取值给定时,理论上的最优惩罚因子 Q 已经确定。实证分析中采用交叉验证(Cross Validation)的方法确定惩罚因子。基于专家咨询约束下主客观赋权模型,本章对中国工业上市公司的创新能力进行综合评价。

第五节 中国工业上市公司创新能力的综合评价实证分析

一、数据来源和描述性统计

上市公司创新能力的综合评价指标体系由两个一级指标和五个二级指标构成。"专利申请数"来自国泰安数据库的上市公司与子公司专利数据。专利数据库的最新时间为 2016 年,由于专利存在时滞效应,企业一项专利成果影响企业数年,四年内的专利申请数据较能全面反映企业的技术创新水平。因此,本章的"专利申请数"统计 2016 年及其前三年(2013 年至 2016 年)的该上市公司和子公司[①]的申请发明、实用新型和外观设计的专利申请个数加总合并。其他四个指标来自万得(Wind)金融终端股票数据库的上市公司年报,数据时间为 2016 年。

---

① 国泰安上市公司专利数据库中包含子公司、联营、合营公司合计的专利申请数。子公司指对其具有绝对控股权(大于50%)或持有相对控股权(虽然没有达到50%,但由于股权分散等原因,具有完全控制权)的公司;合营公司指与另一方共同控制的企业;联营公司指对其具有重大影响但缺乏实际控制力的企业。上市公司发挥创新主导作用的主体为母公司及受其绝对控股权的子公司,故将创新能力综合评价的对象界定在上市公司母公司和子公司的范围。

经过数据整理,删除上市公司与子公司专利数据库中没有专利的上市企业,剔除目前有退市风险(ST/*ST)和已退市的上市公司。依据《申万行业分类2014版》的一级行业分类标准,初始样本涵盖了包括化工、国防军工、计算机、电子等在内的28个行业和2440家上市公司。

比较各行业的"研发资金投入强度"水平(见表6.2),可以看到样本内的上市公司平均研发资金投入强度为4.32%,其中公用事业、采掘、食品饮料、休闲服务、非银金融、交通运输、房地产、商业贸易、银行九大行业的平均研发资金投入强度低于2%。结合2017年6月30日发布的《中华人民共和国国家标准——国民经济行业分类》(GB/T 4754—2017)(*Industrial classification for national economic activities*)中第三产业分类,以上除采掘的其他行业均属于服务业。因此,为衡量工业上市企业的创新能力,选取平均研发资金投入强度高于2%,剔除第一产业和第三产业,最终得到计算机、通信、电子、国防军工、机械设备、电气设备、医药生物、有色金属、汽车、家用电器、化工、建筑材料、轻工制造、纺织服装、建筑装饰、钢铁、采掘等17个工业行业和1882个上市公司。其中,传媒行业的平均研发资金投入强度高于平均值,但是,属于第三产业中的信息技术服务业和文体娱乐业,在本章应用研究中不予考虑。

表6.2　　　　申万一级行业平均研发资金投入强度表

行业编号	申万一级行业名称	平均研发资金投入强度	上市公司数量	行业编号	申万一级行业名称	平均研发资金投入强度	上市公司数量
13	计算机	11.20%	159	20	轻工制造	2.56%	91
23	通信	6.81%	74	6	纺织服装	2.56%	62
4	电子	6.76%	165	16	建筑装饰	2.54%	91
10	国防军工	6.37%	39	8	钢铁	2.41%	30
12	机械设备	5.56%	262	18	农林牧渔	2.09%	68
3	电气设备	5.01%	158	9	公用事业	1.77%	95
25	医药生物	4.97%	215	1	采掘	1.39%	43
2	传媒	4.89%	91	22	食品饮料	1.35%	66
27	有色金属	3.85%	87	24	休闲服务	0.90%	11
19	汽车	3.76%	111	7	非银金融	0.89%	24
14	家用电器	3.53%	55	17	交通运输	0.55%	50
11	化工	3.11%	237	5	房地产	0.52%	41
15	建筑材料	2.75%	49	21	商业贸易	0.47%	30
28	综合	2.69%	21	26	银行	0.14%	15
汇总						4.32%	2440

资料来源:Wind金融终端股票数据库及经由作者计算。

五个二级指标为相对值，一定程度上消除企业规模不同带来的异质性。表6.3是客观数据样本的描述性统计。

表6.3　　　　　　　　　客观数据样本的描述性统计

	技术人员占比(%)	本科及以上文化程度员工占比(%)	研发资金投入强度(%)	研发支出资本化率(%)	技术人员人均专利申请数(个/人)
	TechR	DegreeR	Invest	CapR	PerPat
最小值	0.77	0.00	0.00	0.00	0.00
中位数	16.80	19.95	3.85	0.00	0.13
最大数	93.77	93.85	125.91	100.00	115.67
平均数	22.82	25.99	5.06	7.31	0.80
标准差	17.96	20.71	5.56	16.90	4.25

将客观数据样本做标准化处理后，得到相关系数矩阵(见表6.4)。由于技术人员人均专利申请数与其他四个指标没有明显的相关性，主成分分方法在此时会出现"负权"的问题，传统的赋权方法失效。基于数据结构，我们采用专家咨询约束下主客观赋权模型对中国工业上市公司的创新能力进行综合评价。

表6.4　　　　　　　　　客观数据样本的相关系数矩阵

	TechR	DegreeR	Invest	CapR	PerPat
TechR	1.0000	0.7287	0.3717	0.1288	−0.0728
DegreeR	0.7287	1.0000	0.4211	0.1889	−0.0446
Invest	0.3717	0.4211	1.0000	0.1973	−0.0288
CapR	0.1288	0.1889	0.1973	1.0000	−0.0315
PerPat	−0.0728	−0.0446	−0.0288	−0.0315	1.0000

除了可观测到的创新活动指标，我们设计"中国工业上市公司创新能力综合评价专家打分卡"，并发放给25位在"公司金融和科技统计"方面有相关研究的专家对各项指标进行主观打分，获得专家咨询信息集(见表6.5)。

表 6.5　　　　　　　　　　专家信息集的描述性统计

	平均数	标准差	最小值	中位数	最大值
s_{1j}	0.3858	0.1282	0.1472	0.3866	0.6405
s_{2j}	0.2557	0.1083	0.0793	0.2441	0.5203
s_{3j}	0.3935	0.1460	0.1472	0.3752	0.7971
s_{4j}	0.5695	0.1540	0.3037	0.5203	0.8280
s_{5j}	0.4562	0.1715	0.1257	0.4295	0.7324
γ_{1j}	0.7460	0.2081	0.3000	0.8000	1.0000
γ_{2j}	0.7040	0.2091	0.3000	0.7500	1.0000
γ_{3j}	0.7500	0.2116	0.2000	0.8000	1.0000
γ_{4j}	0.6700	0.2141	0.1000	0.8000	1.0000
γ_{5j}	0.7240	0.2394	0.1000	0.8000	1.0000
c_j	0.7180	0.1947	0.3000	0.7000	1.0000

资料来源：作者依据"中国工业上市公司创新能力综合评价"专家打分卡整理。

二、实证结果分析

首先，需要用交叉验证方法确定惩罚因子（见图 6.1）。均方误差图呈现"V"形，得到最优的惩罚因子为 $Q=0.4$，所对应的最小的均方误差为 0.4661。惩罚因子由客观观测的 1882 家上市公司数据信息和 25 位专家主观咨询信息的噪声共同作用和影响，此时，Q 较小，说明主观信息集的噪声较大，权重估计

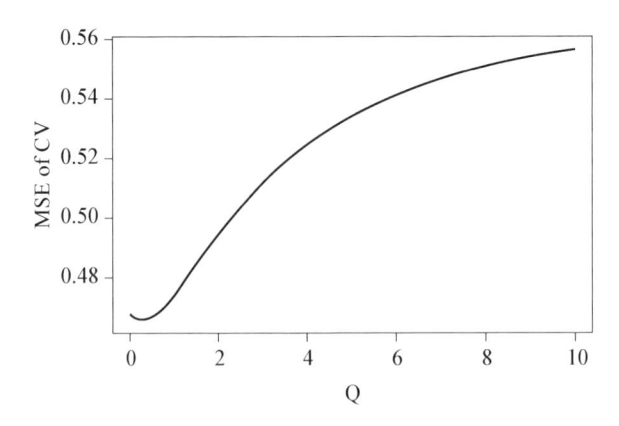

图 6.1　惩罚因子的交叉验证均方误差

量主要受客观数据集的影响,受专家信息的影响较小,但两者都对权重的估计起着一定的作用。

通过最优的惩罚因子,可以得到专家咨询约束下主客观赋权模型结果(见表 6.6)。采用重复抽样(Bootstrap)的方法,将客观数据样本集和主观数据集重复抽样 100 次,得到五个估计量的标准误。五个估计量都具有显著性。其中,技术人员人均专利申请数的权重最小,主要由于客观数据集中技术人员人均专利申请数指标与其他指标之间不存在明显的相关性。因此,我们估计的权重由客观数据信息与专家咨询信息共同决定。将权重估计结果与主成分分析法、仅有专家评分的赋权法相比较,可以得出该方法的五个权重估计结果标准误均低于专家评分法,并且能解决传统主成分分析赋权方法面临的"负权"问题。

表 6.6　　专家咨询约束下综合评价指标模型估计结果

	$\hat{w}_1$	$\hat{w}_2$	$\hat{w}_3$	$\hat{w}_4$	$\hat{w}_5$
估计值	0.5740***	0.5835***	0.4828***	0.3113***	0.0082
标准误	0.0104	0.0132	0.0213	0.0411	0.0079
主成分分析	0.5851***	0.6047***	0.4695***	0.2548***	0.0000
标准误	0.0096	0.0090	0.0217	0.0295	—
专家评分	0.4060***	0.2729***	0.4413***	0.5727***	0.4878***
标准误	0.0267	0.0225	0.0331	0.0328	0.0396
权重	0.2929	0.2977	0.2464	0.1588	0.0042

基于权重估计量的结果,可以得到 1882 家上市公司的创新能力综合评价指数,从行业和公司属性两种分类上总结中国工业上市公司创新能力的特点。

从工业上市公司的行业分类来看,计算各行业平均综合指数(见表 6.7),可以得到,计算机的创新能力最高,纺织服装的创新能力最低。排在前七位的是计算机、国防军工、通信、建筑装饰、电子、医药生物和电气设备,平均综合指数高于 80;趋于中游的是机械设备、汽车、建筑材料和化工,平均综合指数高于 50;趋于末尾的是有色金属、采掘、家用电器、钢铁、轻工制造和纺织服装。程源和傅家骥(2002)将科技创新战略分为领先型、跟随型和模仿型三类。领先型的企业着重自主研发,对研发的要求较高,前七大行业中的企业更贴近领先型创新战略;跟随型的企业跟进市场变化,自主研发能力较弱,跟随行业中企业的先进技术而进行技术改进和创新,中游四个行业的企业的创新能力综合指数较低,更贴近跟随型;模仿型战略的企业研发能力最弱,基本依赖于外部技术的购买,趋于末尾的企业更贴近模仿型。

表 6.7　　中国工业上市公司创新能力综合指数的行业比较

排序	行业名称	平均综合指数	上市公司数量	创新分类
1	计算机	220.12	159	领先型
2	国防军工	138.87	39	
3	通信	133.18	74	
4	建筑装饰	120.08	77	
5	电子	87.46	164	
6	医药生物	87.28	207	
7	电气设备	85.97	158	
8	机械设备	77.72	262	跟随型
9	汽车	57.29	108	
10	建筑材料	52.87	46	
11	化工	51.22	233	
12	有色金属	48.83	84	模仿型
13	采掘	48.37	38	
14	家用电器	45.67	54	
15	钢铁	36.81	30	
16	轻工制造	27.97	88	
17	纺织服装	25.77	61	
	汇总	85.00	1882	

从工业上市公司的公司属性来看,计算平均综合指数(见表 6.8)。上市公司依据其大股东或实际控制人的属性可分为中央国有企业、地方国有企业、集体企业[①]、民营企业、外资企业和公众企业[②]六类。国有企业分为中央国有企业和地方国有企业。中央国有企业的大股东或实际控制人为国务院国资委、中央国家机关或中央国有企/事业单位;地方国有企业的大股东或实际控制人属于地方各级国资委、地方各级政府/部门或地方国有企/事业单位。样本中,

---

[①] 集体企业是指以生产资料的劳动群众集体所有制为基础,实行共同劳动的集体经济组织,是历史的产物,目前多已改制成股份合作制、有限公司和股份公司等,样本中仅有 11 家集体企业。
[②] 公众企业是指无实际控制人的企业,占比 3.99%。

中央国有企业和地方国有企业分别占比11.26%和14.03%。改革开放四十多年来,民营企业从无到有,从小到大,已成为社会主义市场经济的重要组成部分。样本中包含1237家上市公司,占比65.73%。外资企业包含中外合资企业和外商独资企业,占比3.35%。

由表6.8得到:第一,中央国有企业的创新能力较高。党的十八大以来,尤其是"十三五"规划实施以来,央企大力推进科技创新、增强自主创新能力,在通信、载人航天、高速铁路等方面取得了一批具有世界先进水平的标志性成果。第二,民营企业的创新能力低于中央国有企业,但高于地方国有企业。40年来,民营企业不仅是改革开放的见证者和参与者,更是受益者,灵活的机制让民营企业能更加贴近市场、推进技术创新和转型升级,在新产品研发上贡献突出。第三,地方国有企业的创新能力较低,主要原因是地方国有企业创新机制不健全、创新激励不足,在自主创新的投入不够,自主创新能力较弱。第四,外资企业的数量较少,其创新能力水平较为落后,主要原因是核心技术和发明专利多由外方提供,并不对国内企业开放,外资的溢出效应难以在技术成果转化中体现。

表6.8　中国工业上市公司创新能力综合指数的公司属性比较

排序	公司属性	平均综合指数	上市公司数量
1	公众企业	127.17	75
2	其他企业	119.33	20
3	中央国有企业	103.63	212
4	民营企业	84.12	1237
5	外资企业	68.31	63
6	地方国有企业	65.25	264
7	集体企业	44.97	11
	汇总	85.00	1882

第六节　本章小结与政策建议

本章从创新投入和技术成果转化两方面构建中国工业上市公司创新绩效综合评价体系,以1882家工业上市公司的"技术人员占比""本科及以上文化程度员工占比""研发资金投入强度""研发支出资本化率"和"技术人员人均专利申请数"五个客观数据指标和25位专家的"专家权重""专家信任度"和"专家专业度"三个维度主观信息集为样本信息,构建专家咨询约束下主客观赋权模型,用5-Folds交叉验证(Cross Validation)的方法寻找最优的惩罚因子($Q=0.4$)和最优的权重估计量,从而建立中国工业上市公司创新绩效综合指数。该方法克服了传统主成分分析无法解决的"负权"问题,并用惩罚项的方法将主客观信息集融合,平衡两个数据集的信息,所得出的权重估计量更具有科学性。

从工业上市公司的行业分类和实际控制人属性两个维度分析中国工业上市公司创新能力的特点,可对中国各行业、各所有制企业的创新能力认识得更为全面。

从行业属性维度来看,计算机行业的创新绩效最高,纺织服装业的创新绩效最低;计算机、国防军工、通信、建筑装饰、电子、医药生物和电气设备的创新水平处于上游,这类行业重视自主研发,对研发要求较高,更贴近领先型创新战略。机械设备、汽车、建筑材料和化工的创新水平处于中游,自主研发能力较弱,偏向跟进行业中企业先进技术而进行技术改进和创新的跟随型创新战略。趋于末尾的是有色金属、采掘、家用电器、钢铁、轻工制造和纺织服装,这类行业研发能力最弱,基本依赖于外部技术购买,更贴近模仿型创新战略。领先型创新战略的行业坚持创新引领的道路不动摇,继续加大研发投入,推动技术成果转化;跟随型战略的行业立足于当下和中国国情,逐渐向领先型创新道路迈进;而模仿型战略的行业需要逐渐淘汰落后和过剩产能,加快转型升级步伐。

从实际控制人属性维度来看,央企创新能力水平较高,坚持中国特色社会主义发展道路,坚持"四个自信",继续集中力量办大事,抓重大、抓尖端、抓基本,从而形成推进自主创新的强大合力,例如在通信、载人航天、高速铁路等方面取得了具有世界先进水平的技术创新。民营企业的创新活力较高,具有更加贴近市场、推进技术创新和转型升级的灵活机制体制,因此,要毫不动摇鼓励、支持、引导非公有制经济发展,发挥民营企业的创新活力。地方国有企业创新绩效较低,缺乏创新意识和动力,更需要深化改革,增强国有经济的创新力和竞争力。外资企业的创新水平排在最后,主要原因在于外方提供的核心技术和发明专利对中方排斥和保护,外资的溢出效应较少地涉及技术研发方面。

第六章 中国工业上市公司创新能力的综合评价应用研究 / 113

为此，本章针对行业分类和公司所有制属性两个维度提出相应的政策建议：

从工业上市公司的行业分类看，加大科技创新投入，针对不同行业的创新特征合理配置研发资源，提高中国工业上市公司的整体创新绩效水平。计算机、国防军工、通信、建筑装饰、电子、医药生物和电气设备的创新绩效相对较高，更贴近领先型创新战略，重视自主研发创新；机械设备、汽车、建筑材料和化工的创新绩效水平处于中游水平，贴近跟随型创新战略；有色金属、采掘、家用电器、钢铁、轻工制造和纺织服装的创新绩效排在下游水平，为模仿型创新战略。因此，对不同的行业创新特征的科学认识能够促进政府合理配置研发资源，加强科技创新的投入，提高研发管理水平，完善工业行业的创新机制。

从工业上市公司的所有制属性来看，深化国有企业改革，优化民营企业创新环境，吸引外资企业在中国建立研发基地，充分利用不同所有制企业的创新优势，共同促进中国的整体创新水平。中央国有企业的创新能力较高。民营企业的创新能力低于中央国有企业，但高于地方国有企业。外资企业由于外方对核心技术和发明专利的保护，使得创新绩效水平较低。中国的中央国有企业在创新投入和专利产出两方面具有较强的竞争力，尤其在"十三五"规划实施以来，央企大力推进自主创新能力，分别在通信、航天航空等领域占据创新的高地。党的十九大报告提出将创新引领作为培育新增长点、形成新动能的重要领域和深化供给侧结构性改革的主攻方向，央企在中国科技创新中发挥着重要的作用，应继续扩大其在科技创新上的优势，为深化供给侧改革进一步贡献力量。民营企业具有清晰的产权结构和市场竞争力，有助于优化创新资源配置，提高全社会的创新效率，但是，民营企业整体的创新能力提高还需要政府优化创新环境，创造更加健康公平的市场和法制环境，完善专利保护制度。地方国有企业创新效率较低主要由于国有企业不健全的创新激励和薄弱的创新意识，需要从顶层深化国有企业改革，激发员工的创新精神和企业活力。外资企业中的核心技术和发明专利由外方保护和排他，外资的溢出效应较少地涉及技术研发但较多地反映在创新人才的培养方面。鼓励和吸引外资企业在中国建立研发基地能够充分发挥外资企业的溢出效应和创新带动作用，推动中国创新水平的整体提高。

本章附录

专家打分卡——中国工业上市公司创新能力的综合评价

尊敬的专家：

您好！

上市公司创新能力评价指数由两个一级指标和五个二级指标构成。为了构建合理、可信的综合评价指标体系，我们在搜集客观数据的基础上，还需要采集在"公司金融"或者"科技统计"方面有相关研究的专家对指标主观的打分。现邀请您参加综合指标体系赋权及可信度调查。

专家信息：

姓名：_____ 学历：_____
单位：_____ 职称：_____
研究方向：_____

"上市公司创新能力评价"指标分为两个一级指标，即**创新投入和技术成果转化**，创新投入包含人力投入和财力投入。下面，分别对以下指标赋权：

首先，对一级指标赋权：

一级指标	权重	合计
创新投入		100%
技术成果转化		

然后，对二级指标赋权：

综合指数	一级指标	二级指标	权重	合计	可信度
上市公司创新能力评价指数	创新投入	技术人员占比		100%	
		本科及以上文化程度员工占比			
		研发资金投入强度			
	技术成果转化	研发支出资本化率		100%	
		技术人员人均专利申请数			

注：每个一级指标所含的二级指标权重和为"1"；"可信度"指专家本人对该指标的理解程度，即本人对自身专业程度的评价(百分制)。

非常感谢您的配合！

变量解释：

指标	指标描述	指标含义
x_{1i}	技术人员占比	技术人员数/职工总数
x_{2i}	本科及以上文化程度员工占比	本科及以上文化程度员工数/职工总数
x_{3i}	研发资金投入强度	研发费用/主营业务收入
x_{4i}	研发支出资本化率	资本化研发支出/研发费用 研发支出资本化是研发投入转化为成果能力的标志之一。研发支出满足五个条件，才能予以资本化，即技术可行、开发有目的、能带来经济利益、有资源支持和可靠计量。
x_{5i}	技术人员人均专利申请数	专利申请数（包括发明、实用新型和外观设计）/技术人员数

第七章 金融科技背景下普惠金融对商业银行盈利能力的影响研究

发展普惠金融逐渐成为金融供给侧结构性改革与强化金融服务功能的重要组成部分。中国商业银行处于金融服务体系中的核心地位,是推广与发展普惠金融的中坚力量。近年来,大数据、云计算、移动支付等金融科技不断发展,降低了交易成本、拓宽了金融服务范围、有效识别了信用风险。本章从商业银行的视角出发,运用专家咨询约束下主客观赋权模型从地理维度的服务渗透性、人口维度的服务可得性、金融科技服务的深度性和金融服务使用情况四个维度构建衡量商业银行普惠金融发展水平的综合评价指标体系,运用面板模型考察金融科技背景下普惠金融对商业银行盈利能力的影响。实证研究发现,普惠金融发展水平的排名依次是国有银行、股份制商业银行和城市商业银行;普惠金融对商业银行盈利能力呈现"U"字形影响;随着商业银行加大信息科技投入强度,有效融合互联网、大数据信息技术,增强金融服务的覆盖面和体验,商业银行能在发展普惠金融业务的同时打开商业银行的盈利空间。本章进一步讨论不同所有制下商业银行的影响效应后发现,股份制商业银行的普惠金融与金融科技指标对盈利能力的影响具有显著性,而国有商业银行和城市商业银行的影响效应不显著。这为中国发展普惠金融,推进金融供给侧结构性改革与强化金融服务功能提供了新的研究视角,为商业银行提高盈利能力与金融科技发展水平提供了经验证据。

第一节 相关文献综述

普惠金融(Inclusive Finance)的概念由联合国在 2005 年"国际小额信贷年"上首次提出,是指非正规金融组织向贫困人口发放的小额信贷。2006 年,普惠金融的概念被引入国内,逐渐成为金融改革与发展的重要组成部分。

第七章 金融科技背景下普惠金融对商业银行盈利能力的影响研究

2013年,党的十八届三中全会通过的《关于全面深化改革若干重大问题的决定》,正式提出"发展普惠金融",从此,中国普惠金融的发展走上快车道。2016年,国务院颁布《推进普惠金融发展规划(2016—2020年)》,标志着中国普惠金融发展有了明确的战略规划,是国家战略的重要组成部分。2017年,各部门联合印发《大中型商业银行设立普惠金融事业部实施方案》,商业银行逐渐建立普惠金融体系。习近平总书记在全国金融工作会议上指出,要建设普惠金融体系,加强对小微企业、"三农"和偏远地区的金融服务。新冠肺炎疫情加速推进百年未有之大变局的演进,国内转变发展方式、优化经济结构、转换增长动力,打通内循环,促进经济运行中各种要素的畅通流动。党的十九届五中全会更是强调构建金融有效支持实体经济的体制机制,提升金融科技水平,增强金融普惠性。为全面落实"六稳"和"六保"工作,作为市场主体关键的中小微企业的生存与发展更是被放到突出的位置。普惠金融是一个能有效地、全方位地为贫困、低收入人口、中小微企业提供服务的金融体系。

近年来,中国普惠金融发展速度加快、范围增广。金融机构的存贷款余额反映中国普惠金融发展中金融服务的使用程度,常常作为代表性指标。截至2019年末,中国金融机构的存款余额为192.88万亿元,贷款余额为153.11万亿元,近十五年来规模逐年递增。其中,普惠小微贷款保持较快增长。根据中国人民银行《2019年金融机构贷款投向统计报告》显示,2019年末,普惠小微贷款余额为11.59万亿元,与2018年同期相比增长23.1%;2019年全年增加了2.09万亿元,与2018年同期相比多增加8525亿元。2019年末普惠小微贷款支持的小微贷款主体有2704万户,与2018年相比增长26.4%,同比多增100万户,体现了中国普惠金融小微贷款总量和小微贷款主体都有较快增长趋势。

普惠金融是全球金融改革和金融创新的成果。对金融排斥理论的研究推动普惠金融概念的提出,并丰富普惠金融的内涵。金融排斥(Financial Exclusion)起源于20世纪90年代,随着美国1990年以来管制放松、信息技术的不断发展,美国的银行业追求金融"价值最大化"的目标,关注金融客户的质量,从而不断细分市场,为规模大、盈利能力好的价值客户群体服务,而将贫困、低收入、农村及边远地区的人群分离出去,造成这些地区金融机构产品与服务的缺乏,从而产生金融排斥(Leyshon和Thrift,1995,1996)。金融排斥是指社会中的低收入、遭受失业、地理位置偏远等中小微企业和弱势群体没有信用支撑而无法进入金融体系获得必要的金融服务,从而被排斥在金融服务体系之外(Sharma,2009)。Demirguc-kunt和Levine(2004)认为,金融机构非常看重客户的职业,这是因为职业对于客户的风险承受能力有显著影响,是帮助金融机构预估风险的重要方法。所以,金融排斥的本质是区域不均衡发展及社会资源不公平分配所造成的市场失灵。Kempson 和 Whyley(2001)使用地理排斥、条件排斥、评估排斥、价格排斥、营销排斥与自我排斥来描述金融排斥的动态综合评价结果。

无论是发展中国家还是经济、金融高度发达的国家,都面临严重的金融排斥问题。金融排斥的概念从 2007 年由王志军(2007)等学者引入国内,并对其测度进行研究。王修华等(2009)通过 Kempson 和 Whyley(2001)的六个维度构建中国 31 个省份金融排斥指数,发现中国金融排斥在各省份显著存在,并且在经济水平落后的中西部地区,金融排斥越加严重。李春宵和贾金荣(2012)以金融服务的深度、金融服务的可得度、金融服务的使用度和金融服务的可负担度等四个维度构建中国金融排斥指数,同样发现中国各省份地区金融排斥程度较大,且存在差异。中国因为地域辽阔和城乡二元结构存在,金融基础设施建设不完善,金融产品与服务无法深入地理位置偏远或农村地区,金融排斥问题尤为突出。因此,金融排斥问题的解决是全面建成小康社会的必然要求,是脱贫攻坚战取得胜利的重要途径。

发展普惠金融是解决金融排斥的重要途径(何德旭和苗文龙,2015;王颖和曾康霖,2016),普惠金融发展水平的测度为发展普惠金融提供重要的客观支撑。Beck 等(2009)从金融服务的影响因素(如经济发展水平、金融基础设施建设等)出发,提出普惠金融发展测度的八项重要指标。Sarma 进一步从金融服务的地理渗透性、金融产品的可得性与金融产品的使用有效性三个维度构建普惠金融发展指数,并于 2011 年测算了全球 45 个国家的普惠金融发展指数,同时进行横向的比较(Sarma,2008;Sarma 和 Pais,2011;Chakravarty 和 Pal,2013)。国内关于普惠金融发展水平的测度研究起步于近十年,大多基于 Sarma(2008)、Chakravarty 和 Pal(2013)的方法,包含金融服务的渗透性、金融服务的可得性及金融服务实际使用情况三个维度(谢升峰和许宏波,2016)。星焱(2016)提出普惠金融的基本理论框架,归纳普惠金融的"5+1"界定方法。"5"指的是普惠金融五大核心要素,即可得性、价格合理性、便利性、安全性和全面性,"1"指的是特定服务客体。在测度方法方面,Park 和 Mercado(2018)通过主成分分析构建 151 个经济体的普惠金融指数,评估普惠金融对于贫困和收入不平等的影响,结果显示在高收入或中高收入的经济体中普惠金融能够显著改善贫困,而在中低收入经济体中两者没有显著关系。

马彧菲和杜朝运(2016)从金融服务范围和使用情况两个维度出发,运用主成分分析方法构建包含11个指标的普惠金融指标体系,考察2008至2013年期间37个国家与地区的普惠金融发展情况。齐红倩和李志创(2019)构建Probit模型研究了普惠金融发展过程中不同群体使用情况的差异性。

商业银行作为中国金融体系中的中坚力量,在普惠金融发展过程中应当发挥重要的作用。随着中国金融业近年来的快速发展,大型国有企业、高资产净值的个人容易获得充分、高质量的金融服务。而中小微企业、弱势群体和低收入群体难以获得充分、有效的金融支持,部分企业、农村及城市低收入者甚至无法接触到金融服务。因此,中国金融业尤其是商业银行存在其盈利模式与普惠金融服务对象不匹配的问题。但是从商业银行的视角下讨论普惠金融发展情况及测度的文献较少。其中,郭田勇和丁潇(2015)基于银行服务的视角从商业银行金融服务的人口维度渗透性、地理维度的可及性以及信贷可获得情况三个维度构建普惠金融发展指数,但未从商业银行主体的角度讨论普惠金融的发展水平。

普惠金融经历从"小额贷款"到"微型金融",再到"综合性的普惠金融",这个演化的内在逻辑是从"服务需求"到"金融创新"再到"金融服务的供给"。在这个演化过程中,金融创新是关键因素(星焱,2015)。金融科技的快速发展为商业银行服务实体经济提供重要的技术支持,通过大数据建模、人工智能、区块链等金融科技工具,使得商业银行在风险识别、资产定价、债务清算等方面取得良好的成效(林宏山,2014),从而推动金融服务惠及中小微企业、弱势群体和低收入人群,将普惠金融与商业银行盈利目标结合起来(丁杰,2016)。大数据、人工智能赋能金融,为金融供给侧改革提供技术支撑和创新机遇(李建军和王德,2015)。2019年8月,央行印发《金融科技(FinTech)发展规划(2019—2021年)》,金融科技成为促进普惠金融发展的新机遇。人脸识别、指纹识别、声纹技术、智能算法等在客户画像、客户标签、无接触支付中的广泛应用,是当前金融科技与普惠金融深度融合的体现(姜明宇和周晓红,2019)。商业银行处于中国金融服务体系中的核心地位,是金融科技的应用主体,也是推广普惠金融的重要金融机构(姜明宇,2019)。对于商业银行而言,着眼于小微企业的健康发展,提高商业银行的竞争力,应促进普惠金融的高质量发展(孙兆斌,2018)。

综上所述,依托商业银行为主要金融中介机构,各地区政府正在推进普惠金融发展。但是,现代商业银行是金融市场中的理性人,经营过程追求利润的最大化,这便产生普惠金融与商业银行盈利能力之间的矛盾。近年来,随着大数据、移动支付的发展,交易时间和成本逐渐降低,从而拓宽了金融服务的辐射范围和深入程度,使得金融科技与普惠金融融合发展。当前普惠金融研究与测度大多关注宏观层面对经济增长、居民收入水平的影响,从商业银行的业务指标出发考察普惠金融发展情况的研究不多,鲜有从定量的方法基于商业银行业务指标构建评价其普惠金融发展水平的测度指标体系。

本章从普惠金融的推广主体,即商业银行的微观层面出发,探索商业银行普惠金融发展的衡量维度,量化上市商业银行的普惠金融发展水平。更进一步,在金融科技背景下,研究普惠金融与商业银行盈利能力提升的路径。创新之处有两点:一是在普惠金融发展水平的测度方面,不同于以往文献关于宏观层面的测度研究,专注于中国上市商业银行普惠金融的发展水平的微观测度研究,从四个维度出发考虑商业银行普惠金融的发展水平;二是研究金融科技在普惠金融与商业银行盈利能力之间所起到的影响作用,为商业银行普惠金融的发展及盈利能力的提高提供相应的实证支持。

第二节 商业银行普惠金融发展综合评价指标体系

一、中国商业银行普惠金融发展综合评价指标体系的提出

随着邮储银行在港交所主板和 A 股成功上市,当前中国国有大型商业银行扩容至 6 家,其中工商银行、农业银行、中国银行和建设银行入选全球系统重要性银行。国有大型商业银行由国家财政部或中央汇金公司直接控股,此外,还有股权相对分散的全国性股份制商业银行和城市商业银行,由此构成中国银行业完整体系。其中,全国性股份制商业银行是商业银行体系中富有活力的生力军。由 2020 年上市公司中报数据可知,截至 2020 年 6 月,A 股 36 家上市银行总资产规模达到 202.64 万亿元,同比增长 10.81%,总负债规模达到 186.65 万亿元,同比增长 10.53%。

普惠金融的发展与商业银行普惠金融业务的推行密不可分。2017 年的中央政府工作报告中指出,鼓励大中型商业银行设立普惠金融事业部。同年 5 月,银监会等 11 家部委联合发布《大中型商业银行设立普惠金融事业部实施方案》,国有大型商业银行迅速作出反应。截至 2018 年 5 月,五大国有商业银

行在总行层面均成立"普惠金融事业部"(见表7.1),并在185家一级分行设立普惠金融事业部分部,实现从总行到基层的普惠金融服务网络,以弥补金融服务短板,增加有效金融供给,促进金融业可持续发展。此外,招商银行、民生银行等六家股份制商业银行相继成立普惠金融事业部。城市商业银行和农村中小金融功能机构也进行相应的普惠金融创新。上海银行于2017年成立普惠金融事业部,是较早设立普惠金融事业部的城市商业银行。

国有大型商业银行和股份制银行依托其资产规模大、物理网点多、科技实力强、从业人员多等优势,是中国普惠金融实践中的中坚力量。城市商业银行、农村银行、社区银行则呈现出区域化、数量众多、服务覆盖范围下沉的特点,是服务地方中小企业、完善银行业普惠金融供给的重要组成部分。从乡镇覆盖率来看,2018年末,国内银行机构达到96%,基本做到对乡镇的全覆盖。商业银行在全国建设的各类物理网点、普惠金融服务点是提高普惠金融覆盖率的必要措施,也是改善金融服务对象不匹配问题的基础建设。

表7.1 五大国有大型商业银行普惠金融机构设计及运行机制

银行名称	机构设计情况	职能或运行机制
工商银行	总行设立普惠金融事业部;搭建普惠金融总分支行多层次垂直化的组织架构体系;地级市和县域广泛设立小微金融业务中心	支持"小微""三农""双创""精准扶贫"等领域;"六个单独"机制:单独的信贷管理体制、单独的资本管理机制、单独的会计核算体系、单独的风险拨备与核销机制、单独的资金平衡与运营机制、单独的考评激励约束机制
建设银行	总行党委设立普惠金融发展委员会	协调推进普惠金融业务的管理和发展
	总行部门层面设立普惠金融事业部	牵头完善与普惠金融重点服务对象相适应的管理机制、业务模式、产品、服务和技术支撑体系
农业银行	董事会设立三农发展委员会	统筹全行"三农"业务的战略决策
	总行管理层设立三农金融管理委员会	统筹服务"三农"重大事项的决策部署
	总行设立"三农金融事业部+普惠金融事业部"双轮驱动普惠金融体系	三农金融事业部主要负责全行县域业务的营销管理;普惠金融事业部负责"三农"领域以外的普惠金融服务
中国银行	总行管理层设立普惠金融管理委员会	统筹管理和推进全行普惠金融业务
	总行设立普惠金融事业部	采用"条线化"管理体制,整体规划协调中小公司、个金等业务条线的普惠金融业务

续表

银行名称	机构设计情况	职能或运行机制
交通银行	总行设立普惠金融事业部	顶层设计入手,完善体制机制,统筹规划,形成针对普惠金融业务的垂直化、专业化经营管理体系

注:依据五大国有商业银行公开资料整理。

普惠金融发展综合评价指标体系的建立立足在普惠金融概念的界定之上。普惠金融的概念主要从金融服务的主体来界定。联合国于2005年给予其初步的界定,提出普惠金融是指非正规金融组织向贫困人口发放的小额信贷;世界银行于2008年提出,普惠金融指使用金融服务时不存在价格与非价格的壁垒,能够多维度地实现金融服务。G20集团发布的普惠金融测度指标体系主要包含金融服务的四个维度,即渗透性、可得性、使用效用性和可负担性。为测度中国商业银行普惠金融的发展水平,本章构建中国商业银行普惠金融发展评价指标体系,参考G20普惠金融评价指标体系及相关研究,以商业银行的视角,从金融服务的地理覆盖度、金融服务的人力支持度、金融科技的服务可得性和金融服务的普惠使用度等四个维度出发考虑。

随着中国普惠金融不断发展和政策的不断推进,金融业基础设施不断完善。2018年末,中国商业银行共有4 588家金融机构,营业网点个数达22.86万;法人机构为4 588个,同比增加1.24%;2017年末,全国银行业金融机构从业人员达417.04万人,同比增加2.0%。不断增加的银行业金融机构营业网点、从业人员、法人机构等都有助于金融服务的推广和服务质量的提高,推进普惠金融的发展。因此,通过"营业网点的个数"反映普惠金融服务的地理覆盖度,通过"银行员工总数"反映普惠金融服务的人力支持度。"自助设备数"具有生产技术的高度系统化、集成化、应用领域的专属性和普及性等特征。随着金融科技的进步和银行服务的不断创新,自助设备呈现更智能化、自助化和网络化的发展趋势。随着智能手机的普及和金融科技的高速发展,手机银行用户规模日益扩大,已经成为线上获客的重要渠道入口。因此,我们通过"自助设备数"和"手机银行客户数"表示金融科技的服务可得性。

银保监会统一将单户授信总额1 000万元及以下的企业贷款定义为普惠型小微企业贷款。截至2018年末,全国普惠型小微企业贷款余额为9.36万亿元,同比增长21.79%,比贷款增速高9.2个百分点。其中,农业银行、交通银行、中国银行分别为1.425 3万亿元、1.416 8万亿元和1.304 2万亿元。因此,"普惠型小微企业贷款余额(亿元)"可以衡量普惠金融的程度。截至2018年末,全国银行卡在用发卡数量为75.97亿张,同比增长13.51%,其中借记卡在用发卡数量69.11亿张,同比增长13.20%。全国共发生银行卡交易2 103.59亿笔,金额为862.10万亿元,同比增长分别是40.77%和13.19%。国家发改委、人民银行于2016年颁布《关于完善银行卡刷卡手续费定价机制的通知》要求完善银行卡手续费定价机制,总体降低收费水平,统一费率。因此,"银行卡手续费"不仅反映商业银行的发卡规模,也从一定角度体现商业银行的普惠金融水平。通过"普惠型小微企业贷款余额"和"银行卡手续费"两个指标可以衡量金融服务的普惠使用度。

综上所述,通过以上四个衡量维度来测度中国商业银行普惠金融的发展水平(见表7.2)。

表7.2　　　　中国商业银行普惠金融发展评价指标体系

一级指标	二级指标	单位	变量名称
金融服务的地理覆盖度	营业网点数	个	$Branch_i$
金融服务的人力支持度	员工总数	人	$Employee_i$
金融科技的服务可得性	自助设备数	台	ATM_i
	手机银行客户数	万户	$Mobile_i$
金融服务的普惠使用度	普惠型小微金融贷款余额	亿元	$SmallLoans_i$
	银行卡手续费	百万元	$Charge_i$

二、中国上市商业银行普惠金融发展水平的测度

中国上市商业银行的普惠金融发展评价指标体系中的六个二级指标均来自Wind金融终端数据库上市商业银行企业社会责任数据表和经营数据表。截至2019年12月31日,中国共有36家上市商业银行。其中,2019年新增8家。由于企业社会责任数据表和经营数据表的数据可得性,我们选取2019年年报数据,故剔除2018年和2019年新增的上市商业银行11家。另外,江阴银行、张家港行没有企业社会责任数据表,苏农银行、贵阳银行、杭州银行、无锡银行缺少企业经营数据表,因此,得到上市商业银行共19家,即工商银行、中国银行、建设银行、农业银行、交通银行等5家国有大行,平安银行、浦发银

行、民生银行、招商银行、华夏银行、兴业银行、中信银行、光大银行 8 家股份制商业银行和宁波银行、南京银行、北京银行、江苏银行、常熟银行、上海银行 6 家城市商业银行。

基于 Wind 金融终端数据库上市商业银行企业社会责任数据和经营数据表,并结合 2019 年 19 家上市商业银行《公司年报》和《企业社会责任报告》,共获取 2019 年 19 家上市商业银行 6 个客观数据指标数据(见本章附录一)。

本章运用专家咨询约束下主客观赋权模型构建中国上市商业银行普惠金融发展综合评价指标体系。首先,我们先研究六个二级指标的相互关系,得到六个指标的相关系数矩阵(见表 7.3)。可以看到,营业网点、员工总数、自助设备数、手机银行客户数具有较强的相关性,银行卡手续费和普惠型小微金融贷款余额具有较低的相关性。

表 7.3　　　　　　　　客观指标数据相关系数矩阵

	$Branch_i$	$Employee_i$	ATM_i	$Mobile_i$	$SmallLoans_i$	$Charge_i$
$Branch_i$	1.000 0	0.981 0	0.991 6	0.931 8	0.396 8	0.622 6
$Employee_i$	0.981 0	1.000 0	0.964 6	0.958 8	0.378 1	0.689 8
ATM_i	0.991 6	0.964 6	1.000 0	0.941 1	0.422 0	0.621 4
$Mobile_i$	0.931 8	0.958 8	0.941 1	1.000 0	0.457 6	0.763 9
$SmallLoans_i$	0.396 8	0.378 1	0.422 0	0.457 6	1.000 0	0.416 1
$Charge_i$	0.622 6	0.689 8	0.621 4	0.763 9	0.416 1	1.000 0

专家咨询约束下主客观赋权模型将综合指数的合成问题看作因子模型中共同因子的估计问题。其中,共同因子是综合指数,权重是载荷因子,指标之间存在相关关系,因此,可以通过一个潜在的不可观测的共同因子来反映各个指标的共同特征。本章基于商业银行反映普惠金融功能的客观数据指标来提取综合指数。构建综合评价指标体系的单因子模型如下所示:

$$x_{ki} = w_k f_i + \varepsilon_{ki}; k=1,\cdots,K; i=1,\cdots,N. \quad (7.1)$$

其中,x_{ki} 表示客观数据指标,f_i 表示共同因子,w_k 表示因子载荷,ε_{ki} 表示残差项,服从均值为 $\mathbf{0}$,协方差矩阵是 $\mathbf{\Sigma}$ 的分布。因子载荷可由主成分分析方法估计并通过姜国麟、刘弘和朱平芳(1996)的专家咨询约束进行"负权"调整,共同因子 f_i 的估计 $\widehat{f_i}$ 可由权重估计量和客观数据指标线性组合得到:

$$\widehat{f_i} = \sum_{k=1}^{K} \widehat{w}_k x_{ki}. \quad (7.2)$$

第七章 金融科技背景下普惠金融对商业银行盈利能力的影响研究 / 125

在对客观数据指标进行标准化处理去除量纲后,运用专家咨询约束下主客观赋权模型估计六个指标的权重,即影响普惠金融发展水平的综合指数较大的是手机银行客户数(18.88%)、员工总数(18.76%)、自助设备数(18.60%)和营业网点数(18.58%),其次是银行卡手续费和普惠型小微金融贷款余额,分别是14.99%和10.19%,从而合成综合指数。

我们可以采用类似的方法构建2017年和2018年中国上市商业银行普惠金融发展综合评价指标体系,分别得到六个指标的权重(见表7.4)。可以看到,权重影响较大的是手机银行客户数、员工总数、自助设备数、营业网点数和银行卡手续费,但是影响作用随着时间的变化逐渐减弱;权重影响较小的是普惠型小微金融贷款余额,其影响作用随着时间的变化逐渐增强,体现了普惠金融发展的决定因素逐渐从物力和人力支撑转向金融服务的普惠使用程度。

表7.4 2017—2019年中国上市商业银行普惠金融综合评价指标体系权重估计表

年份	$Branch_i$	$Employee_i$	ATM_i	$Mobile_i$	$SmallLoans_i$	$Charge_i$
2017	19.98%	20.24%	19.67%	19.88%	3.82%	16.43%
2018	19.52%	19.74%	19.43%	19.66%	6.26%	15.39%
2019	18.58%	18.76%	18.60%	18.88%	10.19%	14.99%

表7.5报告了2017年至2019年中国上市商业银行普惠金融发展综合指数。从中可以看到,五大国有银行排前五位,农业银行的普惠金融水平最高,其次是建设银行、工商银行、中国银行和交通银行,其中农业银行连续三年排名第一,工商银行和建设银行分列第二、第三位,中国银行和交通银行连续三年均位列第四和第五位。8家股份制商业银行其次。招商银行、兴业银行、平安银行普惠金融发展较快,连续三年位次上升,民生银行、中信银行、浦发银行紧随其后。6家城市商业银行排名最后。其中北京银行和江苏银行普惠金融发展较好。

表7.5 2017—2019年中国上市商业银行普惠金融综合指数排序

商业银行	2019年普惠金融发展 指数	排序	2018年普惠金融发展 指数	排序	2017年普惠金融发展 指数	排序
农业银行	299.28	1	300.95	1	306.04	1
建设银行	276.86	2	270.93	3	271.06	3
工商银行	270.93	3	277.24	2	283.63	2
中国银行	174.44	4	183.27	4	187.31	4

续表

商业银行	2019年普惠金融发展指数	排序	2018年普惠金融发展指数	排序	2017年普惠金融发展指数	排序
交通银行	124.91	5	114.43	5	106.90	5
招商银行	84.80	6	78.36	7	76.65	8
兴业银行	82.70	7	75.42	10	69.00	11
民生银行	81.73	8	80.07	6	76.78	7
平安银行	77.80	9	73.42	11	68.21	12
中信银行	74.68	10	77.47	8	84.07	6
浦发银行	73.98	11	72.38	12	70.56	10
光大银行	60.56	12	76.32	9	71.29	9
华夏银行	52.88	13	52.14	13	50.70	13
北京银行	36.66	14	34.26	14	33.59	15
江苏银行	33.90	15	32.99	15	33.60	14
上海银行	24.89	16	26.96	16	29.74	16
宁波银行	24.87	17	25.63	17	28.64	17
南京银行	24.34	18	25.63	18	27.60	18
常熟银行	19.78	19	22.10	19	24.64	19

第三节 实证分析

基于四大维度六个客观数据指标，本章构建中国商业银行普惠金融发展综合评价指标，测度商业银行普惠金融发展水平，进一步考察金融科技背景下普惠金融对商业银行盈利能力的影响程度。

一、指标选取与数据来源

金融科技的衡量采用各上市商业银行年报中发布的"信息科技投入占营业收入比重"。从上市银行2019年年报数据中看到，信息科技投入占营业收入的平均比例是2.55%，同比增加0.36个百分点，体现上市商业银行的金融科技投入强度不断增强。被解释变量盈利能力通过"净资产收益率"衡量。其余控制变量包括商业银行两大能力，即营运能力和风险管理能力，营运能力由存贷比、成本收入比、净息差等指标刻画,风险管理能力由杠杆率、不良贷款率和流动性覆盖率等指标衡量。以上指标均来自 Wind 金融终端数据库中的上市商业银行财务年报。表7.6是实证分析选取的变量及相关指标解释。

表7.6　　　　　　　　　　变量选取及指标解释

变量类型	变量表示	变量名称	指标名称	指标定义
因变量	ROE_{it}	盈利能力	净资产收益率	净利润/总资产
关键解释变量	$Inclusive_{it}$	普惠金融	普惠金融指数	因子模型估计合成
	$FinTech_{it}$	金融科技	科技投入强度	信息科技投入/营业收入
控制变量	LDR_{it}	营运能力	存贷比	贷款总额/存款总额
	CIR_{it}		成本收入比	营业费用/营业收入
	NIM_{it}		净息差	银行净利息/生息资产
	$Leverage_{it}$	风险管理能力	杠杆率	一级资本/总资产
	NPL_{it}		不良贷款率	不良贷款额/贷款总额
	LCR_{it}		流动性覆盖率	优质流动性资产/未来30天现金净流出

中国商业银行普惠金融事业部从2017年开始逐渐成立,本章选取2017—2019年三年的金融科技和普惠金融相关数据指标。因此,数据共包括中国19家上市商业银行2017—2019年三年的平衡面板数据,共有57个观测对象(见本章附录二)。

从数据描述性统计分析结果(见表7.7)来看,19家上市商业银行3年的净资产收益率平均为13.39%。其中,最大值是宁波银行的19.02%,最低值是华夏银行的10.61%。科技投入强度平均为2.18%。其中,招商银行的金融科技投入强度最大,为3.72%。我们首先从总体上讨论普惠金融发展水平与金融科技投入强度对商业银行盈利能力的影响,再从国有大型商业银行、股份制商业银行和城市商业银行三个子样本的角度讨论该影响程度的差异性。

表7.7　　　　　　　　　指标数据的描述性统计分析

变量表示	单位	观测数	平均值	标准差	最小值	最大值
ROE_{it}	%	57	13.39	2.02	10.61	19.02
$Inclusive_{it}$	—	57	100.00	88.71	19.78	306.04
$FinTech_{it}$	%	57	2.18	0.57	0.66	3.72
LDR_{it}	%	57	85.06	12.88	53.83	113.05

续表

变量表示	单位	观测数	平均值	标准差	最小值	最大值
CIR_{it}	%	57	28.85	3.89	19.98	38.24
NIM_{it}	%	57	2.08	0.47	1.25	3.70
$Leverage_{it}$	%	57	6.62	0.75	4.84	8.31
NPL_{it}	%	57	144.80	31.50	78.00	214.00
LCR_{it}	%	57	129.48	24.28	93.43	212.48

二、模型设定与实证结果

我们通过面板模型讨论普惠金融发展水平与金融科技投入对商业银行盈利能力的影响。基于 Hausman 检验，固定效应模型适用于本章实证。因此，构建如下面板模型形式：

$$ROE_{it} = \beta_1 Inclusive_{it} + \beta_2 FinTech_{it} + x'_{it}b + u_i + \lambda_t + \varepsilon_{it}. \quad (7.3)$$

其中，商业银行盈利能力指标(ROE_{it})为被解释变量，主要解释变量是普惠金融发展水平($Inclusive_{it}$)[①]和金融科技投入强度($FinTech_{it}$)。x'_{it}表示控制变量，分别反映商业银行的营运能力和风险管理能力。u_i表示个体效应，λ_t表示时间效应，ε_{it}是随机扰动项。

实证结果如表 7.8 所示，从模型(1)可以得到普惠金融发展水平对商业银行盈利能力的线性影响较弱，其中必然存在非线性关系。从模型(2)和(3)等包含个体固定效应的面板模型中可以得到，普惠金融发展水平对商业银行盈利能力的影响呈现显著的"U"字形。普惠金融发展指数的估计系数为负值，验证了商业银行作为普惠金融发展的主体，在发展普惠金融时，初期其盈利能力会受到冲击、其盈利能力会降低；但普惠金融指数的二次项系数显著为正，体现了随着普惠金融的进一步发展，商业银行通过金融科技有助于解决普惠金融发展过程面临的成本与收益难以兼顾等问题，利用大数据、云计算、移动支付等金融科技手段，助力金融机构降低服务门槛和成本，提高金融机构风险控制能力，降低操作成本，使得其对商业银行盈利能力的正面影响效应开始凸显。

---

① 普惠金融发展指数单位为 100，在面板模型中单位调整为 1。

从模型(4)和模型(5)中可以得到,加入控制变量后,金融科技对商业银行盈利能力的影响具有显著的正向效应;加入时间效应后,金融科技对商业银行盈利能力的正向效应、普惠金融发展对商业银行盈利能力的"U"形效应均具有显著性,体现金融科技和普惠金融发展对其盈利能力的影响具有时间趋势性。随着各大商业银行逐渐加大信息科技投入强度、有效融合互联网和大数据信息技术、增强金融服务的覆盖面和体验,物理网点和自助设备逐渐从商业银行的利润中心变成服务中心,能够在服务区域经济和局部金融需求上发挥更大的价值。商业银行通过大数据和互联网信息技术重塑业务结构、创新盈利模式,充分分析和研究不同客群对金融产品需求的差异性,针对普通客户、长尾客群、小微企业客户等不同经营规模、收入水平、风险承担能力以及金融意识的实际情况,创新设计能满足不同客户多样性需求的产品。商业银行通过推动业务流程快捷高效、降低手续费,优化客群结构,从而在发展普惠金融业务的同时打开其盈利空间,提高盈利能力。

表7.8　普惠金融与金融科技对商业银行盈利能力影响的估计结果

	模型(1)	模型(2)	模型(3)	模型(4)	模型(5)
$Inclusive_{it}$	−0.0662	−6.3637***	−6.4444***	−3.2140*	−3.2376*
	(0.4173)	(1.9088)	(1.9464)	(1.7837)	(1.8539)
$Inclusive_{it}^2$		1.9690***	1.9922***	1.2041**	1.2074*
		(0.5856)	(0.5966)	(0.5877)	(0.6091)
$FinTech_{it}$			0.2051	1.0685*	1.0622*
			(0.5896)	(0.5538)	(0.5754)
个体效应	加	加	加	加	加
控制变量	不加	不加	不加	加	加
时间效应	不加	不加	不加	不加	加
R-Squared	0.0007	0.2395	0.2422	0.6265	0.6261
p-value	0.8748	0.0072	0.0200	0.0002	0.0005

注:*、**、***分别表示在10%、5%和1%显著性水平下显著;括号内为估计量的标准误;控制变量包括存贷比、成本收入比、净息差、杠杆率、不良贷款率和流动性覆盖率。

第四节　进一步讨论

进一步地,我们从样本分类的角度考察普惠金融发展水平与金融科技投入强度对商业银行盈利能力的影响。分样本估计结果如表 7.9 所示。将 19 家上市商业银行按银行性质分为三大类,第一类是工商银行、农业银行、中国银行、建设银行和交通银行等五家国有大行,第二类是平安银行、浦发银行、民生银行、招商银行、华夏银行、兴业银行、中信银行和光大银行等八家股份制银行,第三类是宁波银行、南京银行、北京银行、江苏银行、常熟银行和上海银行等六家城市商业银行。

表 7.9　　　　　　　　　　分样本估计结果

	国有银行				股份制银行	
	模型(6)	模型(7)	模型(8)	模型(9)	模型(10)	模型(11)
$Inclusive_{it}$	1.5614***	4.5583	6.6248	4.0716**	1.5822	−37.6025
	(0.2015)	(1.9318)	(2.4772)	(0.4872)	(3.7737)	(49.6365)
$Inclusive_{it}^2$		−0.3956	−0.3149			28.6719
		(0.3906)	(0.3625)			(36.2100)
$FinTech_{it}$				4.1316		
				(3.4833)		
个体效应	加	加	加	加	加	加
控制变量	不加	不加	不加	不加	不加	不加
时间效应	不加	不加	不加	加	不加	不加
R-Squared	0.8697	0.9950	0.9979	0.9988	0.8039	0.8182
p-value	0.00003	0.0200	0.1063	0.0035	0.0123	0.0240

	股份制银行				城市商业银行	
	模型(12)	模型(13)	模型(14)	模型(15)	模型(16)	模型(17)
$Inclusive_{it}$	−128.0372***	−140.48***	−22.1770*	−310.6358	−330.04	−18.8790**
	(27.1062)	(23.2274)	(10.4420)	(165.3074)	(178.64)	(9.1628)
$Inclusive_{it}^2$	95.9497***	105.43***		453.9460	486.78	
	(19.9057)	(17.0882)		(251.0470)	(272.05)	
$FinTech_{it}$	3.2217***	3.0655***			−0.4004	
	(0.5583)	(0.4854)			(0.5623)	
个体效应	加	加	加	加	加	加
控制变量	加	加	不加	加	加	加
时间效应	不加	加	不加	不加	不加	加
R-Squared	0.9684	0.9842	0.2908	0.9842	0.9864	0.9742
p-value	0.0002	0.0006	0.0572	0.0024	0.0119	0.00007

注:*、**、***分别表示在 10%、5% 和 1% 显著性水平下显著;括号内为估计量的标准误;控制变量包括存贷比、成本收入比、净息差、杠杆率、不良贷款率和流动性覆盖率;模型均控制个体效应。

一是不同性质商业银行的普惠金融发展水平与盈利能力分析。从模型(6)、(7)、(10)、(11)、(14)、(15)中可以得出,中国五大国有商业银行的普惠金融发展水平与商业银行盈利能力呈现显著的正向线性影响作用,而城市商业银行的普惠金融发展水平与盈利能力呈现显著的负向线性影响作用,两者均不存在显著的"U"形影响作用。国有商业银行由国家控股,作为中国金融体系的支柱,依托自身资产规模庞大、网点数量众多等优势,在商业银行普惠金融业务发展过程中发挥"领头雁"的作用,在实践中主要表现在三个方面:其一,国有大型商业银行具有资金规模庞大的优势,金融工具多样。国有大型商业银行可以依托资金优势,运用相对较低的融资成本,并借助再贷款、再贴现等金融政策的工具,对小微企业加大支持力度,克服普惠金融高成本的困难,从而将更多的资金资源配置到实体经济的薄弱环节和重点领域中,扶持暂时困难的实体优质企业。其二,国有大型商业银行具有物理网点众多的网络优势,能够扩大普惠金融的服务内涵和半径,通过普惠金融服务下沉到基层,加大建设普惠金融服务的基础网点,在金融机构的空白乡镇、村落投放物理网点和自助设备。其三,国有商业银行拥有强大的人力资源和技术优势,拥有独立的金融产品研发团队,提升服务质量和效率。因此,国有大型商业银行在普惠金融发展过程中,可以依托现有的金融服务基础设施,形成普惠业务增长点,对盈利能力具有正向的影响。而城市商业银行往往由地方政府筹资建立和控股,业务立足于所在城市和区域,具有显著的地域性,其资产规模较小,网点数量不足,金融服务的覆盖区域和人力支持度均有限,发展普惠金融需要大量投入,因此,在发展普惠金融过程中,城市商业银行更多发挥政策实施功能。普惠金融的发展对城市商业银行的盈利能力具有负向的作用。从模型(9)、(17)中可以得到,国有大型商业银行和城市商业银行普惠金融发展对盈利能力的线性影响均具有时间效应,随着时间的变化,以普惠型金融贷款指标为代表的金融服务普惠使用程度逐渐增强。国有大型商业银行中普惠金融对盈利能力呈现正向线性影响,而在城市商业银行中却是负向线性作用。

二是不同性质商业银行的金融科技与盈利能力分析。从模型(8)、(12)、(13)、(16)中可以得出,股份制商业银行的普惠金融发展水平对商业银行盈利能力具有显著的"U"形非线性影响,金融科技对盈利能力的影响也具有显著性,并且加入时间效应后,显著性均依然存在。这体现了股份制商业银行在普惠金融发展初期,提高金融服务的地理覆盖度、金融服务的人力支持度、金融科技的服务可得性和金融服务的普惠使用度,必然增加运营成本,从而对盈利能力有冲击作用。但是,随着股份制商业银行加大金融科技投入强度,依托金融数字化趋势,加强互联网、大数据、云计算等新技术的应用,有效利用移动互联网技术,打造手机银行和网上银行等金融服务平台,提升服务质量,创新普惠金融的产品和模式,降低金融交易的成本,普惠金融对盈利能力的正向影响逐渐显现,从而能提高商业银行的盈利能力。而国有大型商业银行和城市商业银行的金融科技促进普惠金融与商业银行盈利能力融合发展的效应不显著。这一是由于国有大型商业银行规模较大,金融科技发展规模仍然处于初级阶段,在三类性质商业银行中国有大型商业银行的科技投入强度与其规模不相称;二是由于存在地域性,城市商业银行主要服务于地方中小微企业,其普惠金融发展水平是三类商业银行中最弱的。

第五节 本章小结与政策建议

商业银行盈利模式与普惠金融服务对象的偏差以及中国金融服务覆盖结构不均衡,使得中国普惠金融逐渐成为金融供给侧结构性改革和强化金融服务功能的重要组成部分。本章基于商业银行的微观视角,从金融服务的地理覆盖度、金融服务的人力支持度、金融科技的服务可得性和金融服务的普惠使用度等四个维度和营业网点数、员工总数、自助设备数、手机银行客户数、普惠型小微金融贷款余额、银行卡手续费等六个客观数据指标出发,运用专家咨询约束下主客观赋权模型构建中国商业银行普惠金融发展水平的综合评价指标体系。

本章利用该指数讨论金融科技背景下普惠金融发展水平对商业银行盈利能力的影响实证表明,普惠金融发展水平对商业银行盈利能力呈现"U"字形影响,在普惠金融发展初期对盈利能力造成冲击。普惠金融指数的二次项系数显著为正,表明随着普惠金融的进一步发展,其对商业银行盈利能力的正面影响效应开始凸显。商业银行通过金融科技有助于解决普惠金融发展过程面临的成本与收益难以兼顾等问题。随着商业银行加大信息科技投入强度,有效融合互联网、移动支付和大数据等技术,增强金融服务的覆盖面,优化客户结构,商业银行在发展普惠金融业务的同时打开了盈利空间,提高了自身的盈利能力。实证进一步讨论国有商业银行、股份制商业银行和城市商业银行等不同类型商业银行的影响效应,结果表明:股份制商业银行的普惠金融对盈利能力具有显著的"U"形影响,金融科技对盈利能力具有显著的正效应;国有大型商业银行的普惠金融对盈利能力具有显著的正向线性影响;城市商业银行具有地域性,普惠金融对盈利能力具有显著的负向线性影响;而国有商业银行和城市商业银行的金融科技对盈利能力的影响均不显著。

本章研究结论在一定程度上为中国深化国有商业银行改革,支持中小银行和农村信用社持续健康发展提供研究支持。中国普惠金融发展尚处于起步阶段,需要协调商业银行盈利能力和发展普惠金融的关系。为此,从国家层面、商业银行层面提出如下政策建议。

一、国家层面

从国家层面看,中国普惠金融发展处于起步阶段,需要协调商业银行盈利能力和普惠金融发展之间的矛盾,提出以下三点建议:

第一,针对不同类型商业银行,出台相应支持政策发展普惠金融业务。从实证结果中我们看到,五大国有银行的普惠金融水平最高,其次是股份制商业银行,城市商业银行最后。普惠金融的受众分散,更多在村镇,城市商业银行在普惠金融发展中扮演重要的作用;此外,农村信用社、社区银行深入基层,是打通"金融服务最后一公里"的环节,对完善商业银行生态系统具有一定的补充作用。但是,由于普惠金融发展实践中普遍存在结构性排斥的问题,商业银行的盈利模式与普惠金融服务对象存在偏差,需要政府针对不同类型商业银行出台相应政策。国有大型商业银行应发挥其规模化优势,进一步扩大服务内涵与半径,提高服务质量和效率;股份制商业银行应充分发挥各自特色优势,创新多元化产品;城市商业银行应结合地方政策,充分发挥本土化优势;最后,应将普惠金融支持政策下沉到农村信用社、社区银行等,鼓励其开展普惠金融业务。

第二,大力发展金融科技,加强普惠金融的技术支持。通过普惠金融、金融科技与商业银行盈利能力的影响分析,可以看到,大数据和移动支付的发展不仅提高了商业银行的盈利能力,也促进了普惠金融的发展,尤其体现在股份制商业银行中。在普惠金融发展初期,随着营业网点和基础设施等成本增加,商业银行盈利能力减弱,金融科技能够有效平衡普惠金融业务与商业银行盈利能力目标的偏差,解决盈利性与普惠性的矛盾。政府部门需要对金融科技因势利导,加强数字经济、人工智能与传统金融业务有效融合,使不同类型的商业银行在推动普惠金融发展中各施所长,从而推进中国金融供给侧结构改革,加强金融服务为实体经济助力。

第三,健全普惠金融监管体系,加强金融风险防范。普惠金融的服务对象是全体经济社会的主体,既包括大型国有企业或高资产净值的个人,也包括中小微企业和低收入人群,实现向金融消费弱势群体全方面的覆盖,但是,不可避免的问题是,相对于大企业客户,中小微企业和低收入群体的风险承担能力较弱。因此,鼓励支持商业银行创新金融产品和服务,降低金融服务实体经济的成本,发展普惠金融业务,需要金融风险监管体系的保障。政府及监管部门需要建立健全普惠金融监管体系,在有效推动普惠金融业务创新的同时防止金融风险的进一步扩大,促进经济与社会的和谐发展。

二、商业银行层面

从中国商业银行层面上看,由于普惠金融的业务定位和商业银行的盈利模式存在偏差,商业银行应当:

第一,重塑业务结构,创新盈利模式。数字化手段可以解决高成本获客和大量审批带来的效率问题,但仍然不足以推动普惠金融的发展。商业银行需要重塑业务结构,创新普惠金融的模式,充分分析和研究不同客群金融产品需求的差异性,针对普通客户、长尾客群、小微企业客户等不同经营规模、收入水平、风险承担能力以及金融意识的实际情况,创新设计满足不同客户的多样性需求,从而在发展普惠金融业务的同时打开商业银行的盈利空间,提高商业银行的盈利能力。

第二,提高业务流程效率,降低手续费,优化客群结构。普惠金融面向的客户群体是多样的,客户的金融服务需求也是复杂多样的。商业银行应当主动求变,从过去以产品为导向的商业模式转变为"以客户为中心"的服务模式,精简业务流程,使流程快捷高效,降低手续费,围绕客户进行产品与服务的创新;充分利用互联网信息技术和平台开展中小微企业金融服务功能,服务长尾市场,体现普惠金融的定位。大力发展普惠金融是商业银行赢得政策红利的重要载体,能促进业务的可持续发展,商业银行也可借普惠金融业务的开展改善客户结构,逐渐从依赖大中型客户中转移出来,分散经营风险,切实服务实体经济、承担社会责任。

第三,有效融合大数据、移动支付和人工智能等金融科技手段,增强金融服务体验。物理网点已逐渐从商业银行的利润中心转变成为服务中心。随着大数据、互联网技术渗透到金融领域,商业银行应当依托移动支付等金融科技手段拓宽业务边界、提高服务质量,可以将物理网点和自助设备作为金融服务体验的空间,使其在服务区域经济和局部金融需求上发挥更大的价值,从整体上提高商业银行的盈利能力,平衡金融服务的普惠型和盈利性的矛盾,从商业银行主体出发,深化金融供给侧结构性改革,增强金融服务实体经济的能力。

本章附录

一、中国上市商业银行普惠金融发展综合评价客观指标数据集

商业银行	上市时间	营业网点（个）	员工总数（人）	自助设备数（台）	手机银行客户数（万户）	小微金融贷款余额（亿元）	银行卡手续费（百万元）
平安银行	1991-04-03	1 058	33 440	5 290	8 946.95	3 689.53	30 200.00
浦发银行	1999-11-10	1 602	58 253	5 327	4 259.57	3 871.30	28 415.00
民生银行	2000-12-19	1 154	58 933	5 196	5 211.00	4 400.00	35 036.00
招商银行	2002-04-09	1 822	84 683	8 768	11 400.00	4 533.29	19 551.00
华夏银行	2003-09-12	1 025	38 948	7 276	1 361.07	3 963.87	12 983.00
中国银行	2006-07-05	10 652	309 384	39 206	18 082.26	4 129.00	32 831.00
工商银行	2006-10-27	15 784	445 106	82 191	36 100.00	4 715.21	47 054.00
兴业银行	2007-02-05	2 019	60 455	5 809	3 130.61	6 348.67	30 174.00
中信银行	2007-04-27	1 401	57 045	6 243	4 582.87	2 042.55	34 800.00
交通银行	2007-05-15	3 079	87 828	17 300	10 115.66	15 644.01	21 050.00
宁波银行	2007-07-19	374	17 337	1 460	29.00	794.71	2 831.75
南京银行	2007-07-19	200	11 489	1 353	237.00	1 763.46	144.82
北京银行	2007-09-19	670	14 975	2 010	607.00	4 941.00	586.00
建设银行	2007-09-25	14 912	347 156	86 767	35 259.00	9 631.55	52 620.00
农业银行	2010-07-15	23 149	464 011	119 300	31 000.00	7 810.32	30 181.00
光大银行	2010-08-18	1 137	45 618	4 886	3 736.00	5 004.82	14 163.00
江苏银行	2016-08-02	539	15 298	1 539	700.00	3 967.00	1 149.23
常熟银行	2016-09-30	164	6 432	527	86.40	686.32	118.31
上海银行	2016-11-16	317	12 699	1 388	572.42	1 038.53	1 972.34

资料来源：Wind 金融终端数据库,19 家上市商业银行《2019 年公司年报》和《2019 年企业社会责任报告》,部分缺失数据作者以差值补齐,中国银行 2019 年"普惠型小微金融贷款余额"指标口径发生变化,作者对其统一调整。

二、2017—2019年中国上市商业银行业务数据集

年份	商业银行	ROE (%)	FinTech (%)	LDR (%)	CIR (%)	NIM (%)	Leverage (%)	NPL (%)	LCR (%)
2017	平安银行	11.62	1.65	85.19	29.89	2.37	5.69	170.00	98.35
2017	浦发银行	14.45	1.90	105.16	24.34	1.86	6.10	214.00	97.51
2017	民生银行	14.03	2.10	94.54	31.72	1.50	5.81	171.00	95.46
2017	招商银行	16.54	2.32	87.72	30.23	2.43	6.29	161.00	101.90
2017	华夏银行	13.54	1.84	97.22	32.96	2.01	5.85	176.00	93.43
2017	中国银行	12.24	1.79	79.78	28.34	1.84	6.98	145.00	117.41
2017	工商银行	14.35	1.69	74.03	24.46	2.22	7.51	155.00	129.02
2017	兴业银行	15.35	1.37	78.74	27.63	1.73	5.89	159.00	102.74
2017	中信银行	11.67	1.47	93.82	29.92	1.79	6.18	168.00	97.98
2017	交通银行	11.40	2.15	90.40	31.85	1.58	6.88	150.00	110.20
2017	宁波银行	19.02	1.95	61.25	34.63	1.94	4.84	82.00	116.23
2017	南京银行	16.94	0.98	53.83	29.20	1.85	5.21	86.00	125.47
2017	北京银行	13.77	1.63	84.90	26.85	2.12	6.58	124.00	117.68
2017	建设银行	14.80	1.75	78.85	26.95	2.21	7.52	149.00	121.99
2017	农业银行	14.57	2.34	66.20	32.96	2.28	6.23	181.00	121.20
2017	光大银行	12.75	2.45	89.41	31.92	1.52	6.45	159.00	101.96
2017	江苏银行	13.72	0.66	74.15	28.80	1.58	5.82	141.00	113.52
2017	常熟银行	12.52	1.75	78.59	37.14	3.63	6.39	114.00	142.38
2017	上海银行	12.63	2.19	71.90	24.47	1.25	7.41	115.00	141.52
2018	平安银行	11.49	2.29	93.84	30.32	2.35	5.75	175.00	139.17
2018	浦发银行	13.14	1.89	109.98	25.12	1.94	6.68	192.00	123.24
2018	民生银行	12.94	2.02	96.51	30.07	1.73	6.04	176.00	121.13
2018	招商银行	16.57	2.78	89.37	31.02	2.57	6.61	136.00	144.41
2018	华夏银行	12.67	2.90	108.11	32.58	1.95	7.06	185.00	107.14
2018	中国银行	12.06	2.04	79.41	28.09	1.90	6.94	142.00	139.66
2018	工商银行	13.79	1.82	72.03	23.91	2.30	7.79	152.00	126.66
2018	兴业银行	14.27	1.89	88.82	26.89	1.83	6.12	157.00	142.07
2018	中信银行	11.39	2.20	99.78	30.57	1.94	6.37	177.00	114.33
2018	交通银行	11.17	2.19	84.80	31.50	1.51	6.78	149.00	112.03
2018	宁波银行	18.72	2.50	66.35	34.44	1.97	6.18	78.00	206.57

续表

年份	商业银行	ROE(%)	FinTech(%)	LDR(%)	CIR(%)	NIM(%)	Leverage(%)	NPL(%)	LCR(%)
2018	南京银行	16.96	1.80	62.34	28.61	1.89	5.42	89.00	121.51
2018	北京银行	11.65	2.28	91.04	25.19	2.28	6.14	146.00	123.52
2018	建设银行	14.04	2.17	81.19	26.42	2.31	8.05	146.00	140.78
2018	农业银行	13.66	2.21	69.48	31.27	2.33	6.76	159.00	126.60
2018	光大银行	11.55	2.71	94.14	28.79	1.74	6.29	159.00	118.15
2018	江苏银行	12.43	0.94	81.33	28.68	1.59	5.91	139.00	132.75
2018	常熟银行	12.62	2.35	82.05	36.53	3.70	6.78	99.00	146.14
2018	上海银行	12.67	2.60	81.60	20.52	1.76	7.31	114.00	128.85
2019	平安银行	11.30	2.63	95.33	29.61	2.62	6.44	165.00	143.02
2019	浦发银行	12.29	2.16	109.49	22.58	2.08	6.83	205.00	123.37
2019	民生银行	12.40	2.18	96.77	26.74	2.11	6.87	156.00	146.80
2019	招商银行	16.84	3.72	92.70	32.09	2.59	6.79	116.00	171.53
2019	华夏银行	10.61	3.13	113.05	30.59	2.24	7.68	183.00	113.95
2019	中国银行	11.45	2.12	83.29	28.00	1.84	7.43	137.00	136.36
2019	工商银行	13.05	1.91	73.71	23.28	2.24	8.31	143.00	121.89
2019	兴业银行	14.02	1.98	91.55	26.03	1.94	6.42	154.00	179.64
2019	中信银行	11.07	2.61	98.99	27.70	2.12	6.71	165.00	149.27
2019	交通银行	11.20	2.57	88.33	30.11	1.58	7.43	147.00	120.69
2019	宁波银行	17.10	2.52	68.58	34.32	1.84	6.48	78.00	169.03
2019	南京银行	16.53	3.16	66.93	27.39	1.85	5.64	89.00	112.39
2019	北京银行	11.45	2.88	94.59	23.23	2.07	6.68	140.00	134.25
2019	建设银行	13.18	2.50	82.54	26.53	2.26	8.28	142.00	154.83
2019	农业银行	12.43	2.04	72.78	30.49	2.17	7.09	140.00	125.60
2019	光大银行	11.77	2.56	90.86	27.27	2.31	6.83	156.00	125.12
2019	江苏银行	12.65	1.53	87.77	25.64	1.94	5.95	138.00	212.48
2019	常熟银行	11.52	3.41	81.62	38.24	3.44	7.97	96.00	149.90
2019	上海银行	12.94	2.95	81.99	19.98	1.71	6.92	116.00	129.66

资料来源：Wind金融终端数据库，19家上市商业银行2017年至2019年公司年报；其中部分商业银行2018年公司年报未披露信息科技投入数据，我们采用中国银行业协会发布2018年GYROSCOPE评价体系披露的上市商业银行金融科技投入数据作以补充或替代；对于部分商业银行2017年公司年报未披露信息科技投入数据的情况，为区分国有大行和股份制商业银行，分别以各自平均增长速度作以估算补充；此外，缺失数据作者以差值补齐。

第八章　最大用电负荷综合指数的编制及其与经济变量的关联研究

用电负荷的准确估计与预测是反映经济社会高质量发展的重要依据。本章研究用电负荷数据后发现，在高温天气时，当降温用电设备处于满负荷运行的状态下，用电负荷基本上由经济因素所决定，从而能分离经济和气温两个对电力需求影响的因素，提出一种对不可观测最大基准用电负荷的估计方法以准确预测最大用电负荷。本章运用特征指数方法编制最大基准用电负荷指数，探索其与经济变量之间的关系。以上海为例，构建年度和季度的最大基准用电负荷指数，发现其与经济发展高度拟合，反映出近年来上海在产业结构调整方面卓有成效。本章以数据为导向，挖掘数据的充分信息，从新的视角估计最大基准用电负荷，以其为桥梁达到准确预测最大用电负荷的目标，为经济形势与转型的预判提供有效分析和数据支持。

第一节　问题提出与文献述评

党的十八大以来，中国经济逐渐从高速增长转向高质量发展阶段，推动经济发展质量变革、效率变革、动力变革的抓手便是生产方式、产业结构的不断调整和优化升级。电力行业是中国经济系统的基础产业（林伯强，2003b），电力消费是产业结构调整的客观数据，也是衡量经济高质量发展阶段性的重要指标，可以说，电力指标是经济发展的晴雨表。随着数字化转型的全面推进，电力行业成为支撑产业数字化和数字产业化的基础。

用电负荷，即电力负荷（Electrical Load），是用电设备在某一时刻从电力系统取用所消耗的电功率总和。依据用户使用电能的用途不同，可将其分为城乡居民生活负荷、商业负荷、工业负荷、农业负荷等（Glisson 和 Tildon，2011；Karady 和 Holbert，2013）。随着经济社会的发展，基础设施建设的完善,用电设备的数量和种类逐渐增加,用电负荷也相应提升,因此,用电负荷的数据客观上反映了经济社会的发展情况(Roller 和 Waverman,2001;Yoo,2004)。最大用电负荷是指用电负荷的最大值,不仅受到气温的影响,还受经济社会发展的影响。分解出经济因素对最大用电负荷的影响,能为经济形势的分析提供客观数据的支持。

但是,用电负荷是复杂的数据,不仅反映经济运行状况,还包括气温、人口等对电力需求的影响;此外,用电负荷是滞后的数据,电力部门需要利用历史数据来准确地预测短期,甚至是中长期用电负荷,尤其是最大用电负荷,才能保证满足城市化进程中居民生活和生产的电力需求、减少电能的浪费和损耗(Soliman 和 Al-Kandari,2010)。因此,最大用电负荷的预测是影响整个电网安全稳定运行的基础,是电力系统调度的关键。尤其面对千万人口的超大城市,如何预测最大用电负荷便成为关乎人民正常生活和城市稳定和谐的重要问题。

用电负荷的预测按时间分类,可以分为长期预测、中期预测和短期预测。一般而言,长期预测是指一年至十年,中期预测是指一月、季度或半年,短期预测是指一天或一周(Al-Hamadi 和 Soliman,2005)。用电负荷的估计主要分为传统的统计回归方法和数据挖掘的方法。传统的统计回归方法包括线性回归(Papalexopoulos 和 Hesterberg,1990)、时间序列(Huang 和 Shih,2003)等;数据挖掘的方法包括支持向量机(Chen 等,2004)、人工神经网络(Park 等,1991)等。Amjady(2001)提出用人工神经网络和 Box-Jenkins 方法预测峰值负荷,认为日最大用电负荷是电力系统调度中的重要问题。但以上研究所估计的用电负荷是可观测的,本章以峰值负荷为研究对象,将可观测的最大用电负荷分解为基准负荷和降温(取暖)负荷,估计最大基准用电负荷和最大用电负荷,以预测中长期的用电负荷。

自 2014 年 11 月国务院对城市规模划分标准调整以来,常住人口超过 1 000 万的超大城市充分体现了中国改革开放四十年来城市化进程的成果。目前,中国已经有以北京、上海、广州为代表的十个超大城市。随着经济进入新常态,传统产业不断优化升级,加快发展先进制造业,超大城市的经济社会业态也逐渐发生转变,这种转变如何通过经济变量来体现和解读,本书提供了新的视角。以上海为例,2018 年三产增加值 22 842.96 亿元,同比增长 8.7%,占生产总值的比重是 69.9%,占比逐年增加,战略新兴产业和制造业的层级逐步提升以及新的商业模式与服务业态的不断形成,对城市化特性所彰显的用电负荷趋势产生了重要影响。

在研究电力需求的文献中,都提到人口增长是决定电力需求的重要因素(何晓萍等,2009),较高的人口增长率会增加电力消费(林伯强,2003;林伯强和刘畅,2016)。随着中国长期以来的快速工业化和城市化进程,电力需求也呈现指数型增长(史丹和冯永晟,2015)。但是,就超大城市来说,2018年上海市常住人口达2423.78万人,同比增长0.02%,近三年的人口增长率都低于1%。由于超大城市的人口规模已接近其承载力的极限边缘,人口基本处于饱和状态,人口增长趋于平缓,人口增长率非常低,因此,对电力需求的增加也较为平缓,在文中假定其并非重要因素。

用电负荷的估计与预测是电力调度的重要参考依据,是经济社会稳定发展的重要因素;用电负荷数据的客观性为我们解读经济发展和转型分析提供了新的视角。但是,用电负荷数据的复杂性使得学术界和电力部门一直难以对其准确估计和预测,其中的主要困难来源于用电负荷受到经济因素和气温因素的双重影响,且不可观测。在高温天气当降温用电设备处于满负荷运行的状态下,用电负荷基本上由经济因素所决定。因此,本章尝试在高温条件下选择合适的温度(称之为基准温度),以估计不可观测的最大基准用电负荷及其与经济变量的关联性,提供较为有效的预测分析经济与电力互动方法;由于大量数据分析认为两者的差别仅由温差引起,将最大基准用电负荷及其指数作为桥梁,能达到准确估计和预测最大用电负荷的目标。

因此,本章不同于以往针对用电负荷估计方法的讨论,以用电负荷数据为导向,挖掘数据中的充分信息,考察城市的经济和气温两个因素对电力需求的影响机制,提出一种对不可观测最大基准用电负荷(V_r)的估计方法,以准确预测最大用电负荷(V_m),用特征指数(Hedonic)方法建立最大基准用电负荷指数,为经济形势与转型的预判提供有效分析方法和数据支持。

第二节 经济与气温因素对用电负荷影响的内在机制

我们首先假定超大城市的电力需求主要受经济与气温两个因素影响。自改革开放以来,上海市电力消费随着GDP的增长而增长,2018年的电力消费达1566.66亿千瓦时,同比增长2.61%,用电负荷也随之正向变化,2018年的上海电网整点最高负荷达3094万千瓦,同比下降5.33%;而气温因素有两个方向,当气温升高(如夏季),用电负荷与气温的变化是同向的,当气温降低(如冬季),用电负荷与气温的变化是反向的。在实际社会中,因生活、生产等用电的复杂性使得主要宏观经济变量与气温对用电负荷的作用也呈现复杂的非线性特征,是经济和气温的多值函数。由于对用电负荷影响的作用机制不明晰,经济与气温各自对用电负荷的作用互相融合、相互干扰,使得对最大用电负荷的数据分析带来了实质性的困难。

首先,我们分析经济和气温因素对电力变量的函数关系:

$$Y=F(E,T). \tag{8.1}$$

其中,Y 是可观测的电力变量,如负荷、电量等;E 是宏观经济变量,如 GDP、二产或三产的产出、工业增加值等;T 是气温;F 是未知的函数关系。由统计数据和实际经验易得出,Y 与 E 同向变化,而 T 在夏季时与 Y 同向,T 在冬季时与 Y 反向,从而构成与经济与气温的非线性关系。

用电负荷可以分为非空调用电负荷与空调用电负荷,定义为"基础用电负荷"和"降温(取暖)用电负荷"。基础用电负荷与经济发展程度有关,经济越发达,工业、服务业所需电量越大,在一定阶段,基础用电负荷是趋于稳定的;降温(取暖)用电负荷与温度有关,夏季温度越高(冬季温度越低),空调需要开启来达到降温(取暖)的功效;但是随着经济的发展,基础设施建设不断完善,空调装机数量的增加,降温(取暖)用电负荷也会随之增加。我们将这种关系简化为数学表达式,记 Y_i 是时点 i 的用电负荷值,X_i 是时点 i 的基础用电负荷值,Z_i 是时点 i 的降温(取暖)用电负荷值($i=1,2,3,\cdots,n$)。所以,某一时点的用电负荷值包含基础用电负荷和降温(取暖)用电负荷两部分:

$$Y_i=X_i+Z_i, i=1,2,3,\cdots,n. \tag{8.2}$$

假定春季和秋季气温凉爽,不使用空调(取暖设备),则用电负荷不包含降温(取暖)用电负荷,故可用春季和秋季的用电负荷平均值来替代 X_i,从而估算该年的基础用电负荷和降温(取暖)用电负荷。

我们以日最大用电负荷为分析对象,可知日最大用电负荷的关系如下:

$$\max Y_i=\max(X_i+Z_i), i=1,2,3,\cdots,n. \tag{8.3}$$

以上海为例,包括第四节的实证分析,我们所采用的用电数据是来自上海市电力公司的每天在 24 个时点上的用电负荷数据,时间段是 2000 年 3 月 1 日至 2017 年 8 月 15 日,共 6377 天。其中包括横表 24 个时点负荷(共 149040

个时点负荷值,非闰年每年有 8 760 个数据)、日最大负荷、日最小负荷、日电量和一、二、三产及居民生活用电的月度数据。温度数据是来自上海市电力公司的日最高温度、日最低温度数据。经济变量的数据是来自上海市统计局 2001 至 2018 年统计年鉴的 GDP 数据,一、二、三产季度数据和人口数据等。其中,四季划分如下:冬季是 12 月 11 日至 2 月,春季是 3 月至 5 月,夏季是 6 月至 9 月,秋季是 10 月至 12 月 10 日。故全样本共 70 季,即 2000 年第一季度至 2017 年第二季度。

图 8.1 是上海市 18 年的四季日最大用电负荷图。从图中我们可以看到,每个夏季或冬季的日最大用电负荷在季初和季末与春季或秋季的日最大用电负荷基本呈平行关系,这意味着 Y_i 和 X_i 的峰值之间是近似平行的关系;随着时间的推移,日最大用电负荷同比呈增长的趋势。从以上数据结构我们总结两个实际用电的规律:第一,在一定时段内,基础用电负荷峰值序列存在一种固定的结构(图 8.1 中春季和秋季的序列);第二,在特定时间段和一定气温范

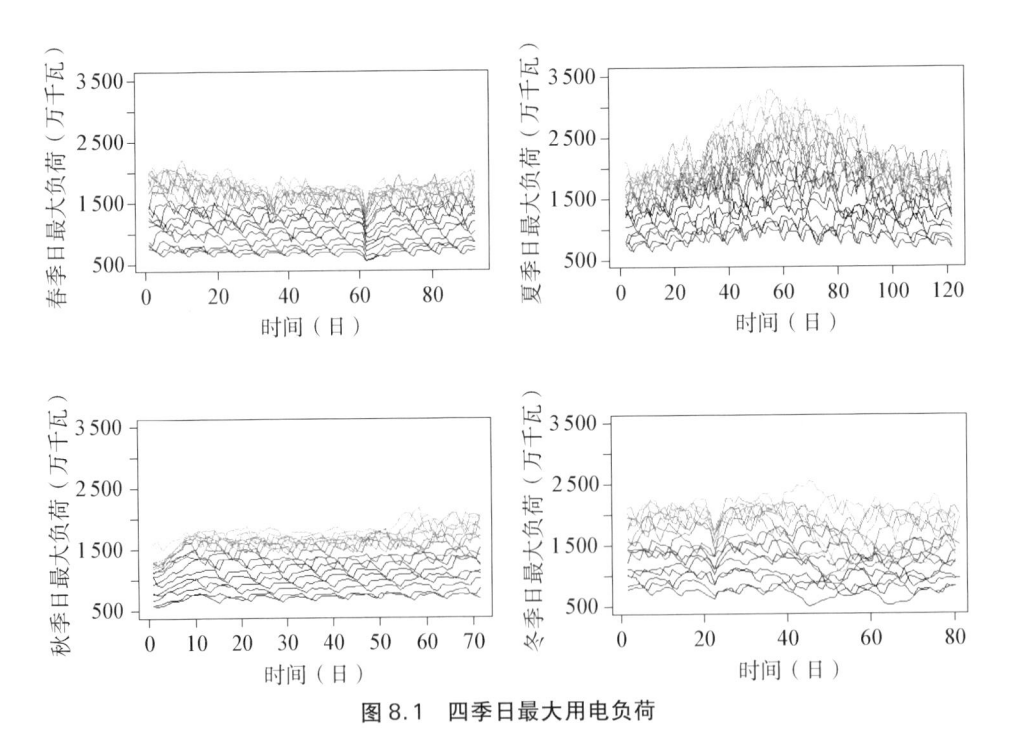

图 8.1 四季日最大用电负荷

资料来源:上海市电力公司日最大用电负荷数据。

注:每条实线表示 2000 年至 2017 年的不同年份四季日最大用电负荷序列,由于年份较多,故不标记,随着年份的增加,颜色越淡。

围内,降温(取暖)用电负荷值变化不大。

图 8.2 是选取近三年的四季日最大用电负荷图。从图中我们可以看到,每季的日最大用电负荷数据具有明显的季节性特征结构,春季和秋季的日最大用电负荷基本处于平稳的态势,进一步说明将春季和秋季的用电负荷作为该年基础用电负荷估计降温(取暖)用电负荷是可行和合理的。

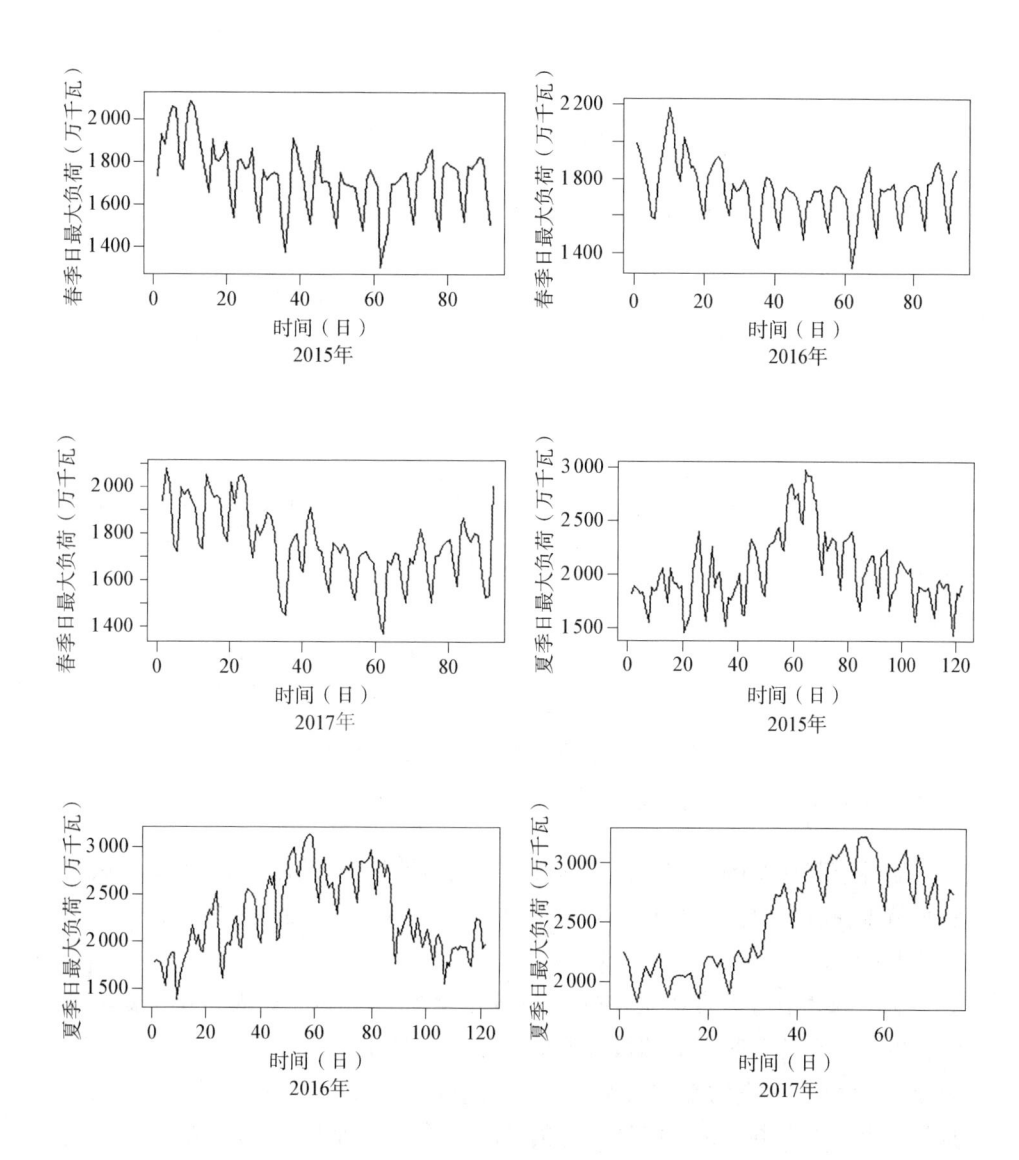

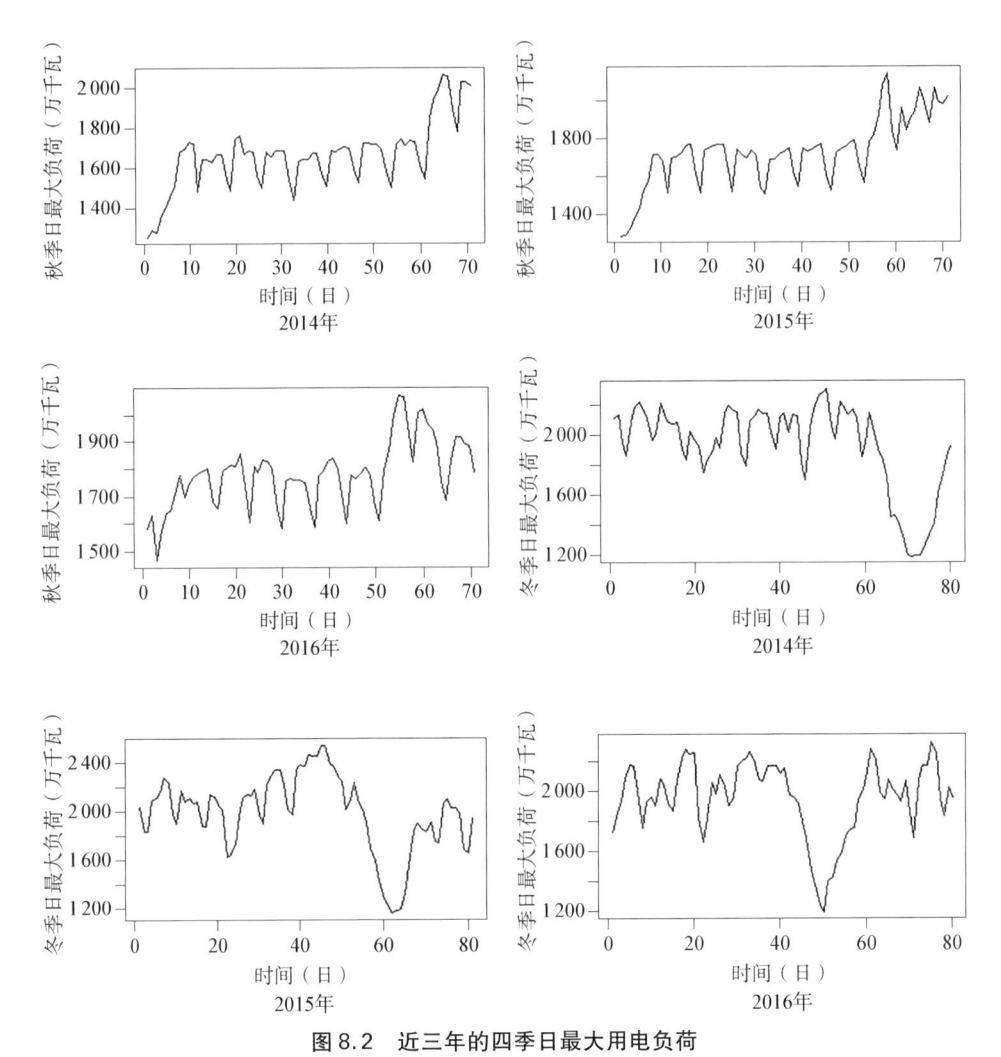

图 8.2 近三年的四季日最大用电负荷

资料来源：上海市电力公司日最大用电负荷数据。

用春季和秋季的平均值作为基础用电负荷的估计,使用横表 24 个时点的负荷数据,我们估算了 2000 年至 2017 年夏季一天 24 个时点上的最大降温用电负荷(见图 8.3)。

从图 8.3 中可以直观地看到自 2000 年至 2017 年以来上海市每年夏季降温用电负荷在各个时点上的最大值曲线始终呈现出"二谷二峰"的变化态势。夏季下午 14 点左右的峰时最大降温用电负荷值最高,其次是晚上 21 点左右;早晨 6 点左右的谷时最大降温用电负荷值最低,其次是傍晚 18 时左右。18 年

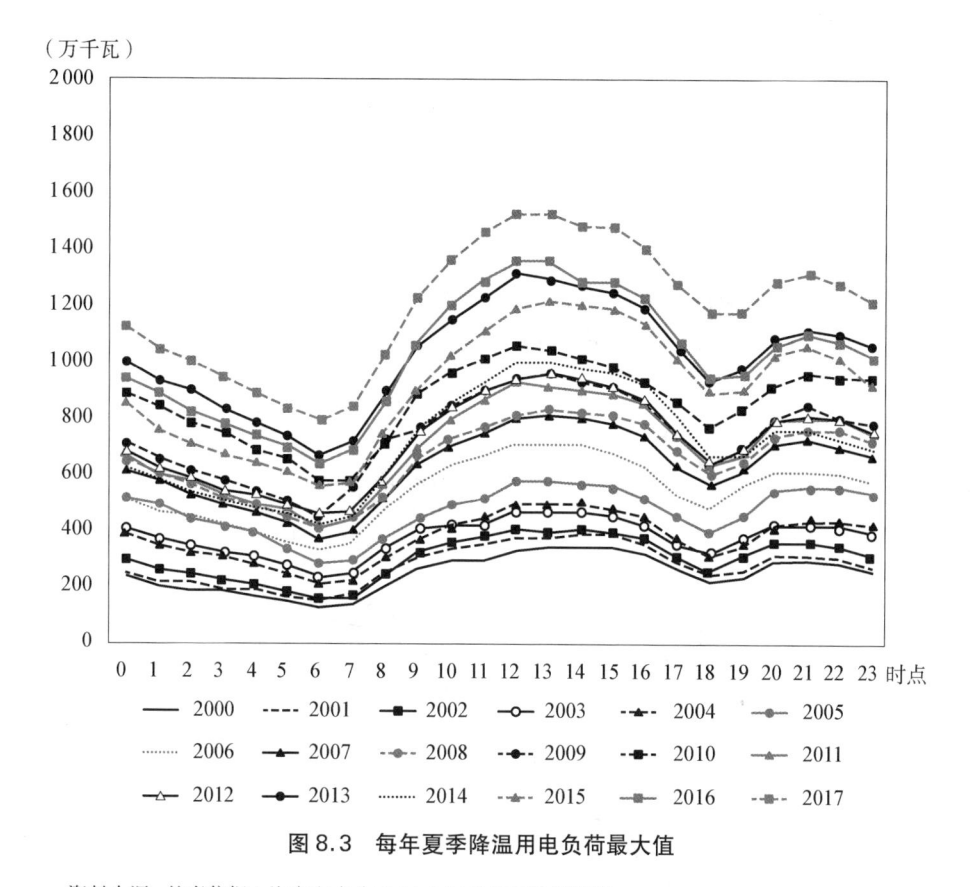

图 8.3　每年夏季降温用电负荷最大值

资料来源：笔者依据上海市电力公司 24 个时点负荷数据测算。

来，夏季各时点的上海最大降温用电负荷值都逐步上升，体现了经济的发展增加了电力需求。但是，金融危机时期的 2009 年、经济转型时期的 2013 年至 2015 年，上海的最大降温用电负荷表现异常，其中的原因是复杂的，很大程度上与这几年的极端高温天气有关，也有经济转型因素的干扰。下文在估计最大用电负荷和最大基准用电负荷中会进一步处理两者的影响。

分析日最大用电负荷年平均值与 GDP 对数值时，我们分别对两者与前一期的差分做相关系数，发现春季的相关系数高达 70.94%，秋季的相关系数是 27.69%，春季日最大用电负荷年平均增长率与 GDP 增长率的相关度更高，秋季较低。从图 8.4 中可以看到，春季和秋季的基础用电负荷随着时间的推移而呈增长趋势。春季和秋季的气温适宜，经验可知，在这两个季节里，居民生活中基本不开空调，故受气温的影响非常小。

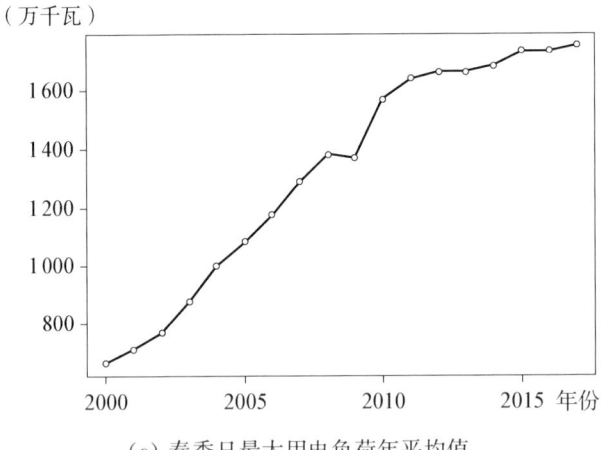

(a) 春季日最大用电负荷年平均值

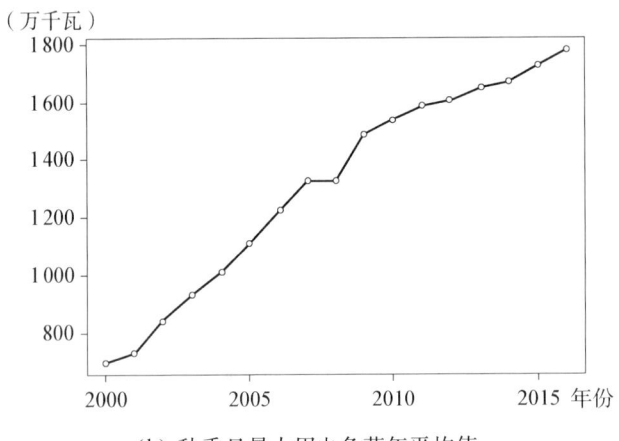

(b) 秋季日最大用电负荷年平均值

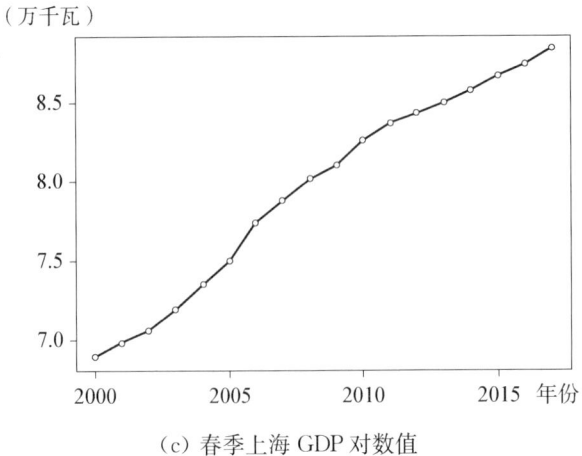

(c) 春季上海 GDP 对数值

(d) 秋季上海 GDP 对数值

图 8.4　上海历年春秋季最大用电负荷与经济变量

资料来源：上海市电力公司日最大用电负荷数据和上海市 2001 年至 2018 年《统计年鉴》。

因此，我们总结出以下结论：第一，在温度适宜的情况下，基础用电负荷主要受经济变量的影响；第二，降温（取暖）用电负荷不仅受到气温的影响，还受到经济变量的影响，即随着经济的发展带来的人民收入的增长，空调装机的数量增加，因此，用电负荷也随之增加；第三，在特定时间段内，当温度一定（夏季气温足够高）时，空调（降温）设备接近完全启动，用电负荷（降温）基本趋于稳定。因此，当气温足够高时，我们可选择适当的温度值定义为基准温度，其对应的用电负荷称之为最大基准用电负荷（下面会给出精确定义）。最大用电负荷围绕最大基准用电负荷的波动仅与温差有关，这可用于解决下文的最大基准用电负荷的估计和最大用电负荷的预测问题。

第三节　估计模型与指数编制方法

一、最大用电负荷估计和预测模型

考虑到式（8.1）中经济变量 E 取定值，当温度 T 足够高，最大用电负荷趋于基本稳定。因此，可以认为此时的最大基准用电负荷是稳定的。

为此，假定经济变量取定值 $E=E_r$，温度达到较高的值 T_r（称之为"基准温度")时,存在一个客观的最大用电负荷 V_r,其含义是经济发展到一定阶段,温度足够高时所需配置的用电设备最大用电功率的加总,故称其为"最大基准用电负荷"。V_r 存在但是不可观测。实际可观测的最大温度是 T_m,最大用电负荷是 V_m。由于基准温度足够大,在基准温度附近的负荷值趋于稳定,因此,最大用电负荷(V_m)围绕最大基准用电负荷(V_r)上下波动。这种波动幅度小,且可认为仅由温差 $T_m - T_r$ 引起的。

基于上述分析,最大基准用电负荷与最大用电负荷的函数关系式如下表示:

$$\begin{cases} V_r = V_r(E_r, T_r) = \max F(E_r, T_r), \\ V_m = \max_{E,T} Y = \max_{E,T} F(E, T). \end{cases}$$

由此我们可构建最大基准用电负荷与最大用电负荷的对应关系如下:

$$\frac{V_m - V_r}{V_r} = H(T_m - T_r) \times e^\varepsilon. \tag{8.4}$$

其中,$H(T_m - T_r)$ 是以 $T_m - T_r$ 为自变量的未知函数,ε 是随机误差项,将 e^ε 看成一个正向的扰动项。假定 $H(T_m - T_r)$ 能在原点附近以幂级数展开,则可以得到

$$V_m = V_r \times \left[1 + \sum_{i=1}^{\infty} K_i \times (T_m - T_r)^i\right] \times e^\varepsilon. \tag{8.5}$$

若考虑 n 期时间上最大用电负荷值的变化($t=1, 2, 3, \cdots, n.$),则在每期的 E_r,V_m 和 T_m 不同,但是基准温度 T_r 相同,故可将式(8.5)写成时间序列形式的 n 个方程:

$$V_{m,t} = V_{r,t} \times \left[1 + \sum_{i=1}^{\infty} K_{i,t} \times (T_{m,t} - T_r)^i\right] \times e_t^\varepsilon. \tag{8.6}$$

式(8.6)中已知 $V_{m,t}$,$T_{m,t}$ 和 T_r,求解 $V_{r,t}$ 和 $K_{i,t}$ 存在困难,为求解方便,我们简化式(8.6):第一,由函数 $H(T_{m,t} - T_r)$ 的性质与 E_r 无关,并且时间的变化仅表现在最大温度 $T_{m,t}$ 上,即有 $K_{i,t} = K_i$,对所有的 i, t 均成立;第二,$H(T_{m,t} - T_r)$ 事实上是一个很小的量,将其以幂级数完全展开是没有必要的,一般使用一次或二次项就能保证精度,故而取一次型($i=1$)近似得到

$$V_{m,t} = V_{r,t} \times [1 + K_1 \times (T_{m,t} - T_r)] \times e_t^\varepsilon, \ t=1, 2, 3, \cdots, n.$$

这里,$K_1 = \begin{cases} K_1^1, & T_{m,t} \geqslant T_r \\ K_1^2, & T_{m,t} < T_r \end{cases}.$ \tag{8.7}

K_1 可看作单位温差 $T_{m,t}-T_r$ 下最大用电负荷和最大基准用电负荷之间的变化率,比较 $T_{m,t}$ 与 T_r,将 K_1 分为两段,以提高精度。因此,若得到 K_1 的值,通过式(8.7)便可得到最大基准用电负荷 $V_{r,t}$ 的序列。

如果用直接的代数迭代算法来计算式(8.7)中 $n+2$ 个未知参数,需要假定诸多前提条件,这会造成计算的繁琐并且精度较差。因此,我们用统计拟合方法估计最大基准用电负荷序列,算法思想直观,且计算简洁方便。

首先,将式(8.7)取对数变形如下:

$$\ln V_{m,t} = \ln V_{r,t} + \ln[1+K_1\times(T_{m,t}-T_r)] + \ln e_t^{\varepsilon}$$
$$= \ln V_{r,t} + K_1\times(T_{m,t}-T_r) + \varepsilon_t. \tag{8.8}$$

这里,K_1 同式(8.7),ε_t 是误差项。式(8.8)是一个线性回归模型,待估参数是 $V_{r,t}$,K_1^1 和 K_1^2。进入 21 世纪以来,上海市的经济和城市化进程都得到了快速发展,所以,直观上可知 $V_{r,t}$ 是在 n 期上随着时间 t 逐年增加,且呈指数型增长。

其次,为估计式(8.8),我们需要选择 $\ln V_{r,t}$ 的初始序列 $\{a_t\}$,使其与 $\{\ln V_{r,t}\}$ 的趋势保持一致。考虑社会经济实际情况,我们认为 $\{\ln V_{r,t}\}$ 的趋势蕴含在 $\{\ln V_{m,t}\}$ 中,为了更好地去除噪声对 $\{\ln V_{r,t}\}$ 的影响,对 $\{\ln V_{m,t}\}$ 作三期移动平均(实证部分基于数据特征采用两期移动平均),记为:

$$b_t = \frac{\ln V_{m,t} + \ln V_{m,t-1} + \ln V_{m,t-2}}{3}, \ t=3,\cdots,n.$$

再将 $\{\ln V_{m,t}\}$ 和 b_t 做回归以提高计算精度,故而得到回归系数 $\hat{\beta}$,我们令初始序列为:

$$a_t = \hat{\beta}\times b_t, \ t=3,\cdots,n.$$

则将模型式(8.8)改成如下形式:

$$\ln V_{m,t} = \alpha + \gamma a_t + K_1\times(T_{m,t}-T_r) + \varepsilon_t, \ t=3,\cdots,n. \tag{8.9}$$

其中,$\ln V_{r,t} = \alpha + \gamma a_t$,$K_1$ 在线性模型式(8.9)中是哑变量,同式(8.7)。因此,(8.9)式中的待估参数是 α,γ,K_1^1 和 K_1^2,共 4 个,只要样本量足够大,用 OLS 方法就能估计这些参数。此外,我们在估计过程中将时间 t^* 上的异常值已剔除。

二、最大基准用电负荷指数

最大用电负荷估计和预测模型是一种有效分析电力数据的实用算法,但是其分析的对象是每年的最大用电负荷,因此,数据使用效率大大降低,导致损失了部分有用信息。该估计方法没有考虑负荷的堆积效应,即持续几天高温后常会有高峰负荷,用一天的数据解释全年的经济变化有点牵强,用模型预测日用电负荷的误差较大等。为此,本章在最大用电负荷估计方法的基础上,用特征指数(Hedonic)技术建模,从而形成最大基准用电负荷指数,该指数可以估计月度、季度甚至频率更高的数据。

特征指数方法通常应用在编制住房价格指数方面(Witte 等,1979),价格指数用以下形式表示:

$$Index_t = \frac{\widehat{P}_t}{\widehat{P}_{t-1}} = \frac{F_t(X_1, X_2, \cdots, X_k)}{F_{t-1}(X_1, X_2, \cdots, X_k)}.$$

其中,$Index_t$ 是价格指数,P_t 表示交易价格,$\widehat{P}_t$ 表示通过模型拟合的价格。特征价格函数 $F_t(X_1, X_2, \cdots, X_k)$ 表示价格是特征($X_1, X_2, \cdots, X_k$)的载体。重复交易模型(Repeat Sale Method)是将一定时期内同一住房单元交易的两次及两次以上的价格都计入指数的数据范围,保证指数编制的同质性。本章在构建最大基准用电负荷指数时采用特征指数方法和重复交易模型的思想,将时间序列的样本点作为特征处理,从而构建模型。

最大用电负荷估计模型已经证明了最大基准用电负荷曲线是客观存在的,且在一定条件下趋于稳定。据此,对峰值负荷而言,当气温足够高时,存在一条基准用电负荷指数,也就是说当气温大于临界值时,峰值负荷也是某种形式的"平均"。

首先,界定临界气温 T_0。定义样本内的用电负荷值是指在该期最大用电负荷值附近,且气温大于临界值的数据。我们以季度数据为例,在统计出每季最大用电负荷样本后,构建如下乘法模型:

$$V_t^j = \alpha_1^{T_{tj}^1} \times \cdots \times \alpha_l^{T_{tj}^l} \times \beta_1^{h_1} \times \cdots \times \beta_6^{h_6}$$
$$\times \left(\frac{I_1}{I_0} \times \cdots \times \frac{I_t}{I_{t-1}}\right)^{s_t} \left(\frac{I_{t+1}}{I_t} \times \cdots \times \frac{I_n}{I_{n-1}}\right)^{1-s_t} \times e^{\varepsilon},$$

$$t = 1, 2, 3, \cdots, n(年). \tag{8.10}$$

这里,t 表示年度标记,j 表示样本点标记,V_t^j 表示进入样本内的最大用电负荷值。$\alpha_1^{T_{tj}^1} \times \cdots \times \alpha_l^{T_{tj}^l}$ 表示积温的影响,其中 α 是待估参数,T_{tj}^l 是 V_t^j 样本点所对应的时点气温值,$T_{tj}^k (k=1, \cdots, l-1)$ 是 V_t^j 样本点前若干天的气温值,以考虑用电负荷的堆积效应,l 是积温期长度,一般是二到四日;$\beta_1^{h_1} \times \cdots \times \beta_6^{h_6}$ 表示每周不同日的影响,通常工作日与周末的用电负荷数量和结构都不尽相同,因此,我们将周一至周六不同日用哑变量 $h_u(u=1, \cdots, 6)$ 表示,V_t^j 所对应星期的 h_u 取 1,其余取 0,其中,周日全部取 0;I_t 是待估参数,即 V_t^j 样本点所对应的最大基准用电负荷指数值,n 是总年度数,s_t 是哑变量,当 V_t^j 是第 t 年的最大用电负荷,则为 1,否则是 0;ε 是误差项。

模型式(8.10)是利用基期和多个样本期所建立的特征指数(Hedonic)模型,在模型中还以星期的哑变量标识样本所属的不同日期,以年份的哑变量标识最大基准用电负荷指数值的不同形式,从而在原有的最大用电负荷估计模型的基础上添加更多有效的信息特征,构成完整的最大基准用电负荷指数模型。

为求解模型式(8.10),首先对其取对数简化如下:

$$\ln V_t^j = \sum_{u=1}^{l} T_{tj}^u \ln \alpha_u + \sum_{v=1}^{6} h_v \ln \beta_v + s_t \sum_{w=1}^{t} \ln \frac{I_w}{I_{w-1}} + (1-s_t) \sum_{p=t+1}^{n} \ln \frac{I_p}{I_{p-1}} + \varepsilon,$$

$$t = 1, 2, 3, \cdots, n(年). \tag{8.11}$$

从而将式(8.10)转换成典型的线性模型,待估参数包括 α_u、β_v 和 I_w,通过线性 OLS 估计方法,可以估计 $\dfrac{I_w}{I_{w-1}}$,从而得到最大基准用电负荷指数。

第四节 实证结果分析

实证分析使用的数据与上文使用的数据相同。本章以上海市 2000 年至 2017 年电力数据、温度数据和经济变量的数据为例,用最大用电负荷估计模型估计 $V_{r,t}$、K_1^1 和 K_1^2,预测 $V_{m,t}$,用特征指数(Hedonic)方法构建最大基准负荷指数,并对其给予经济学意义的解读和分析。

一、数据描述性统计

为了对上海市的电力数据、温度数据有直观的认识,我们分析了上海市2000年3月1日至2017年8月15日电力公司共6 377天的用电负荷数据和日温度数据,变量包括24个时点负荷、日电量、日最大负荷、日最小负荷、日最高温度、日最低温度和一、二、三产及居民生活用电的月度数据。表8.1对全样本和各年份的数据分别进行了描述性统计。

表 8.1　　　　　　　　日用电负荷数据的描述性统计

年份	电 力 数 据								
	日电量(亿千瓦时)			日最大负荷(万千瓦)			日最小负荷(万千瓦)		
	平均数	中位数	标准差	平均数	中位数	标准差	平均数	中位数	标准差
全样本	2.98	3.02	0.98	1 463.90	1 467.60	487.48	948.24	973.10	307.48
2000	1.50	1.45	0.19	744.24	723.35	103.45	473.24	461.15	54.08
2001	1.58	1.53	0.21	785.58	761.10	115.92	498.15	485.60	55.79
2002	1.72	1.70	0.23	857.91	841.20	127.10	540.20	533.00	59.70
2003	1.99	1.91	0.29	989.06	958.70	152.90	626.09	603.40	81.39
2004	2.20	2.13	0.29	1 083.48	1 051.40	148.94	699.87	679.35	79.86
2005	2.47	2.39	0.34	1 214.75	1 175.80	174.12	785.26	762.10	91.54
2006	2.69	2.58	0.42	1 321.52	1 272.50	216.65	857.28	826.00	114.22
2007	2.92	2.80	0.46	1 436.36	1 385.60	242.58	931.12	903.30	127.84
2008	3.09	2.96	0.47	1 520.58	1 446.65	245.22	990.15	952.40	132.74
2009	3.14	3.07	0.47	1 544.85	1 509.20	246.67	1 001.10	983.90	133.02
2010	3.53	3.33	0.57	1 727.29	1 629.30	298.74	1 137.28	1 080.70	164.08
2011	3.66	3.53	0.53	1 794.48	1 740.90	283.99	1 174.52	1 139.00	149.32
2012	3.68	3.59	0.55	1 821.17	1 772.10	291.65	1 171.92	1 138.35	154.95
2013	3.85	3.59	0.72	1 894.93	1 774.40	376.32	1 220.78	1 141.00	207.40
2014	3.73	3.67	0.50	1 820.58	1 789.90	269.62	1 183.28	1 168.70	136.23
2015	3.83	3.74	0.55	1 877.14	1 832.70	295.01	1 219.60	1 196.00	149.15
2016	4.03	3.84	0.71	1 977.62	1 877.05	378.35	1 290.49	1 227.35	202.47
2017	4.18	3.98	0.88	2 037.56	1 945.70	453.69	1 337.44	1 275.00	264.59

资料来源:笔者依据上海市电力公司用电负荷数据整理所得。

从表8.1中可知,随着时间的推移,日电量、日最大负荷、日最小负荷三个变量都逐年增加,主要是因为经济社会环境的发展,对电力的需求逐年增加,在一定程度上反映了上海市18年来的工业、服务业的发展和城市化进程。三个指标的波动程度也随之更加剧烈,说明经济社会的工作时间和非工作时间的特征更加明显。特征指数算法下的最大基准用电负荷指数法很好地使用了数据背后更为丰富的信息,将不同星期作为哑变量放进模型中。此外,日最大负荷与日最小负荷的差距逐年扩大,这种差距中包含了经济因素和温度因素的混合。

我们用"用电负荷旋风图"来表示以上数据特征。将用电负荷数据为横轴,以季节序号为纵轴,将6377个观测点画到同一个图内(见图8.5)。图中每一横条上的点是当季日最大用电负荷(深色点)和日最小用电负荷(浅色点)的排序,从中可以清晰地看到样本内70季日用电负荷的分布结构像一个旋风(Cyclone)的投影,直接反映了上海市2000年以来经济社会的迅猛发展,即随着时间的推移,日最大用电负荷和日最小用电负荷的最大值和最小值不断增加,最大值与最小值的波动也在不断增加。

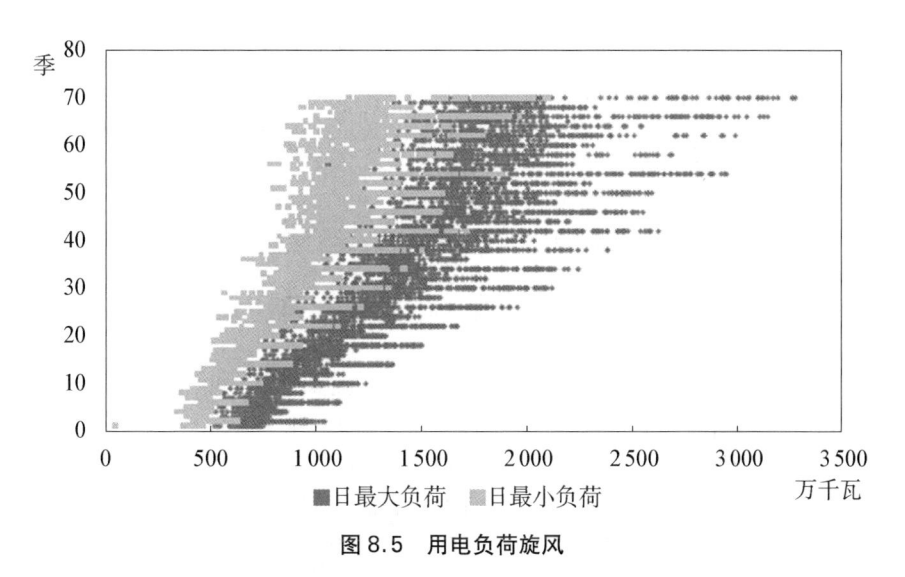

图8.5 用电负荷旋风

资料来源:上海市电力公司用电负荷数据。

以"用电负荷旋风图"对日降温负荷进行同样分析,可以知道降温负荷的波动比日最大负荷的波动更为剧烈,这符合降温负荷的特征,即夏天居民生活和生产开启空调装机,产生降温负荷,在春秋季降温负荷近乎为零。随着时间的推移,降温负荷也与日最大负荷类似,呈现出旋风的特征,体现出随着经济的发展,空调装机的增加,日降温负荷也随之增加的特点。在某些温度较高的夏季,日降温负荷的值出现异常,体现出日降温负荷不仅受到经济因素的影响,还受到温度因素的影响。此外,日降温负荷的趋势存在周期性的变化,这与春秋季日降温负荷低有关,受居民生活习惯影响,其背后的影响规律已在上文建模进一步分析。

表8.2反映了温度具有季节性变化,较少受到经济社会的发展影响,与经济因素基本是相互独立的。

表8.2　　　　　　　　　日温度数据的描述性统计

年份	日最高温度(摄氏度)			日最低温度(摄氏度)		
	平均数	中位数	标准差	平均数	中位数	标准差
全样本	21.59	22.70	9.32	15.06	15.8	8.74
2000	23.56	24.60	7.76	17.11	18.00	7.41
2001	21.37	23.00	9.10	14.89	15.50	8.51
2002	21.66	21.60	8.53	15.04	15.60	7.91
2003	21.55	22.50	9.85	14.79	15.00	9.07
2004	21.96	23.15	9.07	15.12	15.65	8.62
2005	21.58	23.20	10.26	14.65	16.10	9.61
2006	22.17	23.40	9.37	15.55	16.20	8.65
2007	22.27	22.40	8.98	15.68	15.30	8.33
2008	21.38	22.20	9.69	14.65	15.00	9.15
2009	21.55	24.20	9.49	14.92	16.70	8.90
2010	21.23	21.00	9.49	14.64	14.10	9.07
2011	21.00	22.00	9.83	14.43	16.00	9.28
2012	20.63	22.45	9.74	14.54	15.80	8.97
2013	21.81	22.40	9.99	15.08	15.20	9.33
2014	20.84	21.90	8.33	14.85	15.80	8.08
2015	20.95	23.20	8.54	14.80	16.00	8.00
2016	21.48	22.10	9.26	15.46	16.05	8.72
2017	22.30	22.90	10.01	15.37	16.30	9.14

资料来源:笔者依据上海市电力公司温度数据整理所得。

二、最大用电负荷估计和预测

以年最大用电负荷为研究对象,假定最高基准温度 T_r 为 38.7℃,表8.3

第八章 最大用电负荷综合指数的编制及其与经济变量的关联研究 / 155

分别是采用两期、三期和四期的序列$\{b_t\}$移动平均所估计的参数值及标准误。移动平均的期数不宜过长,否则会造成趋势太光滑,使得精度变差。根据估计得到的结果可看到四期移动平均的调整的R^2最低;三期移动平均次高;而两期移动平均最高。表8.4是用最大用电负荷估计模型预测得到的MSE①,可以发现两期移动平均的MSE最低,精度最好;三期移动平均的MSE次低;而四期移动平均的MSE最高,精度最差。因此,采用两期移动平均更为合适。

表8.3　　　　　　　最大用电负荷估计和预测模型

	两期移动平均的估计值	三期移动平均的估计值	四期移动平均的估计值
α	0.2553	0.6860***	1.1076***
	[0.1504]	[0.1872]	[0.2166]
γ	1.0067***	1.0022***	1.0072***
	[0.0210]	[0.0274]	[0.0334]
K_1^1	−0.0015	0.0077	−0.0008
	[0.0112]	[0.0130]	[0.0143]
K_1^2	0.0287**	0.0293*	0.0399**
	[0.0128]	[0.0150]	[0.0166]
调整的R^2	0.9948	0.9911	0.9865
p-value	1.151e−15	3.926e−13	3.915e−11

注:*表示90%水平显著,**表示95%水平显著,***表示99%水平显著。

图8.6是在表8.3模型基础上的预测图。最大用电负荷预测值基本与最大用电负荷值(V_m)一致,并且估计得到的最大基准用电负荷(V_r)序列也能反

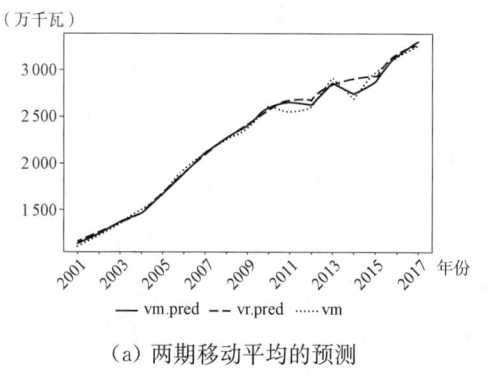

(a) 两期移动平均的预测 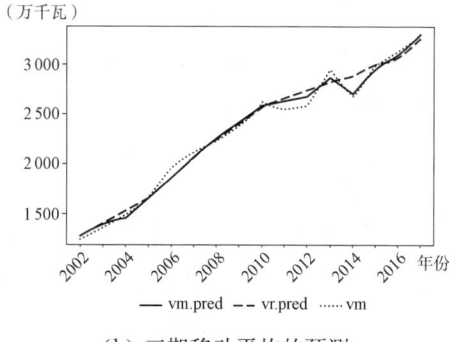　　　　　(b) 三期移动平均的预测

---

① MSE,即均方误差,是$E(V_m - V_m\text{预测值})^2$。

(c) 四期移动平均的预测

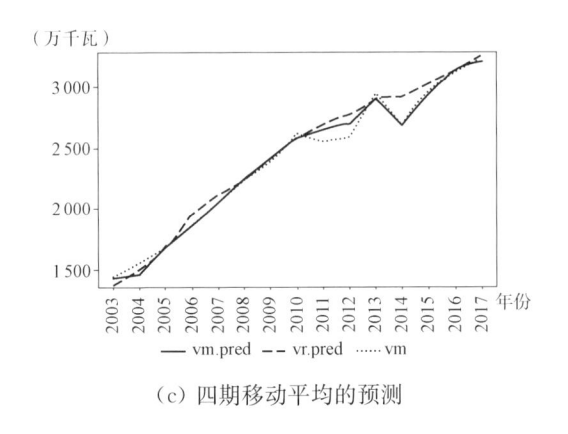

图 8.6　最大用电负荷和最大基准用电负荷序列预测

映最大用电负荷值的趋势变化,其中两期移动平均的最大用电负荷估计值与其观测值基本重合,预测效果最好。

表 8.4　　　　　　最大用电负荷估计模型的预测均方误差

	两期移动平均	三期移动平均	四期移动平均
MSE	2 662.162	2 919.649	3 318.067

本质上,最大用电负荷估计模型利用的是在高温气候和很高用电负荷的"极端"条件下,最大用电负荷仅与温度有关,剥离出的最大基准用电负荷主要受经济变量影响的特点。这为我们对经济变量的解读、经济形势的预判和研究提供了新的视角和数据支持。以最大基准用电负荷为桥梁预测最大用电负荷的精准度较高。在以上的模型框架下,我们估计出不可观测的最大基准用电负荷(V_r)序列,该序列在固定基准温度 T_r 下,主要由经济变量所影响。我们在改变基准温度的情况下,分别用 38.7℃、39℃和 39.4℃三个基准温度,采用两期的移动平均计算最大基准用电负荷序列(见图 8.7)。

从图 8.7 中可知,随着基准温度的提高,整条曲线向上移动,这与常识相符,即最大基准用电负荷随着温度的上升而增加。但是三条曲线的趋势和形状几乎不变,这是因为曲线的形状是由经济变量所决定的。因此,最大基准用电负荷 $V_{r,t}$ 的估计序列不仅能用来预测最大用电负荷($V_{m,t}$),而且作为经济分析的变量,具有实用性和可操作性。由式(8.1)可知,选取的经济变量不同,最大基准用电负荷 $V_{r,t}$ 的估计也会不同,即确定经济变量的类型后,需要构造相应

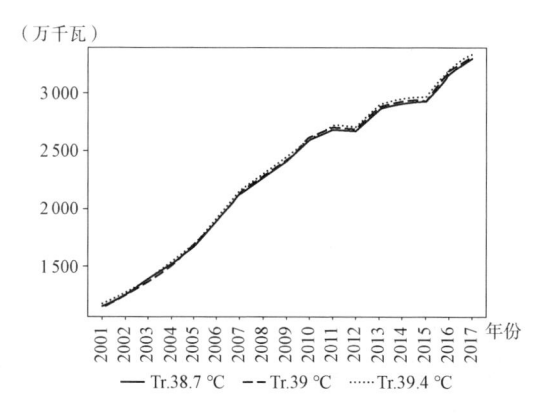

第八章　最大用电负荷综合指数的编制及其与经济变量的关联研究 / 157

图 8.7　不同基准气温下的最大基准用电负荷 $V_{r,t}$ 的估计序列

的 $V_{r,t}$ 序列,这依赖于初始序列 $\{a_t\}$ 的选择。其中,经济变量是指全社会的经济状况,包含生产、生活、办公和商业等各个方面。下面我们选择生产过程中的经济变量为 GDP 来考察,由于 GDP 本身是平滑的,故不再做移动平均的处理。

分别对用经济变量 GDP,一产、二产、三产的 GDP 值作为最大基准用电负荷估计初始序列的"原材料"的 $\{b_t\}$,进而估算 $V_{r,t}$ 序列 ($V_{r,t} = V_r(GDP_t, T_r)$)。我们定义 GDP 单位产值电耗估计值($\hat{V}_{r,t}$/GDP)。图 8.8 是在基准温度 38.7℃ 计算的 GDP 单位产值电耗估计值。从图 8.8(a) 可以看到,18 年来上海市节能减排和产业转型是很有成效的,但是从整体图形来看,这种下降趋势逐步放缓,意味着降低 GDP 产值电耗会愈加困难。其中,三产的 GDP 单位产值电耗估计值的趋势与 GDP 的趋势一致,并且下降趋势更加缓慢。二产在 2008 年、2009 年单位产值电耗最低,在 2015 年以后出现上升的趋势,2017 年的单位产值电耗估计值出现"小峰",推断可能是因为经济危机后期和经济转

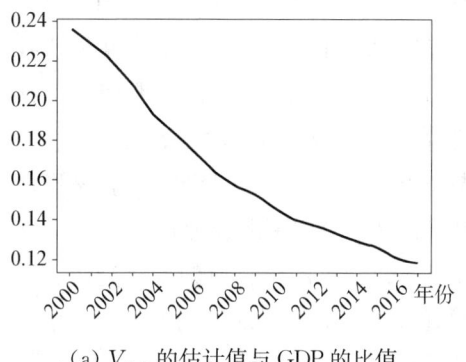

(a) $V_{r,t}$ 的估计值与 GDP 的比值 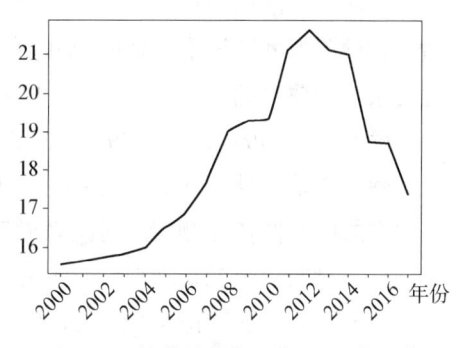　　(b) $V_{r,t}$ 的估计值与一产 GDP 的比值

(c) $V_{r,t}$ 的估计值与二产 GDP 的比值　　(d) $V_{r,t}$ 的估计值与三产 GDP 的比值

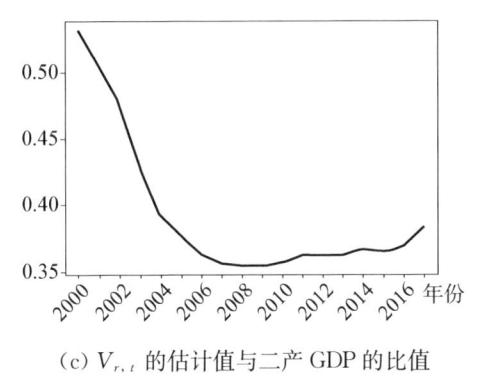

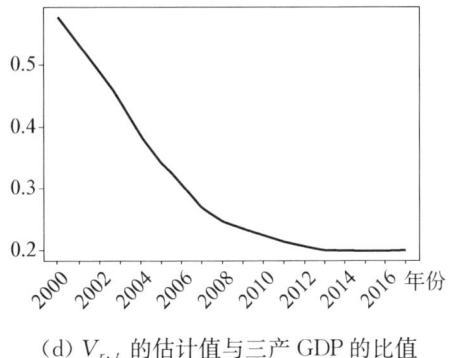

图 8.8　最大基准用电负荷与经济变量的关联关系

型过程中,全社会国民生产总值增速有所下滑造成的。一产在 2012 年之前电耗增加趋势明显,近几年有显著地下降,体现上海市在乡村振兴战略方面得到了实质性的成效。从一定角度说明,上海市的三产受经济危机的影响不明显,二产在经济转型过程中影响显著。

三、最大基准用电负荷指数

我们以上海市日最大用电负荷数据为研究对象,数据总样本有 6 377 个,选取三天的积温期,并将夏季和冬季积温期分别计算,要求进入计算的日最大负荷不小于该年日最大负荷的 95%。通过 OLS 模型估计积温参数 α_u(6 个),星期参数 β_v(6 个),以及负荷指数 I_w 与 I_{w-1} 的比值(70 个)(由于待估参数较多,文中不报告数值结果),可以计算出季度最大基准用电负荷指数(见图 8.9)。

在最大基准用电负荷指数的估计中,待估参数非常多,正如最大用电负荷估计和预测模型结果中表现的那样,存在着不显著的情况,我们通常在分析线性关系时看调整的 R^2(Cameron 和 Windmeijer,1979)。最大基准用电负荷指数模型中得到的 $R^2=0.998\,4$,均方误差为 0.000 25,模型拟合结果较好。

图 8.9 是估计的最大基准用电负荷指数。从中可以明显地看到,该指数有四季的周期性特征,因此,对指数做四期的移动平均平滑处理。

从平滑曲线中能直观地看到上海市全社会最大用电负荷的变化趋势。其中,2009 年第二季度由于经济危机的显著影响,经济不景气明显;2014 年以后,全国整体的经济形势从重视 GDP 增长到重视经济结构的优化升级,从要

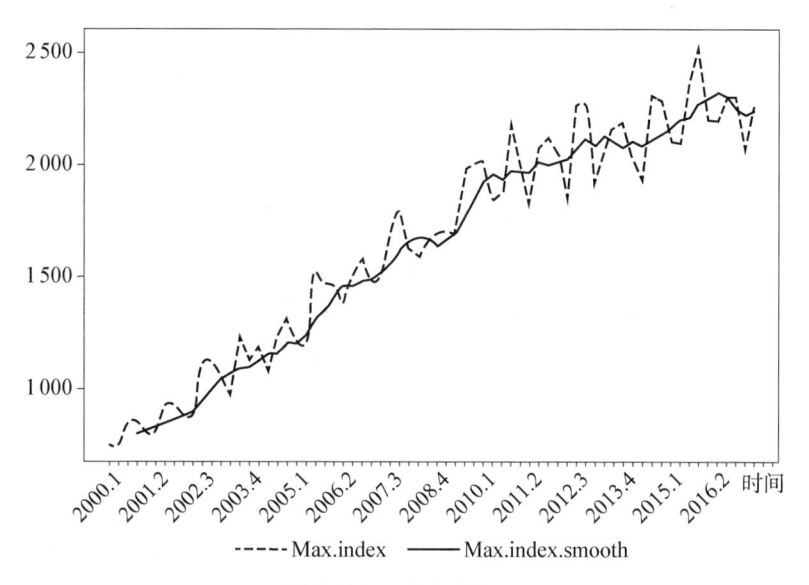

第八章　最大用电负荷综合指数的编制及其与经济变量的关联研究　/　159

图 8.9　最大基准用电负荷指数及光滑线

素和投资驱动逐渐转向创新驱动,最大基准用电负荷指数能很好地反映出上海整体的经济逐渐趋向稳健;尤其在 2016 年末 2017 年初,经济结构的调整到了攻坚的阶段,高耗能低效落后产能的逐渐淘汰必然造成了这个指数趋向平缓甚至下滑。另外,这种指数方法还能构建月度等更高频率的指数。

我们还将该指数与经济变量 GDP、一产、二产、三产 GDP 做回归分析,量化地分析经济社会变量对降温负荷的影响程度。从表 8.5 中可以看到,该指数对经济变量的解释都具有显著性影响。其中,与 GDP、二产、三产 GDP 回归的调整的 R^2 较大,反映了三产所占比重最大、二产所占比重其次的上海市产业结构特征。因此,用最大基准用电负荷指数来分析经济形势和产业结构的变化是可行的和客观的。

表 8.5　　　　　　　最大基准用电负荷指数与经济变量的关系

	GDP	一产 GDP	二产 GDP	三产 GDP
估计值	0.766 2***	0.381 9***	0.705 7***	0.779 4***
	[0.077 4]	[0.111 3]	[0.085 3]	[0.075 4]
调整的 R^2	0.581 0	0.133 5	0.490 8	0.601 8
p-value	6.953e−15	0.001 0	6.291e−12	1.18e−15

注：* 表示 90% 水平显著,** 表示 95% 水平显著,*** 表示 99% 水平显著。

我们用"最大基准用电负荷指数法"研究夏季用电负荷,构建夏季日最大用电负荷指数、夏季日最大降温负荷指数、基础负荷指数和夏季日用电量指数(见图 8.10)。

从图 8.10 中能直观地看到,日用电量指数与日最大用电负荷指数基本同趋势,这两个指数是经济与温度变量的综合反映;基础负荷指数较为平稳,只受经济因素的影响,不受温度的影响;最大降温负荷指数的波动与日最大用电负荷指数的波动一致,可以得出,日最大用电负荷的波动主要原因在于降温负荷指数的波动。以上四个指数对预测电力负荷和分析经济变量起着重要的作用。

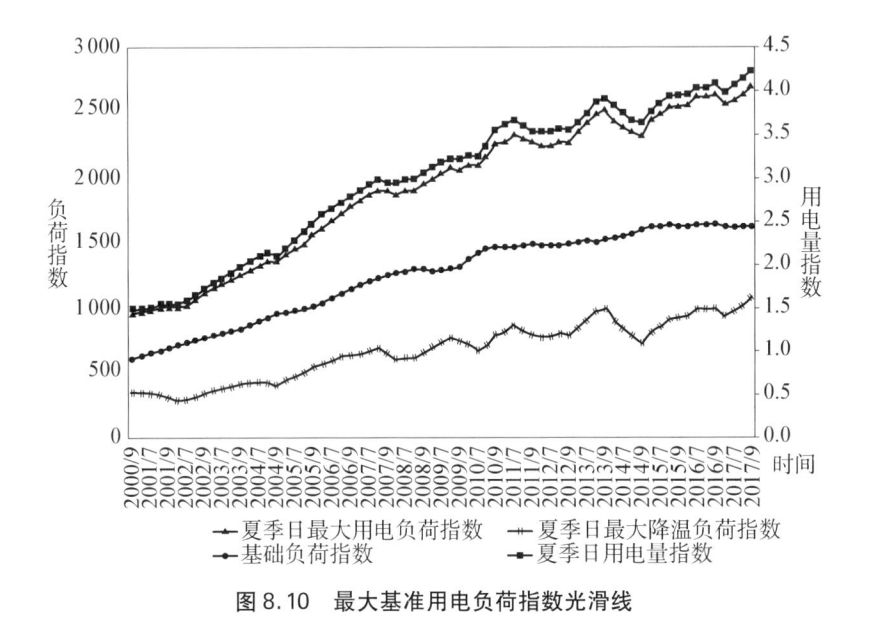

图 8.10 最大基准用电负荷指数光滑线

第五节 本章小结与政策启示

"最大用电负荷估计和预测模型"和"最大基准用电负荷指数方法"是在电力峰值极端的情况下,固化经济因素和气温因素的作用,以达到分离因素变量的目的。本章首先揭示了当夏季温度足够高时空调降温用电负荷趋于基本稳定,此时的最大基准用电负荷也相对稳定的事实,发现了经济变量一定时,只要温度足够高,最大用电负荷趋于基本稳定,从而能够在"极端"气温和用电负荷的条件下分析基础负荷和降温(取暖)用电负荷,进而提出一种对不可观测最大基准用电负荷(V_r)序列的估计方法,以准确地预测最大用电负荷(V_m),并分析经济转型过程中,一产、二产和三产分别的表现。

本章通过特征指数(Hedonic)法建立季度甚至月度最大基准用电负荷指数,分析其与经济变量之间的关系;此外,构建夏季日最大用电负荷指数、夏季日最大降温负荷指数、基础负荷指数和夏季日用电量指数,从而剥离出基础负荷指数平稳的特性,说明其与经济因素具有关联关系,而不受气温因素的影响。夏季日最大用电负荷指数与夏季最大降温负荷指数的波动一致,体现夏季日最大用电负荷指数与夏季日用电量指数是由经济与温度变量的综合反映,其波动主要原因在于降温负荷指数的波动。这四个指数对于我们分析和预测电力负荷和经济变量具有良好的作用。

以上海为例,我们发现上海在过去18年来节能减排和产业转型是很有成效的,尤其是二产的GDP单位产值电耗估计值在经济转型过程中在2015年以后出现上升趋势,而三产受经济危机的影响不明显。2014年以后,全国整体的经济形势从重视GDP到重视经济结构的优化升级,最大基准用电负荷指数正好反映出上海整体的经济逐渐趋向稳健。尤其在2016年末2017年初,经济结构的调整到了攻坚的阶段,高耗能低效落后产能的逐渐淘汰导致最大基准用电负荷指数趋向平缓。

党的十九大以来,随着中国经济发展进入新常态的阶段,以北京、上海、广州为代表的超大城市面临转型升级的要求,当好全国经济发展的"排头兵"是超大城市的责任和使命。但是,面对人口趋于饱和的现状,经济结构的优化将逐步淘汰高耗能低效率的产能,从而会出现经济发展的阵痛期。就上海而言,正处于转变发展方式、优化经济结构、转换增长动力的攻关期,需要寻找新的经济增长点,发展低耗环保的新经济业态,推动新型工业化、信息化、农业现代化同步发展,提高全要素生产率,推动经济发展质量变革、效率变革和动力变革。

用电负荷的研究不仅可以应用在分析经济变量的趋势预测和分析上,还可以研究消费者行为等。用电负荷的数据庞大和复杂,未来我们会对用电负荷的数据所蕴含的信息通过数据挖掘和机器学习的方法进行更深的处理和分析。一方面,进一步挖掘和研究"用电负荷旋风图",分析日最大用电负荷和日最小用电负荷分别与经济、气温因素的关联关系;另一方面,对夏季日最大用电负荷指数、夏季日最大降温负荷指数、基础负荷指数和夏季日用电量指数四个指数进行分析,探索其与经济变量之间的关系。此外,将来还可以尝试用现代计量经济学的方法构建用电负荷与经济变量的模型,将本章提到的经济变量与气温对用电负荷的复杂非线性特征的多值函数加以模型化。

参考文献

[1] Aalianvari A, Katibeh H, Sharifzadeh M. Application of Fuzzy delphi AHP Method for the Estimation and Classification of Ghomrud Tunnel from Groundwater Flow Hazard [J]. Arabian Journal of Geosciences, 2012, 5(2): 275-284.

[2] Abeyasekera S. Chapter XVIII Multivariate Methods for Index Construction [J]. Household Sample Surveys in Developing and Transition Countries: Design, Implementation and Analysis, 2005: 367-387.

[3] Al-Hamadi H M, Soliman S A. Long-term/mid-term Electric Load Forecasting Based on Short-term Correlation and Annual Growth [J]. Electric Power Systems Research, 2005,74(3): 353-361.

[4] Al-Harbi K M A S. Application of the AHP in Project Management [J]. International Journal of Project Management, 2001,19(1): 19-27.

[5] Alzate C, Suykens J A. Multiway Spectral Clustering with Out-of-sample Extensions through Weighted Kernel PCA [J]. IEEE Transactions on Pattern Analysis and Machine Intelligence, 2010,32(2): 335-347.

[6] Amjady N. Short-term Hourly Load Forecasting Using Time-series Modeling with Peak Load Estimation Capability [J]. IEEE Transactions on Power Systems, 2001,16 (4): 798-805.

[7] Anderson T W. Asymptotic Theory for Principal Component Analysis [J]. The Annals of Mathematical Statistics, 1963,34(1): 122-148.

[8] Anderson T W. The Asymptotic Distribution of Certain Characteristic Roots and Vectors [J]. Paper presented at the Proceedings of the Second Berkeley Symposium on Mathematical Statistics and Probability, Berkeley, Calif, 1951.

[9] Arnott R D, Hsu J C, Moore P. Fundamental Indexation [J]. Financial Analysts Journal, 2005,61(2): 83-99.

[10] Bańbura M, Modugno M. Maximum Likelihood Estimation of Factor Models on Datasets with Arbitrary Pattern of Missing Data [J]. Journal of Applied Econometrics, 2014,29(1): 133-160.

[11] Bai J, Ng S. Large Dimensional Factor Analysis [J]. Foundations and Trends® in Econometrics, 2008,3(2): 89-163.

[12] Bailey M J, Muth R F, Nourse H O. A Regression Method for Real Estate Price Index Construction [J]. Journal of the American Statistical Association, 1963, 58

(304): 933 - 942.

[13] Beck T, Demirgüç-Kunt A, Honohan P. Access to Financial Services: Measurement, Impact, and Policies [J]. The World Bank Research Observer, 2009,24(1): 119 - 145.

[14] Beltrami E. On Bilinear Functions [R]. University of Minnesota, Dept. of Computer Science, Technical Report, 1873.

[15] Birgin E G, Martinez J M. Improving Ultimate Convergence of an Augmented Lagrangian Method [J]. Optimization Methods and Software, 2008,23(2): 177 - 195.

[16] Buckley M. Multicriteria Evaluation: Measures, Manipulation, and Meaning [J]. Environment and Planning B: Planning and Design, 1988,15(1): 55 - 64.

[17] Cameron A C, Frank A G. Windmeijer. An R-squared Measure of Goodness of Fit for Some Common Nonlinear Regression Models [J]. Journal of Econometrics, 1997, 77: 329 - 342.

[18] Carlsson C, Fuller R. Fuzzy Multiple Criteria Decision Making: Recent Developments [J]. Fuzzy Sets and Systems, 1996,78(2): 139 - 153.

[19] Case K E, Shiller R J. Prices of Single Family Homes Since 1970: New Indexes for Four Cities [J]. National Bureau of Economic Research Working Paper Series, 1987, No. 2393.

[20] Case K E, Shiller R J. The Efficiency of the Market for Single-Family Homes [J]. The American Economic Review, 1989,79(1): 125 - 137.

[21] Chakravarty S R, Pal R. Financial Inclusion in India: An Axiomatic Approach [J]. Journal of Policy modeling, 2013,35(5): 813 - 837.

[22] Chen B-J, Chang M-W, Lin C-J. Load Forecasting Using Support Vector Machines: A Study on EUNITE Competition 2001 [J]. IEEE Transactions on Power Systems, 2004,19(4): 1821 - 1830.

[23] Chen T Y, Li C H. Determining Objective Weights with Intuitionistic Fuzzy Entropy Measures: A Comparative Analysis [J]. Information Sciences, 2010,180(21): 4207 - 4222.

[24] Conn A R, Gould N I M, Toint P. A Globally Convergent Augmented Lagrangian Algorithm for Optimization with General Constraints and Simple Bounds [J]. SIAM Journal on Numerical Analysis, 1991,28(2): 545 - 572.

[25] Connor G, Korajczyk R A. Risk and Return in an Equilibrium Apt: Application of a New Test Methodology [J]. Journal of Financial Economics, 1988,21(2): 255 - 289.

[26] Cross F. The Behavior of Stock Prices on Fridays and Mondays [J]. Financial Analysts Journal, 1973,29(6): 67 - 69.

[27] Dalio R. Principles: Life and Work [M]. Simon & Schuster, 2017.

[28] d'Aspremont A, Ghaoui L E, Jordan M I, Lanckreit G R G. A Direct Formulation for Sparse PCA using Semidefinite Programming [J]. SIAM Review, 2007,49(3):

434 - 448.

[29] Demirguc-Kunt A, Levine R. Financial Structure and Economic Growth: A Cross-country Comparison of Banks, Markets, and Development [M]. MIT Press, 2004.

[30] Démurger S, Sachs J D, Woo W T, Bao S, Chang G, Mellinger A. Geography, Economic Policy, and Regional Development in China [J]. Asian Economic Papers, 2002,1(1): 146 - 197.

[31] Efron B, Tibshirani R. The Bootstrap Method for Assessing Statistical Accuracy [J]. Behaviormetrika, 1985,12(17): 1 - 35.

[32] Eisen M B, Spellman P T, Brown P O, Botstein D. Cluster Analysis and Display of Genome-wide Expression Patterns [J]. Proceedings of the National Academy of Sciences, 1998,95(25): 14863 - 14868.

[33] Erkanli A, Mazzuchi T A, Soyer R. Bayesian Computations for a Class of Reliability Growth Models [J]. Technometrics, 1998,40(1): 14 - 23.

[34] Fan J, Liao Y, Liu H. An Overview of the Estimation of Large Covariance and Precision Matrices [J]. The Econometrics Journal, 2016,19(1): C1 - C32.

[35] Fan J, Liao Y, Wang W. Projected Principal Component Analysis in Factor Model [J]. The Annals of Statistics, 2016,44(1): 219 - 254.

[36] Fan J, Zhang J, Yu K. Vast Portfolio Selection With Gross-Exposure Constraints [J]. Journal of the American Statistical Association, 2012,107(498): 592 - 606.

[37] Filmer D, Pritchett L. Estimating Wealth Effects without Expenditure Data or Tears: An Application to Educational Enrollments in States of India [J]. Policy Research Working Papers, 1998, No.1994.

[38] Forni M, Giannone D, Lippi M, Reichlin L. Opening the Black Box: Structural Factor Models with Large Cross Sections [J]. Econometric Theory, 2009, 25(5): 1319 - 1347.

[39] Frisch R. Statistical Confluence Analysis by Means of Complete Regression Systems [A], University Institute of Economics, Oslo, 1934: 5 - 8. In Hendry D F, Morgan M S (Eds.). The Foundations of Econometric Analysis [M]. Cambridge: Cambridge University Press, 1995: 271 - 273.

[40] Furman J L, Porter M E, Stern S. The Determinants of National Innovative Capacity [J]. Research Policy, 2002,31(6): 899 - 933.

[41] Garivier A. Redundancy of the Context-tree Weighting Method on Renewal and Markov Renewal Processes [J]. IEEE Transactions on Information Theory, 2006,52 (12): 5579 - 5586.

[42] Geweke J. The Dynamic Factor Analysis of Economic Time Series [J]. Latent Variables in Socio-economic Models, Amsterdam, 1977: 365 - 383.

[43] Glisson T H. Introduction to Circuit Analysis and Design [M]. Springer, 2011.

[44] Goodman A C. Andrew Court and the Invention of Hedonic Price Analysis [J]. Journal of Urban Economics, 1998,44(2): 291 - 298.

[45] Haitovsky Y. Multicollinearity in Regression Analysis: Comment [J]. The Review of economics and statistics, 1969: 486-489.

[46] Hallerbach W G. A Proof of the Optimality of Volatility Weighting Over Time [J]. The Journal of Investment Strategies, 2012,1(4): 87-99.

[47] Hallerbach W G. On the Expected Performance of Market Timing Strategies [J]. The Journal of Portfolio Management, 2014,40(4): 42-51.

[48] Hall P G. Cities in Civilization: Culture, Innovation, and Urban Order [M]. London: Weidenfeld & Nicolson Press, 1999.

[49] Hoerl A E, Kennard R W. Ridge Regression [M]. In Encyclopedia of Statistical Sciences, 2006.

[50] Hoerl A E. Application of Ridge Analysis to Regression Problems [J]. Chemical Engineering Progress, 1962,58: 54-59.

[51] Hopfield J J. Neural Networks and Physical Systems with Emergent Collective Computational Abilities [J]. Proceedings of the National Academy of Sciences, 1982, 79(8): 2554-2558.

[52] Hoskisson R E, Hitt M A, Johnson R A, Moesel D D. Construct Validity of an Objective (entropy) Categorical Measure of Diversification Strategy [J]. Strategic management journal, 1993,14(3): 215-235.

[53] Hotelling H. Analysis of a Complex of Statistical Variables into Principal Components [J]. Journal of Educational Psychology, 1933,24: 417-520.

[54] Hsu J C. Cap-weighted Portfolios are Sub-optimal Portfolios [J]. Journal of Investment Management, 2006,4(3): 44-53.

[55] Huang S-J, Shih K-R. Short-term Load Forecasting via ARMA Model Identification including Non-Gaussian Process Considerations [J]. IEEE Transactions on Power Systems, 2003,18(2): 673-679.

[56] International Energy Conservation Environmental Protection Association (IEEPA). Ecological Safety Strategic Key Points of International Urban Ecological Construction [R]. 2010.

[57] Jing L, Ng M K, Huang J Z. An Entropy Weighting K-means Algorithm for Subspace Clustering of High-dimensional Sparse Data [J]. IEEE Transactions on Knowledge & Data Engineering, 2007,19(8): 1026-1041.

[58] Jolliffe I T. Principal Component Analysis [M]. New York: Spinger, 1986.

[59] Jordan C. Mémoire sur les Formes Bilinéaires [J]. Journal de Mathematiques Pures et Appliquees, 1874,19: 35-54.

[60] Karabel J, Astin A W. Social Class, Academic Ability, and College Inequality [J]. Social Forces, 1975,53(3): 381-398.

[61] Karady G G, Holbert K E. Electrical Energy Conversion and Transport: An Interactive Computer-Based Approach [M]. IEEE Press, Second Edition, 2013.

[62] Kaur A, Lodhia S K. The State of Disclosures on Stakeholder Engagement in

Sustainability Reporting in Australian Local Councils [J]. Pacific Accounting Review, 2014,26(1/2): 54 - 74.

[63] Kawaller I G, Koch P D, Koch T W. The Temporal Price Relationship between S&P 500 Futures and the S&P 500 Index [J]. The Journal of Finance, 1987,42(5): 1309 - 1329.

[64] Kempson E, Whyley C. Kept Out Or Opted Out?: Understanding and Combating Financial Exclusion [M], Policy Press, 1999.

[65] Koltchinskii V, Lounici K. Concentration Inequalities and Moment Bounds for Sample Covariance Operators [J]. Bernoulli, 2017,23(1): 110 - 133.

[66] Kujawski E. Multi-criteria Decision Analysis: Limitations, Pitfalls, and Practical Difficulties [M]. In INCOSE International Symposium, 2003, volume 13, pages 1169 - 1176. Wiley Online Library.

[67] Lam C, Yao Q, Bathia N. Estimation of Latent Factors for High-dimensional Time Series [J]. Biometrika, 2011,98(4): 901 - 918.

[68] Lam C, Yao Q. Factor Modeling for High-dimensional Time Series: Inference for the number of factors [J]. Ann. Statist. , 2012,40(2): 694 - 726.

[69] Leyshon A, Thrift N. Financial Exclusion and the Shifting Boundaries of the Financial System [J], Environment and Planning A: Economy and Space, 1996,28(1): 1150 - 1156.

[70] Leyshon A, Thrift N. Geographies of Financial Exclusion: Financial Abandonment in Britain and the United States [J], Transactions of the Institute of British Geographers, 1995,20(3): 312 - 341.

[71] Li T, Zhang H, Yuan C, Liu Z, Fan C. A PCA-based Method for Construction of Composite Sustainability Indicators [J]. The International Journal of Life Cycle Assessment, 2012,17(5): 593 - 603.

[72] Liu W, Dunford M. Inclusive Globalization: Unpacking China's Belt and Road Initiative [J]. Area Development and Policy, 2016,1(3): 323 - 340.

[73] Markowitz H. The Optimization of a Quadratic Function Subject to Linear Constraints [J]. Naval Research Logistics Quarterly, 1956,3(1 - 2): 111 - 133.

[74] Massy W F. Principal Components Regression in Exploratory Statistical Research [J]. Journal of the American Statistical Association, 1965,60(309): 234 - 256.

[75] Mazzuchi T A, Soyer R. A Bayesian Attribute Reliability Growth Model [J]. Paper presented at the Reliability and Maintainability Symposium, 1991.

[76] MD. MD World Competitiveness Yearbook 2007 [M]. Lausanne: IMD Press, 2007.

[77] Meade L M, Presley A. R&D Project Selection Using the Analytic Network Process [J]. IEEE Transactions on Engineering Management, 2002,49(1): 59 - 66.

[78] Milligan G W. A Validation Study of a Variable Weighting Algorithm for Cluster Analysis [J]. Journal of Classification, 1989,6(1): 53 - 71.

[79] Mitchell W C, Burns A F. Statistical Indicators of Cyclical Revivals [J]. NBER

Book, 1938, Bulletin 69: 1-25.
[80] Moore G H, Shiskin J. Indicators of Business Expansions and Contractions [M]. New York: NBER, 1967.
[81] Moore G H. Statistical Indicators of Cyclical Revivals and Recessions [J]. NBER Book Series Studies in Business Cycles, 1950,1: 184-260.
[82] Moser C, Felton A. The Construction of an Asset Index [J]. Poverty Dynamics: Interdisciplinary Perspectives, 2009: 102-127.
[83] Nardo M, Saisana M, Saltelli A, Tarantola S, Hoffmann A, Giovannini E. Handbook on Constructing Composite Indicators: Methodology and User Guide [M]. OECD, 2008.
[84] Nepelski D, Prato G D. Analysing the European ICT Poles of Excellence: Case Studies of Inner London East, Paris, Kreisfreie Stadt Darmstadt, Dublin and Byen Kobenhavn [R]. JRC Scientific and Policy Reports, 2014.
[85] Nijkamp P, Rietveld P, Voogd H. Multicriteria Evaluation in Physical Planning [M]. Amsterdam: North-Holland, 1990,185.
[86] Paatero P, Tapper U. Positive Matrix Factorization: A non-Negative Factor Model with Optimal Utilization of Error Estimates of Data Values [J]. Environmetrics, 1994,5(2): 111-126.
[87] Papalexopoulos A D, Hesterberg T C. A Regression-based Approach to Short-Term System Load Forecasting [J]. IEEE Transactions on Power Systems, 1990,5(4): 1535-1547.
[88] Park C Y, Mercado R V. Financial Inclusion: New Measurement and Cross-country Impact Assessment [J]. ADB Economics Working Paper Series, No.539,2018.
[89] Park D C, El-Sharkawi M A, Marks R J, Atlas L E, Damborg M J. Electric Load Forecasting Using an Artificial Neural Network [J]. IEEE Transactions on Power Systems, 1991,6(2): 442-449.
[90] Pearson K. On Lines and Planes of Closest Fit to Systems of Points in Space [J]. Philosophical Magazine, 1901,2: 559-572.
[91] Plessis J D, Hallerbach W G. Volatility Weighting Applied to Momentum Strategies [J]. The Journal of Alternative Investments, 2017,19(3): 40-58.
[92] Pomeroy R S, Pollnac R B, Katon B M, Predo C D. Evaluating Factors Contributing to the Success of Community-based Coastal Resource Management: the Central Visayas Regional Project-1, Philippines [J]. Ocean & Coastal Management, 1997,36 (1-3): 97-120.
[93] Ransley D L, Rogers J L. A Consensus on Best R&D Practices [J]. Research-Technology Management, 1994,37(2): 19-26.
[94] Reris R, Brooks J P. Principal Component Analysis and Optimization: A Tutorial [J]. 14th INFORMS Computing Society Conference, 2015.
[95] Rezaei J. Best-worst Multi-criteria Decision-making Method [J]. Omega, 2015,53: 49-57.

[96] Roller L H, Waverman L. Telecommunications Infrastructure and Economic Development: A Simultaneous Approach [J], American Economic Review, 2001,91(4): 909-923.

[97] Ross S A. The Arbitrage Theory of Capital Asset Pricing [J]. Journal of Economic Theory, 1976,13(3): 341-360.

[98] Roszkowska E. Rank Ordering Criteria Weighting Methods-a Comparative Overview [M]. Wydawnictwo Uniwersytetu w Bia lymstoku, 2013.

[99] Saaty T L. Decision Making with the Analytic Hierarchy Process [J]. International Journal of Services Sciences, 2008,1(1): 83-98.

[100] Sargent T, Sims C. Business Cycle Modeling without Pretending to Have Too Much a Priori Economic Theory [R]. Federal Reserve Bank of Minneapolis, 1977.

[101] Sarma M, Pais J. Financial Inclusion and Development [J], Journal of International Development, 2011,23(5): 613-628.

[102] Sarma M. Index of Financial Inclusion [R]. Working Paper, No. 215,2008.

[103] Seber G A. A Matrix Handbook for Statisticians [M]. John Wiley & Sons, 2008, Vol. 15.

[104] Sharma P. Financial Inclusion by Channelizing Existing Resources in India [J], The India Economy Review, 2009,26(9): 76-82.

[105] Shemshadi A, Shirazi H, Toreihi M, Tarokh M J. A fuzzy VIKOR Method for Supplier Selection Based on Entropy Measure for Objective Weighting [J]. Expert Systems with Applications, 2011,38(10): 12160-12167.

[106] Skinner C, Holmes D, Smith T. The Effect of Sample Design on Principal Component Analysis [J]. Journal of the American Statistical Association, 1986,81(395): 789-798.

[107] Soliman S A, Al-Kandari A M. Electrical Load Forecasting: Modeling and Model Construction [M], Elsevier, 2010.

[108] Somerville I F, Dietrich D L, Mazzuchi T A. Bayesian Reliability Analysis using the Dirichlet Prior Distribution with Emphasis on Accelerated Life Testing Run in Random Order [J]. Nonlinear Analysis: Theory, Methods & Applications, 1997, 30(7): 4415-4423.

[109] Stock J, Watson M. Forecasting with many Predictors [J]. Handbook of economic forecasting, 2006,1: 515-554.

[110] Stock J, Watson M W. Dynamic Factor Models [J]. Oxford Handbook on Economic Forecasting, 2011.

[111] Stock J, Watson M W. New Indexes of Coincident and Leading Economic Indicators [J]. NBER Macroeconomics Annual, 1989,4: 351-409.

[112] Svanberg K. A Class of Globally Convergent Optimization Methods Based on Conservative Convex Separable Approximations [J]. SIAM Journal on Optimization, 2002,12(2): 555-573.

[113] Svanberg K. The Method of Moving Asymptotes — a New Method for Structural Optimization [J]. International Journal for Numerical Methods in Engineering, 1987,24(2): 359-373.

[114] Tavoli R, Kozegar E, Shojafar M, Soleimani H, Pooranian Z. Weighted PCA for improving document image retrieval system based on keyword spotting accuracy [R]. In 2013 36th international conference on telecommunications and signal processing (TSP), IEEE, pages 773-777.

[115] Tibshirani R. Regression shrinkage and selection via the lasso [J]. Journal of the Royal Statistical Society: Series B (Methodological), 1996,58(1): 267-288.

[116] Treynor J. Why Market-valuation-indifferent Indexing Works [J]. Financial Analysts Journal, 2005,61(5): 65-69.

[117] Tsay R S. Analysis of Financial Time Series [M]. John Wiley & Sons, 2005, Vol. 543.

[118] United Nations Environment Program (UNEP). Green Economy: Cities Investing in Energy and Resource Efficiency [R]. 2011.

[119] Vershynin R. High-dimensional Probability: An Introduction with Applications in Data Science [M]. Vol. 47. Cambridge university press, 2018.

[120] Wedin P A. Perturbation Bounds in Connection with Singular Value Decomposition [J]. BIT Numerical Mathematics, 1972,12(1): 99-111.

[121] Whaley R E. Understanding VIX [J]. Available at SSRN 1296743. 2008.

[122] Willems F M, Shtarkov Y M, Tjalkens T J. The Context-tree Weighting Method: Basic Properties [J]. IEEE Transactions on Information Theory, 1995,41(3): 653-664.

[123] Witte A, Sumka H, Erekson H. An Estimate of a Structural Hedonic Price Model of the Housing Market: An Application of Rosen's Theory of Implicit Markets [J]. Econometrica, 1979,47(5): 1151-1173.

[124] World Bank. World Development Indicators [M]. Washington D. C: World Bank Press, 2008.

[125] Yoo S H. Electricity Consumption and Economic Growth: Evidence from Korea [J], Energy Policy, 2005,33(12),1627-1632.

[126] Yu J, Yang M S, Lee E S. Sample-weighted Clustering Methods [J]. Computers & Mathematics with Applications, 2011,62(5): 2200-2208.

[127] Zardari N H, Ahmed K, Shirazi S M, Yusop Z B. Weighting Methods and Their Effects on Multi-Criteria Decision Making Model Outcomes in Water Resources Management [M]. Springer, 2015.

[128] 安景文,韩朝,关红,徐向阳.灰色聚类关联分析法在大气环境质量评价中的应用[J].数量经济技术经济研究,1999,(12): 69-71.

[129] 白雪梅,赵松山.对主成分分析综合评价方法若干问题的探讨[J].统计研究,1995,(06): 47-51.

[130] 蔡跃洲.科技成果转化的内涵边界与统计测度[J].科学学研究,2015,33(01):37-44.

[131] 查奇芬,董洁,陈祖功.主客观组合赋权法在科技成果转化评价分析中的应用[J].统计与决策,2009,(16):152-154.

[132] 钞小静,任保平.中国经济增长质量的时序变化与地区差异分析[J].经济研究,2011,46(04):26-40.

[133] 陈磊,高铁梅.利用Stock-Watson型景气指数对宏观经济形势的分析和预测[J].数量经济技术经济研究,1994,(05):53-59.

[134] 陈淑云,陶云清."互联网+"、普惠金融与技术创新:影响机制及经验证据[J].科技进步与对策,2019,36(04):17-24.

[135] 陈述云,张崇甫.对多指标综合评价的主成分分析方法的改进[J].统计研究,1995,(01):35-39.

[136] 陈秀山,徐瑛.中国区域差距影响因素的实证研究[J].中国社会科学,2004,(05):117-129+207.

[137] 陈衍泰,陈国宏,李美娟.综合评价方法分类及研究进展[J].管理科学学报,2004,(02):69-79.

[138] 陈永清.科技投入与产业经济增长——基于灰色综合关联的实证研究[J].技术经济与管理研究,2011,(05):15-19.

[139] 程源,傅家骥.企业技术战略的理论构架和内涵[J].科研管理,2002,(05):75-80.

[140] 迟国泰,曹婷婷,张昆.基于相关-主成分分析的人的全面发展评价指标体系构建[J].系统工程理论与实践,2012,32(01):111-119.

[141] 迟国泰,祝志川,张玉玲.基于熵权-G1法的科技评价模型及实证研究[J].科学学研究,2008,(06):1210-1220.

[142] 戴文战.基于三层BP网络的多指标综合评估方法及应用[J].系统工程理论与实践,1999,(05):30-35+41.

[143] 邓聚龙.灰色控制系统[J].华中工学院学报,1982,(03):9-18.

[144] 邓聚龙.社会经济灰色系统的理论与方法[J].中国社会科学,1984,(06):47-60.

[145] 丁杰.互联网金融与普惠金融的理论及现实悖论[J].财经科学,2015,(06):1-10.

[146] 董倩.重复特征"R-H"交易法——二手房价格指数编制方法研究[J].统计研究,2017,(03):118-128.

[147] 冯素玲,曹家和.基于熵权理论的上市公司透明度评价研究[J].经济问题,2008,(08):50-52+101.

[148] 冯玉国.灰色聚类与水质污染综合评价[J].系统工程理论与实践,1992,(06):46-48.

[149] 冯振环.地区科技实力的评价方法研究[J].科学管理研究,2002,(04):22-26.

[150] 冯志军,陈伟.中国高技术产业研发创新效率研究——基于资源约束型两阶段DEA模型的新视角[J].系统工程理论与实践,2014,(05):1202-1212.

[151] 郭国峰,郑召锋.中国宏观经济先行指数和一致指数应用效果检验与改进[J].数量经济技术经济研究,2010,(10):131-144.

[152] 郭金玉,张忠彬,孙庆云.层次分析法的研究与应用[J].中国安全科学学报,2008,(05):148-153.
[153] 郭田勇,丁潇.普惠金融的国际比较研究——基于银行服务的视角[J].国际金融研究,2015,(02):55-64.
[154] 郭新艳,郭耀煌.基于TOPSIS法的地区科技竞争力的综合评价[J].软科学,2004,(04):30-32+37.
[155] 韩利,梅强,陆玉梅,季敏.AHP-模糊综合评价方法的分析与研究[J].中国安全科学学报,2004,(07):89-92+83.
[156] 何德旭,苗文龙.金融排斥、金融包容与中国普惠金融制度的构建[J].财贸经济,2015,(03):5-16.
[157] 何晓萍,刘希颖,林艳苹.中国城市化进程中的电力需求预测[J].经济研究,2009,44(01):118-130.
[158] 胡永宏.对统计综合评价中几个问题的认识与探讨[J].统计研究,2012,(01):26-30.
[159] 黄海霞,张治河.基于DEA模型的中国战略性新兴产业科技资源配置效率研究[J].中国软科学,2015,(01):150-159.
[160] 黄宁燕,梁战平.中国高新技术产业开发区的发展状况及趋势——聚类分析评价研究[J].科学学研究,1999,(02):79-88.
[161] 黄速建,肖红军,王欣.论国有企业高质量发展[J].中国工业经济,2018(10):19-41.
[162] 姜国麟,刘弘,朱平芳.专家咨询约束下的最大方差权数计算法[J].统计研究,1996,(06):65-67.
[163] 姜明宇,周晓红.大数据背景下商业银行普惠金融信贷产品创新研究[J].新金融,2019,(03):41-43.
[164] 姜明宇.商业银行普惠金融可持续发展路径探析[J].新金融,2019,(11):41-45.
[165] 焦李成,杨淑媛,刘芳,王士刚,冯志玺.神经网络七十年:回顾与展望[J].计算机学报,2016,(08):1697-1716.
[166] 金志农,李端妹,金莹,熊妮.地方科研机构绩效考核指标及其权重计算——基于专家分析法和层次分析法的对比研究[J].科技管理研究,2009,(12):103-106.
[167] 经济质量研究课题组,孙志明.中国省际经济质量比较与评价研究[J].经济纵横,2017,(12):44-49.
[168] 冷崇总.关于构建经济发展质量评价指标体系的思考[J].价格月刊,2008,(04):21-26.
[169] 黎文靖,郑曼妮.实质性创新还是策略性创新?——宏观产业政策对微观企业创新的影响[J].经济研究,2016,51(04):60-73.
[170] 李明,李雪铭.基于遗传算法改进的BP神经网络在中国主要城市人居环境质量评价中的应用[J].经济地理,2007,(01):99-103.
[171] 李涛,徐翔,孙硕.普惠金融与经济增长[J].金融研究,2016,(04):1-16.
[172] 李春霄,贾金荣.中国金融排斥程度研究——基于金融排斥指数的构建与测算[J].

当代经济科学,2012,34(02):9-15+124.
[173] 李建军,韩珣.普惠金融、收入分配和贫困减缓——推进效率和公平的政策框架选择[J].金融研究,2019,(03):129-148.
[174] 李建军,王德.搜寻成本、网络效应与普惠金融的渠道价值——互联网借贷平台与商业银行的小微融资选择比较[J].国际金融研究,2015,(12):56-64.
[175] 李金昌,史龙梅,徐蔼婷.高质量发展评价指标体系探讨[J].统计研究,2019,36(01):4-14.
[176] 李靖华,郭耀煌.主成分分析用于多指标评价的方法研究——主成分评价[J].管理工程学报,2002,(01):39-43+33.
[177] 李平玉.非负约束主成分分析[J].统计研究,1995,(04):62-66.
[178] 李世奇,朱平芳.长三角一体化评价的指标探索及其新发现[J].南京社会科学,2017,(07):33-40.
[179] 李晓芳,高铁梅.应用HP滤波方法构造中国增长循环的合成指数[J].数量经济技术经济研究,2001,(09):100-103.
[180] 林春,康宽,孙英杰.中国普惠金融的区域差异与极化趋势:2005—2016[J].国际金融研究,2019,(08):3-13.
[181] 林伯强,刘畅.收入和城市化对城镇居民家电消费的影响[J].经济研究,2016,51(10):69-81+154.
[182] 林伯强.结构变化、效率改进与能源需求预测——以中国电力行业为例[J].经济研究,2003,(05):57-65+93.
[183] 林海明,杜子芳.主成分分析综合评价应该注意的问题[J].统计研究,2013,(08):25-31.
[184] 林海明.因子分析模型L的优良性和应用[J].数量经济技术经济研究,2013,(03):96-113.
[185] 林海明.因子分析模型的改进与应用[J].数理统计与管理,2009,(06):998-1012.
[186] 林宏山.互联网金融助推普惠金融发展探讨[J].上海金融,2014,(12):38-40.
[187] 刘闯,高琴琴.基于FA-AHP组合赋权模型的科技产出绩效评价研究[J].科学学与科学技术管理,2011,(01):30-34.
[188] 刘芳.熵权法在评价企业竞争能力中的应用[J].生产力研究,2004,(12):26-27+103.
[189] 刘秉镰,徐锋,李兰冰.中国医药制造业创新效率评价与要素效率解构[J].管理世界,2013,(02):169-171.
[190] 刘卫嘉,辛清华.建立社会经济发展水平综合评价指标体系刍议[J].当代财经,1993,(05):28-30.
[191] 刘伟涛,顾鸿,李春洪.基于德尔菲法的专家评估方法[J].计算机工程,2011,(S1):189-191+204.
[192] 刘贤龙,胡国亮.综合评价结果的合理性研究[J].统计研究,1998,(01):38-40.
[193] 刘亦文,丁李平,李毅,胡宗义.中国普惠金融发展水平测度与经济增长效应[J].中国软科学,2018,(03):36-46.

[194] 刘志彪.理解高质量发展:基本特征、支撑要素与当前重点问题[J].学术月刊,2018,50(07):39-45+59.

[195] 卢向虎,朱淑芳.运用聚类分析评价重庆各县(市)综合经济实力[J].重庆商学院学报,2002,(05):1-4.

[196] 鲁明泓.外国直接投资区域分布与中国投资环境评估[J].经济研究,1997,(12):38-45.

[197] 马彧菲,杜朝运.普惠金融指数的构建及国际考察[J].国际经贸探索,2016,32(01):105-114.

[198] 毛健,赵红东,姚婧婧.人工神经网络的发展及应用[J].电子设计工程,2011,(24):62-65.

[199] 孟晓华,崔志明.高新技术及其产业技术预测研究——第一轮"德尔菲"调查[J].科学管理研究,2004,(05):62-65.

[200] 牛泽东,张倩肖.中国装备制造业的技术创新效率[J].数量经济技术经济研究,2012,29(11):51-67.

[201] 庞皓,谢胜智.多目标规划与综合经济效果指标[J].财经科学,1982,(04):56-61.

[202] 庞皓,谢胜智.根据多目标规划原理确定综合经济效果指标[J].经济研究,1982,(12):57-60+72.

[203] 齐红倩,李志创.中国普惠金融发展水平测度与评价——基于不同目标群体的微观实证研究[J].数量经济技术经济研究,2019,36(05):101-117.

[204] 邱东.多指标综合评价:方法论反思[J].经济统计学(季刊),2013,(01):39-47.

[205] 邱东.多指标综合评价方法[J].统计研究,1990,(06):43-51.

[206] 邱东.多指标综合评价方法的系统分析[J].财经问题研究,1988,(09):51-57.

[207] 申志东.运用层次分析法构建国有企业绩效评价体系[J].审计研究,2013,(02):106-112.

[208] 盛楠,孟凡祥,姜滨,李维桢.创新驱动战略下科技人才评价体系建设研究[J].科研管理,2016,(S1):602-606.

[209] 石薇,李强,王洪卫.城市住房价格指数编制方法的拓展设计及实证检验[J].数量经济技术经济研究,2014,(12):127-141.

[210] 石阳,李曜.中国艺术品投资收益——整体特征与杰作效应[J].金融研究,2013,(12):194-206.

[211] 石宝峰,程砚秋,王静.变异系数加权的组合赋权模型及科技评价实证[J].科研管理,2016,(05):122-131.

[212] 史丹,冯永晟.中国电力需求的动态局部调整模型分析——基于电力需求特殊性的视角[J].中国工业经济,2015,(10):5-20.

[213] 宋冬梅,刘春晓,沈晨,石学法,臧琳,冯文强.基于主客观赋权法的多目标多属性决策方法[J].山东大学学报(工学版),2015,(04):1-9.

[214] 宋明顺,张霞,易荣华,朱婷婷.经济发展质量评价体系研究及应用[J].经济学家,2015,(02):35-43.

[215] 宋晓玲,侯金辰.互联网使用状况能否提升普惠金融发展水平?——来自25个发达

国家和 40 个发展中国家的经验证据[J].管理世界,2017,(01):172-173.
[216] 苏为华.多指标综合评价理论与方法问题研究[D].厦门大学,2000.
[217] 苏为华.中国多指标综合评价技术与应用研究的回顾与认识[J].统计研究,2012,(08):98-107.
[218] 孙早,许薛璐.产业创新与消费升级:基于供给侧结构性改革视角的经验研究[J].中国工业经济,2018(7):98-116.
[219] 孙景,丛高,杨军,王洪萍,孙铁麟.高新技术产业化项目的排序分析[J].数量经济技术经济研究,1997,(03):58-62.
[220] 孙成勋,李红彦,李润琴,王旭.层次分析法在管理水平综合评价中的应用[J].工业技术经济,2013,(09):72-78.
[221] 孙瑞祥,屈梁生.遗传算法优化效率的定量评价[J].自动化学报,2000,(04):552-556.
[222] 孙兆斌.商业银行普惠金融高质量发展的逻辑与路径[J].新金融,2018,(11):57-62.
[223] 汪克夷,栾金昶,武慧硕.基于组合客观赋权法的科技评价研究[J].科技进步与对策,2009,(06):129-132.
[224] 王潼.东南亚金融危机早有预测[J].中国外资,1998,(05):12-16.
[225] 王霞,苏林,郭兵,李雪.基于因子聚类分析的高新区产城融合测度研究[J].科技进步与对策,2013,(16):26-29.
[226] 王颖,曾康霖.论普惠:普惠金融的经济伦理本质与史学简析[J].金融研究,2016,(02):37-54.
[227] 王建成,高大启,王静,胡上序.改进的遗传和 BP 杂交算法及神经网络经济预警系统设计[J].系统工程理论与实践,1998,(04):137-142.
[228] 王修华,马柯,王翔.关于中国金融排斥状况的评价[J].理论探索,2009,(05):68-72.
[229] 王学民.对主成分分析中综合得分方法的质疑[J].统计与决策,2007,(08):31-32.
[230] 王志军.金融排斥:英国的经验[J].世界经济研究,2007,(02):64-68+82+89.
[231] 王宗军.综合评价的方法、问题及其研究趋势[J].管理科学学报,1998,(01):75-81.
[232] 魏敏,李书昊.新时代中国经济高质量发展水平的测度研究[J].数量经济技术经济研究,2018,35(11):3-20.
[233] 魏权龄,卢刚,蒋一清,盛景烨.DEA 方法在企业经济效益评价中的应用[J].统计研究,1990,(02):58-62.
[234] 魏权龄,卢刚.DEA 方法与模型的应用——数据包络分析(三)[J].系统工程理论与实践,1989,(03):67-75.
[235] 吴德胜,梁樑.遗传算法优化神经网络及信用评价研究[J].中国管理科学,2004,(01):69-75.
[236] 吴晓梅,石林芬.基于因子分析的中心城市科技竞争力评价研究[J].科技管理研究,2005,(01):46-50.

[237] 吴晓伟,吴伟昶,徐福缘.因子分析模型在企业竞争力评价中的应用[J].工业技术经济,2004,(06):44-48.
[238] 肖文,林高榜.政府支持、研发管理与技术创新效率——基于中国工业行业的实证分析[J].管理世界,2014,(04):71-80.
[239] 谢婼青,李世奇,张美星.金融科技背景下普惠金融对商业银行盈利能力的影响研究[J].数量经济技术经济研究,2021,38(08):145-163.
[240] 谢婼青,朱平芳.中国工业上市公司创新能力评价研究[J].社会科学,2020,(02):40-51.
[241] 谢婼青.专家咨询约束下综合评价指标体系构建的研究及应用[D].上海社会科学院,2019.
[242] 谢升峰,许宏波.中国城乡统筹、普惠金融水平及其相关性测度[J].统计与决策,2016,(17):112-115.
[243] 星焱.普惠金融:一个基本理论框架[J].国际金融研究,2016,(09):21-37.
[244] 星焱.普惠金融的效用与实现:综述及启示[J].国际金融研究,2015,(11):24-36.
[245] 熊德国,鲜学福.模糊综合评价方法的改进[J].重庆大学学报(自然科学版),2003,(06):93-95.
[246] 徐玲,王涛.一种基于隶属度最大化的组合赋权法[J].港航论坛,2006,(02):44-48.
[247] 颜莉.中国区域创新效率评价指标体系实证研究[J].管理世界,2012,(05):174-175.
[248] 晏露蓉,吴伟.建设先行指标体系的科学方法[J].金融研究,2006,(06):128-135.
[249] 晏露蓉,吴伟.借鉴和思考:国内外经济运行先行指标体系比较[J].金融研究,2005,(09):39-50.
[250] 易朝辉,陈朝晖.创新绩效评价指标体系演变的国际比较及其启示[J].科技管理研究,2014,34(06):61-65.
[251] 尹鹏,杨仁树,丁日佳,王文博.基于熵权法的房地产项目建筑质量评价[J].技术经济与管理研究,2013,(03):3-7.
[252] 俞立平,潘云涛,武夷山.科技评价中专家权重赋值优化研究[J].科学学与科学技术管理,2009,(07):38-41.
[253] 虞晓芬,傅玳.多指标综合评价方法综述[J].统计与决策,2004,(11):119-121.
[254] 张峰,谢振华,程江涛,崔高仓,徐衡博.基于向量皮尔森相关系数的组合赋权法[J].火力与指挥控制,2015,(05):83-86.
[255] 张尧庭,王国梁,许中元,童忠勇.从一组指标中选择部分有代表性指标的方法[J].统计研究,1989,(05):53-56.
[256] 张尧庭,张晓朴.综合评价的历史和一些结论[J].统计研究,1995,(02):39-43.
[257] 张尧庭,张璋.几种选取部分代表性指标的统计方法[J].统计研究,1990,(01):52-58.
[258] 张尧庭.我们应该选用什么样的相关性指标?[J].统计研究,2002,(09):41-44.
[259] 赵保卿,李娜.基于层次分析法的内部审计外包内容决策研究[J].审计与经济研究,

2013,(01):37-45+69.
[260] 赵中建,王志强.国际视野下的创新评价指数研究[J].科学管理研究,2010,(06):1-7.
[261] 郑思齐,孔鹏,郭晓旸.类重复交易房价指数编制方法与应用.统计研究,2013,(12):41-47.
[262] 中国节能服务产业委员会.2009年中国节能服务产业发展报告[R],2009.
[263] 中华人民共和国科学技术部.中国科学技术指标[M].科学技术文献出版社,2007.
[264] 周颖,王洪志,迟国泰.基于因子分析的绿色产业评价指标体系构建模型及实证[J].系统管理学报,2016,(02):338-352.
[265] 周孟亮,李明贤.普惠金融视野下大型商业银行介入小额信贷的模式与机制[J].改革,2011,(04):47-54.
[266] 周自明,潘晶,张蒙.重复交易模型在土地价格指数编制中的应用研究[J].中国土地科学,2010,(02):45-50.
[267] 朱平芳,李世奇.长三角创新型城市建设的比较研究[J].南京社会科学,2016,(01):17-24.
[268] 朱平芳,谢婼青,刘盼盼.最大用电负荷与经济变量的关联研究[J].学术月刊,2020,52(02):44-57.
[269] 祝世京,陈珽.基于神经网络的多目标综合评价[J].系统工程理论与实践,1994,(09):74-80.

附录

附录 A：专家咨询约束下主客观赋权模型权重估计的部分模拟程序

```
set.seed(123)
library(nloptr)
library(matrixcalc)
K=4;N=400;J=40
sigma_f=1 #factor
sigma_star=0.2 #s noise
sigma=0.2 #x noise
loop=1

theta2w=function(theta){
  K=length(theta)+1
  ww=1:K
  temp=1
  for(k in 1:(K-1)){
    ww[k]=temp*cos(theta[k])
    temp=temp*sin(theta[k])
  }
  ww[K]=temp
  return(list(weight=ww))
```

```
}

simu_score=function(theta0,J,sigma){
    K=length(theta0)+1
    U=diag(K)
    a=theta2w(theta0) $ weight
    p=rep(0,K)
    p[1]=1
    aT=a-p
    num=(2/t(aT) %*% aT)
    U=diag(K) -num[1,1] * (aT %*% t(aT))
    e1=rnorm(J) * sigma
    e=matrix(0,nrow=J,ncol=K-1)
    score=matrix(0,ncol=J,nrow=K)

    for(j in 1:J){
        for (k in 1:K-1){
        e[,k]=rnorm(J) * sigma
        }
        e[,1]=e1
        score[,j]=theta2w(e[j, ]) $ weight
        score[,j]=U %*% score[,j]
    }
    delta=1/J * sum(cos(e1))
    return(list(score=score,delta=delta))
}

simu_x=function(ww,N,sigma_f,sigma){
    K=length(ww)
    ff=rnorm(N) * sigma_f
    xx=matrix(rnorm(N * K) * sigma,nrow=N,ncol=K)
```

```
    ee=kronecker(ff,t(ww))
    xx=xx+ee
    SS=t(xx)%*%xx
    return(list(xx=xx,SS=SS,ff=ff))
}
###############################
theta0=c(pi/6,pi/4,pi/3)
a=theta2w(theta0) $ weight
score=t(simu_score(theta0,J,sigma_star) $ score)
delta0=simu_score(theta0,J,sigma_star) $ delta
confidence=matrix(0,nrow=J,ncol=K)
judge=rep(1,J)   ##assume judge is 1
for (j in 1:J){
    confidence[j, ]=rep(1,K) ### assume confidence is 1
}
###############################
lambda.seq=seq(0,100,1)
NN=length(lambda.seq)
fn.chen=function(para,lambda) {
    weight=para[1:K]
    delta=para[K+1]
    aa=t(t(rep(1,J)))
    b=t(t(rep(1,K)))
    JK.mat=delta * aa %*% t(weight) -score
    prod1=hadamard.prod(confidence,JK.mat)
    prod2=hadamard.prod(prod1,JK.mat)
    prod3=t(judge)
    gradient_delta=sum(2 * lambda * weight * t(prod3 %*% prod1))
    return (list("objective"=-N * (t(weight) %*% covar %*% weight)
        +lambda * t(judge) %*% prod2 %*% b,
        "gradient"=c(-2 * N * covar %*% weight
```

```
                    +2 * lambda * delta * t(prod3 %*% prod1),
                gradient_delta)))
}
equal=function(para,lambda){
  weight=para[1:K]
  delta=para[K+1]
  constr=c(sum(weight^2)-1)
  grad=c(2*weight,0)
  return(list("constraints"=constr,"jacobian"=grad))
}
local_opts =list("algorithm"="NLOPT_LD_MMA",
        "xtol_rel"=1.0e-7)
opts =list("algorithm"="NLOPT_LD_AUGLAG",
      "xtol_rel"=1.0e-7,
      "maxeval"=2000,
############################
Last_weight.Chen=matrix(0,nrow=NN,ncol=K)
delta.chen=matrix(0,nrow=NN,ncol=1)
MSE_chen=rep(0,NN)
for (i in 1:loop){
  out=simu_x(a,N,sigma_f,sigma)
  x=out$xx
  SS=out$SS
  covar=cov(x)
  Last_weight=abs(svd(SS)$u[,1])
  para0=c(Last_weight,0.5)
  for (qq in 1:NN){
    lambda=lambda.seq[qq]
    optimal=nloptr(x0=para0,eval_f=fn.chen,lb=rep(0,K+1),ub=rep(1,K+1),eval_g_eq=equal,
            opts=opts,
```

```
            lambda=lambda)
  para       =optimal $ solution
  Last_weight=para[1:K]
  delta      =para[K+1]
  Last_weight.Chen[qq, ]=Last_weight
  delta.chen[qq]=delta
  MSE_chen[qq]=mean((Last_weight -a)^2)
  print(paste0("Q:",lambda.seq[qq]))
  }
  print(paste0("loop:",i))
}
```

附录B：专家咨询约束下主客观赋权模型交叉验证的部分模拟程序

```
K=4
N=400
J=40
theta0=c(pi/6,pi/4,pi/3)
sigma_f=1
sigma=0.2
sigma_star=0.2
lambda.seq=seq(0,10,0.1)
NN=length(lambda.seq)
confidence=matrix(0,nrow=J,ncol=K)
judge=rep(1,J)   ##assume sum judge is 1
for (j in 1:J){
   confidence[j, ]=rep(1,K) ###
}
```

```
V=10
M=4
a=theta2w(theta0) $ weight
############CV SIM################
sim1=function(N,sigma_f,J,sigma_star,confidence,judge,lambda.seq,
V,M){
  score=t(simu_score(theta0,J,sigma_star) $ score)
  delta0=simu_score(theta0,J,sigma_star) $ delta
  out=simu_x(a,N,sigma_f,sigma)
  x=out $ xx
  SS=out $ SS
  ft=out $ ff
##################cv##################
  P=V*M
  idx=split(sample(N),1:V)
  idm=split(sample(J),1:M)
  MSE.weight.total=list()
  Last_weight.Chen=list()
  for (p in 1:P){
    MSE.weight.total[[p]]=matrix(0,nrow=NN,ncol=K)
    Last_weight.Chen[[p]]=matrix(0,nrow=NN,ncol=K)
  }
  MSE.weight.cv=matrix(0,nrow=NN,ncol=P)
  cvQ=rep(0,NN)
############################
  for (qq in 1:NN){
    lambda=lambda.seq[qq]
    p=1
    for (v in 1:V){
      train.x=x[-idx[[v]], ]
      test.x=x[idx[[v]], ]
```

```
ftrain=ft[-idx[[v]]]
ftest=ft[idx[[v]]]
covar=cov(train.x)
s=t(train.x) %*% train.x
Last_weight=abs(svd(s) $ u[,1])
para0=c(Last_weight,0.5)
for (m in 1:M){
   train.score=score[-idm[[m]], ]
   train.J=length(train.score[,1])
   train.confidence=confidence[-idm[[m]], ]
   train.judge=judge[-idm[[m]]]
   test.score=score[idm[[m]], ]

   optimal=nloptr(x0=para0,eval_f=fn.chen,lb=rep(0,K+1),ub=rep(1,K+1),eval_g_eq=equal,
         opts=opts,
         lambda=lambda,covar=covar,
         score=train.score,confidence=train.confidence,judge=train.judge,J=train.J)
   para=optimal $ solution
   Last_weight=para [1:K]
   delta     =para [K+1]
   pred.x=test.x %*% Last_weight %*% t(Last_weight)
   Last_weight.Chen[[p]][qq, ]=Last_weight
   ## CV
   MSE.weight.total[[p]][qq, ]=colSums((pred.x -test.x) ** 2) + colSums((sweep(test.score,2,delta * Last_weight,"-")) ** 2)
   MSE.weight.cv[qq,p]=mean(MSE.weight.total[[p]][qq, ])
   p=p + 1
   }
 }
```

```
}
cvQ = rowMeans(MSE.weight.cv)
plot(cvQ)
optimalQ = lambda.seq[which.min(cvQ)]
optimalQ
final = nloptr(x0 = para0, eval_f = fn.chen, lb = rep(0, K+1), ub = rep(1, K+1), eval_g_eq = equal,
        opts = opts,
        lambda = optimalQ, covar = covar,
        score = score, confidence = confidence, judge = judge, J = J)
paraHAT = final $ solution
weightHAT = paraHAT[1:K]
deltaHAT = paraHAT[K+1]

pcamodel = nloptr(x0 = para0, eval_f = fn.chen, lb = rep(0, K+1), ub = rep(1, K+1), eval_g_eq = equal,
        opts = opts,
        lambda = 0, covar = covar,
        score = score, confidence = confidence, judge = judge, J = J)

parapca = pcamodel $ solution
weightpca = parapca[1:K]
deltapca = parapca[K+1]

scoremodel = nloptr(x0 = para0, eval_f = fn.chen, lb = rep(0, K+1), ub = rep(1, K+1), eval_g_eq = equal,
        opts = opts,
        lambda = 10, covar = covar,
        score = score, confidence = confidence, judge = judge, J = J)
parascore = scoremodel $ solution
weightscore = parascore[1:K]
```

```
    deltascore=parascore[K+1]
    return ( list ( weightHAT = weightHAT, weightpca = weightpca,
weightscore=weightscore,optimalQ=optimalQ,deltaHAT=deltaHAT,
cvQ=cvQ))
}
simu_all=function(N,sigma_f,J,sigma_star,confidence,judge,lambda.
seq,V,M,loop){

    MSE=0
    RMSE=0
    MSERatio=0
    weight=matrix(0,nrow=loop,ncol=K)
    weightpcahat=matrix(0,nrow=loop,ncol=K)
    weightscorehat=matrix(0,nrow=loop,ncol=K)
    QQ=rep(0,loop)
    # -------
    MSEpca=0
    RMSEpca=0
    MSERatiopca=0
    MSEscore=0
    RMSEscore=0
    MSERatioscore=0
    # ------start
    for(i in 1:loop){
        out=sim1(N,sigma_f,J,sigma_star,confidence,judge,lambda.seq,
V,M)
        MSE=MSE + mean((out$weightHAT -a)**2)
        RMSE=RMSE + sqrt(mean((out$weightHAT -a)**2))
        MSERatio=MSERatio + mean(((out$weightHAT -a)/a)**2)
        MSEpca=MSEpca + mean((out$weightpca -a)**2)
        RMSEpca=RMSEpca + sqrt(mean((out$weightpca -a)**2))
```

```
        MSERatiopca=MSERatiopca + mean(((out $ weightpca -a)/a)**2)
        MSEscore=MSEscore + mean((out $ weightscore -a)**2)
        RMSEscore=RMSEscore + sqrt(mean((out $ weightscore -a)**2))
        MSERatioscore=MSERatioscore + mean(((out $ weightscore -a)/a)**2)

        weight[i, ]=out $ weightHAT
        weightpcahat[i, ]=out $ weightpca
        weightscorehat[i, ]=out $ weightscore
        QQ[i]=out $ optimalQ
        print(paste0("loop:",i))
    }
    return(list(MSE=MSE,RMSE=RMSE,MSERatio=MSERatio,
            MSEpca = MSEpca, RMSEpca = RMSEpca, MSERatiopca = MSERatiopca,
            MSEscore=MSEscore,
            RMSEscore=RMSEscore,
            MSERatioscore=MSERatioscore,
            weight=weight,
            weightpcahat=weightpcahat,
            weightscorehat=weightscorehat,
            QQ=QQ))
}
loop=100
simall=simu_all(N,sigma_f,J,sigma_star,confidence,judge,lambda.seq,V,M,loop)
```

附录C：国民经济行业分类(GB/T 4754—2017)

产业门类	行业代码	国民经济行业分类和代码
第一产业	A	农、林、牧、渔业
第二产业	B	采矿业
（工业）	C	制造业
	D	电力、热力、燃气及水生产和供应业
	E	建筑业
第三产业	F	批发和零售业
（服务业）	G	交通运输、仓储和邮政业
	H	住宿和餐饮业
	I	信息传输、软件和信息技术服务业
	J	金融业
	K	房地产业
	L	租赁和商务服务业
	M	科学研究和技术服务业
	N	水利、环境和公共设施管理业
	O	居民服务、修理和其他服务业
	P	教育
	Q	卫生和社会工作
	R	文化、体育和娱乐业
	S	公共管理、社会保障和社会组织
	T	国际组织

资料来源：国家统计局起草，2017年6月30日由国家质量监督检验检疫总局、国家标准化管理委员会批准发布，并于2017年10月1日实施的《中华人民共和国国家标准——国民经济行业分类》(GB/T 4754—2017)。

后记

综合评价是管理科学与工程领域中重要的研究分支,也是多元统计理论的重要应用问题。综合评价的过程具有系统性、目标性,评价的结果具有科学性、合理性。综合评价的应用早于理论研究,其实践可追溯到中国古代,当前,已延伸到各个学科领域的广泛应用。幸运的是,2017年1月,我刚从美国罗格斯大学统计学院获得硕士学位回到上海社会科学院,导师朱平芳教授便给我看了姜国麟、刘弘和朱平芳三位教授于1996年在《统计研究》上发表的《专家咨询约束下的最大方差权数计算法》,这是"专家咨询约束"的雏形,也是本书的起点。后来,在罗格斯大学陈嵘教授、肖寒老师和上海社会科学院朱平芳教授、姜国麟教授、纪园园老师的指导下,我逐渐清晰研究该从何处入手,进一步对"专家咨询约束下主客观赋权模型"有深入研究。有幸在成书之际,我们的"Composite Index Construction with Expert Opinion"在统计学与计量经济学国际权威期刊 *Journal of Business & Economic Statistics* 在线发表,可以说,我对综合评价方面的理论和应用有了更深入的理解。入职上海社会科学院以来,我在静态综合评价研究的基础上逐渐探索动态综合指数的构建,这也得益于上海社会科学院这个小而精的社会科学殿堂,能让我接触到经济社会的实践问题,从而以实际问题为导向,探索综合评价的前沿理论与应用实践。此外,我还承担统计和数量经济专业硕士生"多元统计分析"课程的建设任务,这为我提供了在综合评价领域持续研究和探索的平台。

时至今日,综合评价的应用越来越广泛,尤其在经济预测、政策评价、风险评估等方面越来越受到政策制定者的认同,认为这是一种正确认识事物各个方面、正确合理决策的科学手段。这也是经济统计、数量经济在当今复杂的经济系统中越来越广泛应用的一个反映。从哲学和方法论视角看,综合评价遵循事物的复杂性、系统性,具有科学性、先进性,必将走得更远。本书围绕静态综合评价和动态综合评价,有前沿理论的探索,也有应用案例的分析,希望能与广大同行切磋,更希望得到同行的批评指正,为今后更好地开展相关领域的研究提供长期受益的学术建议与意见。

成书之际，首先要感谢我的博士生导师、上海社会科学院朱平芳教授。恩师严谨的治学理念、渊博的专业知识、广阔的国际视野、谦和的处世态度在第一次交谈中就让我肃然起敬，令我受益终身。可以说，是朱平芳教授带领我走进了经济学研究的这片沃土，尤其将我领进计量经济学之门。其对计量经济学前沿问题的精准把脉、对当前经济社会复杂变化的敏锐洞察为我的研究开展提供了选题和分析思路，并使我找到值得为之努力的方向和奋斗的人生目标。其次，要感谢陈嵘教授给予我前往美国罗格斯大学学习的机会，在新泽西一年半的学习经历是我毕生的财富，扎实的金融统计训练是我漫长科研道路的基石，掌握的统计方法、计算机技能是我进行计量经济学研究的抓手，也是本书前沿理论探索和应用研究的重要工具。陈嵘教授深厚的计量经济学造诣自不待言，其对学生的严格要求、对学术的精益求精，令我心生敬畏、铭感于心。两位恩师宽严相济，深厚的学术修养令我高山仰止，是我一生学习的榜样。

同时，也要感谢一直讨论与合作的姜国麟、肖寒、纪园园等专家学者，以及在各种学术讨论上给予我指导意见的周亚虹、韩清、朱保华、韩汉君、王贻志、邸俊鹏等老师。还要感谢我所在的上海社会科学院和这里的学者。这个坐落在国际大都市的精美小院，有着悠久历史和人文关怀，能让我在喧闹中独享宁静，在实践中琢磨前沿理论。

此书的研究工作得到国家自然科学基金面上项目(71773078)、国家自然科学基金青年项目(71803134)、上海市哲学社会科学规划青年项目"'十四五'期间上海提升科技创新策源功能的路径与对策研究"(2020EJB003)、上海市科技发展基金资助软科学研究基地——上海市科技统计与分析研究中心项目、上海高等教育创新人才培养和优质资源公共服务平台项目和上海社会科学院创新工程数字经济与转型发展的量化研究团队建设项目的资助。在此一并感谢。

最后，特别感谢我的家人，我的父母和弟弟。你们的支持让我没有后顾之忧。感谢我的先生，从天津到上海，再赴美国，你的陪伴让我在研究的道路上心无旁骛地前行。

谢娸青
2021 年 12 月于上海

图书在版编目(CIP)数据

综合评价前沿理论与应用研究 / 谢婼青著 .— 上海：上海社会科学院出版社，2022
 ISBN 978 - 7 - 5520 - 3878 - 1

Ⅰ. ①综… Ⅱ. ①谢… Ⅲ. ①综合评价—研究 Ⅳ.①F224.12

中国版本图书馆 CIP 数据核字(2022)第 092806 号

综合评价前沿理论与应用研究

著　　者：谢婼青
责任编辑：应韶荃
封面设计：右序设计
出版发行：上海社会科学院出版社
　　　　　上海顺昌路 622 号　邮编 200025
　　　　　电话总机 021 - 63315947　销售热线 021 - 53063735
　　　　　http://www.sassp.cn　E-mail: sassp@sassp.cn
照　　排：南京前锦排版服务有限公司
印　　刷：上海颛辉印刷厂有限公司
开　　本：710 毫米×1010 毫米　1/16
印　　张：12.75
字　　数：216 千
版　　次：2022 年 7 月第 1 版　2022 年 7 月第 1 次印刷

ISBN 978 - 7 - 5520 - 3878 - 1/F・697　　　　定价：68.00 元

版权所有　翻印必究